LEI ANTICORRUPÇÃO EMPRESARIAL

ROGÉRIO SANCHES CUNHA
RENEE SOUZA

LEI ANTICORRUPÇÃO EMPRESARIAL

2017

EDITORA JusPODIVM
www.editorajuspodivm.com.br

EDITORA
*Jus*PODIVM
www.editorajuspodivm.com.br

Rua Mato Grosso, 164, Ed. Marfina, 1º Andar – Pituba, CEP: 41830-151 – Salvador – Bahia
Tel: (71) 3045.9051
• Contato: https://www.editorajuspodivm.com.br/sac

Capa: Ana Caquetti

F972l Cunha, Rogério Sanches.
Lei Anticorrupção Empresarial / Rogério Sanches Cunha e Renee Souza – Salvador: Ed. JusPodivm, 2017.
336 p.

Bibliografia.
ISBN 978-85-442-1618-7.

1. Legislação. 2. Anticurrupção Empresarial. I. Cunha, Rogerio Sanches. II. Souza, Renee. III. Título.

CDD 341.55172

Ao escrever este livro me inspirei nos meus filhos, Bruno e Sophia, razão da minha luta diária contra corruptos e corruptores, verdadeiras ervas daninhas de uma sociedade que merece respirar democracia e probidade e eficiência administrativa.

Rogério Sanches Cunha

Dedico esta obra à minha esposa Alessandra
e filha Ana Beatriz, compreensivas
quanto ao tempo destinado para este trabalho, ao
mesmo tempo, estímulo para o sucesso
no combate à corrupção que assola nosso país.
Oxalá minha pequena Ana Beatriz cresça numa
nação curada dessa endemia que adoece nosso
espírito e solapa nossas esperanças.

Renee Souza

APRESENTAÇÃO DA OBRA

O combate à corrupção no Brasil, ignorando tratar-se de uma relação bilateral, tinha uma reação mais intensa contra o corrupto, entendido como o agente público que fazia de seu ofício uma banca de negócios espúrios. A reação estatal contra o corruptor, isto é, aquele que patrocinava ou se beneficiava dos atos ilícitos, não tinha a mesma densidade, – quadro que foi significativamente alterado com a Lei 12.846/2013 (Anticorrupção Empresarial).

Trata-se de lei que vem a preencher essa lacuna normativa e promover um endurecimento no combate a corrupção na perspectiva das pessoas jurídicas corruptoras. A Lei Anticorrupção, ao lado da Lei de Improbidade Administrativa, pode dar respostas adequadas e suficientes para os atos de corrupção que assolam o país, seja para dissuadi-los, seja para puni-los.

Os autores fazem uma abordagem da Lei Anticorrupção Empresarial enfrentado desde seus conceitos mais simples, como os limites da responsabilidade da objetiva, da tipologia criada pela lei, penas e sua dosimetria etc., até as questões polêmicas que envolvem esse novo diploma legal.

Logo no início demonstram tratar-se de espécie normativa que se utiliza de princípios, conceitos jurídicos e técnicas de diversos ramos do direito, o que a caracteriza como espécie do direito sancionador que adota técnica de controle por meio de sanções de caráter preventivo e punitivo.

Apresentam como fundamentos constitucionais da Lei Anticorrupção o direito à probidade administrativa, a função social da empresa e o sistema de controle interno da gestão pública, premissas que repercutem na maneira de interpretá-la e aplicá-la.

A obra trata com profundidade, sob várias perspectivas, do Programa de Integridade ou *Compliance,* desde seu conceito, características principais, parâmetros mínimos, natureza jurídica, até o seu efeito proemial e indutivo de comportamento social de natureza promocional. O *Compliance* é analisado como instrumento de uma política pública de combate à corrupção alvissareiro, principalmente porque tem potencial de multiplicar, em meio ao setor empresarial, no plano horizontal e na esfera privada, a percepção de que valores éticos e de probidade podem ser iniciativas de defesa da própria sociedade organizada, independentemente da atuação estatal.

Outro ponto de destaque é a análise sobre o Acordo de Leniência, instituto jurídico relacionado à investigação e coleta de provas na moderna atividade de combate à corrupção, propondo-se a uma análise sobre suas questões práticas e controvertidas.

A obra, portanto, numa linguagem direta, tem o objetivo de apresentar a Lei Anticorrupção tanto para os operadores do Direito, como para administradores, empresários e todos aqueles que pretendem melhor entender esse instrumento de combate à chaga da corrupção brasileira.

SUMÁRIO

LEI ANTICORRUPÇÃO EMPRESARIAL

CAPÍTULO IV
DO PROCESSO ADMINISTRATIVO DE RESPONSABILIZAÇÃO

CAPÍTULO V
DO ACORDO DE LENIÊNCIA

CAPÍTULO VI
DA RESPONSABILIZAÇÃO JUDICIAL

CAPÍTULO VII
DISPOSIÇÕES FINAIS

ANEXOS

LEI ANTICORRUPÇÃO EMPRESARIAL[1]

Rogério Sanches Cunha

Renee Souza

A corrupção e a improbidade são ilícitos que devem ser combatidos porque levam ao desvio e desperdício de recursos públicos, impossibilitam a implantação das políticas públicas, precarizam o Estado, solapam a legitimidade das instituições públicas e atentam contra a sociedade, a ordem moral e a justiça, bem como o desenvolvimento integral dos povos.[2] Além disso, são práticas que corrompem o tecido social de forma a tornar todas as relações permeadas de um sentimento intolerável de desconfiança. Esse sentimento depõe contra valores humanos da sociedade moderna como a democracia, a república, a pacificação dos conflitos sociais. A corrosão e degradação da ética prejudica o desenvolvimento da nação, pelo que o interesse em defendê-la deve também se inserir na esfera das relações privadas.

Em razão disso, o tema passou a ocupar a agenda internacional. No discurso do Secretário-Geral das Nações Unidas, foi pontuado:

1. Há divergência quanto o nome da Lei 12.846/15, que tem sido chamada de Lei Anticorrupção das Pessoas Jurídicas, Lei Empresa Limpa (CGU), Lei de Improbidade Empresarial, Lei de Responsabilidade da Pessoa Jurídica, etc. Preferimos a adoção do nome que, de certo modo, tem se popularizado nos periódicos e noticiários com mais frequência, sem motivações metodológicas mais acuradas para tanto.
2. BRASIL. Supremo Tribunal Federal. Recurso Extraordinário n.º 537176. DJU: 25 de jan 1999.

> "Quando os recursos públicos são roubados para obter benefícios pessoais, diminuem os recursos destinados à construção de escolas, hospitais, estradas e instalações de tratamento da água. Quando a ajuda externa é desviada para contas bancárias privadas, os grandes projetos de infraestrutura são suspensos. A corrupção permite que se introduzam no mercado medicamentos falsificados ou de má qualidade e que se lancem resíduos perigosos nos aterros e nos oceanos. As pessoas mais vulneráveis são as primeiras a ser afetadas e as que mais sofrem." [3]

A globalização da economia e das relações sociais intensificadas no século passado, as implicações transnacionais da corrupção, e a constatação de que as leis internas tradicionais quase sempre fracassam como resposta às práticas corruptas que ocorrem no mundo, obrigou o tema *corrupção* a ser prioridade na agenda de discussão da comunidade internacional, demandando o desenvolvimento de mecanismos de prevenção e punição dos atos lesivos à administração púbica.

Marcio Pestana bem lembra (ob. cit. p. 4):

> "A luta anticorrupção, por parte de países mais desenvolvidos, ganhou maior intensidade no século XX, a partir da década de 1970. A propósito, há de certa maneira um consenso entre os estudiosos em apontar os episódios *Lockhead* e *Watergate*, nos Estados Unidos da América (EUA), como as ocorrências paradigmáticas propiciadoras da intensificação, naquele país, com reflexos mundiais, das medidas punitivas em relação aos atos considerados corruptivos envolvendo a Administração Pública tanto local como estrangeira".

O tema – corrupção – foi discutido em documentos internacionais, destacando-se três Convenções:

1ª) A "Convenção sobre o Combate à Corrupção de Funcionários Públicos Estrangeiros em Transações Comerciais Internacionais" da Organização para a Cooperação e Desenvolvimento Econômico (OCDE), firmada pelo Brasil em Paris, no dia 17 de dezembro de 1997 (ratificada por meio do Decreto Legislativo 125/00, e promulgada

3. Mensagem do Secretário-Geral da ONU, Ban Ki-Moon, sobre o Dia Internacional contra a Corrupção (2009). Disponível em: <http://www.unodc.org/lpo-brazil/pt/frontpage/2009/12/09-mensagem-do-secretario-geral-da-onu-ban-ki-moon-sobre-o--dia-internacional-contra-a-corrupcao.html>.

pelo Decreto 3.678/00), veicula o compromisso dos Estados Parte em trabalhar conjuntamente, buscando possibilitar a implementação de medidas de ordem jurídica e administrativa que permitam o alcance dos objetivos previstos na Convenção. Dentre estes objetivos destacam-se os de estabelecer responsabilidades às pessoas jurídicas que corrompam funcionários públicos estrangeiros; considerar a imposição de sanções cíveis ou administrativas a pessoas sobre as quais recaiam condenações por corrupção aos referidos funcionários; como também a prestação da assistência jurídica recíproca.

A gênese desta Convenção foi bem resumida por Paulo Roberto Galvão de Carvalho (ob. cit. pp. 37-8):

> "A adoção de novos diplomas anticorrupção em diversos países do mundo reflete, evidentemente, diversas circunstâncias – locais, regionais e mundiais – que podem ter contribuído tanto para a edição de um novo texto legal, quanto para as características específicas de cada lei em cada país. No entanto, em termos gerais é possível identificar ao menos quatro causas como nitidamente responsáveis pelo movimento global nesse sentido. Em primeiro lugar, essa onda legislativa teve início em razão de um problema concorrencial, relacionado ao próprio funcionamento do mercado. À época da edição do Foreign Corrupt Practices Act (FCPA), em 1977, o Congresso norte-americano utilizou-se da justificativa de que a corrupção permitia que empresas assegurassem negócios e participação no mercado independentemente do grau de eficiência com que operavam. Assim, o lucro passava a ser almejado mediante a obtenção de negócios de forma escusa, com menor preocupação com a eficiência e a produtividade.
>
> No entanto, enquanto a concorrência entre as empresas americanas para a obtenção de negócios no exterior foi ao menos formalmente atendida pela edição do FCPA, adveio da medida um efeito negativo em relação à disputa entre as empresas americanas e as concorrentes de outros países. Tendo sido os Estados Unidos o primeiro país a adotar, de forma isolada, legislação punitiva de corrupção praticada no exterior, as empresas europeias e asiáticas que disputavam contratos com as empresas americanas no exterior passaram a ter a vantagem competitiva de estarem mais livres para obter contratos mediante corrupção. A Alemanha, por exemplo, não apenas não punia suas empresas por atos de corrupção praticados no exterior, como admitia que tais custos fossem contabilizados para dedução de impostos. Por essa razão, o governo americano pressionou a Organização para a Cooperação e Desenvolvimento Econômico (OCDE) a negociar

> um tratado internacional que obrigasse as economias de mercado a adotarem legislação semelhante. Isso resultou na Convenção sobre o Combate da Corrupção de Funcionários Públicos Estrangeiros em Transações Comerciais Internacionais da OCDE, de 1978, que, de fato, obrigou 41 países a editarem legislação punitiva da corrupção transnacional. O UK Bribery Act, os crimes de corrupção ativa em transação comercial internacional (inseridos no Código Penal pela Lei 10.467/2002) e a própria Lei 12.846/2013 são também decorrência dessa convenção.
>
> Ao se exigir de diferentes países a adoção de legislação relativamente uniforme sobre a corrupção transnacional, pretendia-se também evitar que empresas de determinados países fossem economicamente beneficiadas por não terem que se sujeitar às medidas anticorrupção impostas apenas em alguns mercados, o que poderia inclusive ocasionar uma corrida para que países atraíssem investimentos a partir de políticas de enfraquecimento da legislação anticorrupção, num fenômeno conhecido como "race to the bottom".

O Brasil, no cumprimento das obrigações assumidas nessa Convenção, alterou o Código Penal, por meio da Lei 10.467/02, criando tipos incriminadores de corrupção ativa em transação comercial internacional e tráfico de influência em transação comercial internacional (arts. 337-B e 337-C).

2ª) Temos, ainda, a "Convenção Interamericana Contra a Corrupção" da Organização dos Estados Americanos (OEA), aprovada por meio do Decreto Legislativo 152/02 e promulgada pelo Decreto 4.410/02. Esta Convenção tem o objetivo de promover e fortalecer os mecanismos necessários para ajudar a prevenir, detectar e punir a corrupção no exercício das funções públicas, bem como os atos de corrupção especificamente vinculados a seu exercício.

3ª) Por fim, destaca-se a "Convenção das Nações Unidas contra a Corrupção" da Organização das Nações Unidas (ONU). No Brasil, a Convenção da ONU contra a Corrupção foi ratificada pelo Decreto Legislativo 348/05 e promulgada pelo Decreto Presidencial 5.687/06. Assinada em Mérida, no México, essa convenção segue a mesma linha de controle das anteriores, mas, conforme dispõe o site da organização não governamental "Transparency International",

> "É o mais amplo acordo na luta contra a corrupção existente em âmbito internacional. A Convenção da ONU compromete os Estados Parte a adotarem uma ampla e detalhada série de me-

> didas, de diversas vinculações jurídicas, em seus ordenamentos jurídicos e políticas públicas, destinadas, como na Convenção Interamericana Contra a Corrupção (CICC), a promover o desenvolvimento dos mecanismos necessários para prevenir, detectar, punir e erradicar a corrupção, como também destinados a promover, facilitar e regular a cooperação entre os Estados Parte nessas matérias".

No âmbito interno, o Brasil constrói, a cada dia, um microssistema de tutela da administração pública, norteado, inclusive, pelos referidos tratados internacionais, todos ratificados pelo nosso país. Essa proteção da administração pública aparece em inúmeras leis, destacando-se Código Penal (Tit. XI, da Parte Especial) e leis extravagantes penais, Lei de Improbidade Administrativa (Lei 8.429/92), Lei de Licitações (Lei 8.666/93) e a Lei do Sistema Brasileiro de Defesa da Concorrência (Lei 12.529/11). A mais recente é a Lei em comento (Lei 12.846/13), dispondo sobre a responsabilização objetiva *administrativa* e *civil*[4] de pessoas jurídicas pela prática de atos contra a administração pública, nacional ou estrangeira, reconhecendo também como sujeitos ativos as sociedades empresárias e às sociedades simples, personificadas ou não, independentemente da forma de organização ou modelo societário adotado, bem como a quaisquer fundações, associações de entidades ou pessoas, ou sociedades estrangeiras, que tenham sede, filial ou representação no território brasileiro, constituídas de fato ou de direito, ainda que temporariamente.

A percepção nacional é de que a corrupção permeia as atividades entre empresas e poder público conforme indicam inúmeras pesquisas atuais. Embora ainda haja uma cumplicidade da população com atos de desonestidade envolvendo a coisa pública[5], pesquisas

---

4. Alertamos, desde logo, que a responsabilidade da pessoa jurídica tratada na Lei 12.846/13 é *administrativa* e *civil*, **não penal**, esta cabível apenas nas infrações ambientais, nos termos do que disposto na CF/88 (art. 225) e Lei 9.605/98 (art. 3º.). Se, eventualmente, o ato lesivo cometido pela empresa corresponder a crime contra a administração pública, a responsabilidade penal deve recair sobre as pessoas físicas que concorreram de qualquer modo para o evento, demandando prova do elemento subjetivo do concorrente.

5. Pesquisa realizada pelo Data Popular no início deste ano revela que 3% dos entrevistados se consideram corruptos, e 70% admitem já ter cometido ao menos um tipo de infração. E, enquanto 22% dos brasileiros dizem conhecer uma pessoa corrupta, 80% afirmam conhecer alguém que já cometeu alguma ilegalidade. Em outro estudo realizado pela Confederação Nacional da Indústria (CNI), a percepção dos entrevistados em relação a forma de agir do brasileiro reflete como tratamos as pessoas, mesmo as que nos são mais próximas: 82% acham que a maioria quer tirar

recentes realizadas por diferentes meios de comunicação revelam um crescente repúdio e preocupação do povo brasileiro com atos de corrupção.

Em pesquisa de abril de 2014 feita pelo IBOPE Inteligência em parceria com a *Worldwide Independent Network of Market Research* (WIN), realizada em 65 países, com 66.806 entrevistados, mostra que 21% citam a corrupção como o principal problema do mundo. No Brasil, esse índice é ainda maior: 29% consideram a corrupção como o problema mundial mais grave[6]. Em novembro de 2015, pela primeira, a corrupção foi vista como maior problema do Brasil em pesquisa realizada pelo instituto Datafolha. A corrupção liderou o rol das preocupações do brasileiro com 34%, seguida da saúde com 16%, desemprego com 10%, educação com 8%, violência/segurança com 8% e economia com 5%[7]. Em janeiro de 2016, outra pesquisa do Instituto Ibope, encomendada pela Confederação Nacional da Indústria, revelou que 65% dos entrevistados consideram a corrupção o problema número um do Brasil. A categoria havia ficado em terceiro lugar em 2014[8].

Essas pesquisas de opinião encontram eco nas mídias sociais e nos movimentos sociais e protestos populares contra a corrupção que tomam as ruas de várias cidades do Brasil, alimentados pela consternação decorrente da apuração de grandes escândalos de corrupção que ocupam os noticiários do país.

Este sentimento nacional deve ser cooptado pelo Estado[9], a fim de resguardar o lastro democrático e prestigiar a soberania popular.

Paradoxalmente a este quadro, existe no Brasil um cabedal de leis que buscam combater a corrupção. Vige no país um sistema de responsabilidades que pune, em diferentes instâncias, um bom número de condutas que drenam recursos e interesses públicos.

---

vantagem, e só 16% dizem que as pessoas agem de maneira correta. In <http://oglobo.globo.com/brasil/corrupto-o-outro-18961820#ixzz4DNyoXGdO>, acessado em 25/01/2017.

6. <http://www.ibopeinteligencia.com/noticias-e-pesquisas/corrupcao-e-o-principal-problema-mundial-aponta-pesquisa/>. Acessado em 25/01/2017.
7. <http://g1.globo.com/politica/noticia/2015/11/corrupcao-e-vista-como-o-maior-problema-do-pais-diz-datafolha.html>. Acessado em 25/01/2017.
8. <http://noticias.band.uol.com.br/brasil/noticia/100000791488/corrupcao-e-apontada-como-o-maior-problema-do-brasil.html>. Acessado em 25/01/2017.
9. Cabe à sociedade – dispersa, desorganizada, pouco informada, cheia de coisas para fazer além de prestar atenção na política, pressionar os atores da política a aproveitar essas janelas para fazer mudanças institucionais que diminuam a corrupção (FILHO, Clovis de Barros; PRAÇA, Sérgio. *Corrupção, parceria degenerativa.*, Campinas: ed. Papirus 7 Mares. 2014. p. 108).

Esse sistema de corresponsabilidade, contudo, sempre se centrou, predominantemente, no agente público, olvidando-se que os atos de corrupção são bilaterais e contam, na mesma dimensão e nocividade, com a participação do *extraneus*.

A edição da Lei 12.846/13 sem descurar da responsabilidade do agente público, robusteceu o protagonismo do particular, seja alcançando-o no sistema de responsabilidade, seja investindo-o em principal articulador de um conjunto de normas que previnem atos de corrupção e fomentam a ética como valor humano.

NATUREZA JURÍDICA

A Lei 12.846/13 não tem natureza penal. E nem poderia deixar de ser diferente porque no Brasil, só é admitida a responsabilidade penal da pessoa jurídica nos crimes ambientais.

Verifica-se na Lei muitos conceitos jurídicos típicos do direito administrativo, do direito empresarial e do direito civil. A interpenetração de características de diferentes ramos do direito na lei é bem-vinda, embora possa causar alguma dificuldade interpretativa, como anota Nelson Rosenvald (Ob. Cit. p. 3):

> "No âmbito de um ordenamento jurídico unitário, amparado no princípio da máxima atuação da Constituição, já não mais se tolera um sistema jurídico compartimentalizado. Os diversos ramos do Direito rompem as extremas desenhadas pela dogmática jurídica, emprestam princípios e técnicas e recebem outros em troca, com o objetivo maior de alcançar soluções reais de tutela à pessoa humana e um contexto global volátil e incerto".

Seja como for, a Lei Anticorrupção é espécie do direito sancionador que adota técnica de controle social de desencorajamento de comportamentos reprováveis, através das sanções de caráter simultaneamente preventivo e dissuasivo.

Como bem observa Juliano Heinem, a similitude entre a Lei Anticorrupção e a Lei de Improbidade permite que seja tomada como base a Adin nº 2.797-DF, Rel. Min. Sepúlveda Pertence, Pleno, j. 15/09/2005, em que o Supremo Tribunal Federal conferiu natureza civil aos atos de improbidade administrativa (Ob. Cit. p. 37).

Por outro lado, tomando como referência as penas previstas para os atos ilícitos verifica-se a natureza essencialmente civil.

Ademais, é possível concluir tratar-se de lei nacional e que tem, portanto, aplicação para todos os entes da República Federativa do Brasil.

O poder de regulamentação que Estados, Municípios e Distrito Federal é complementar à Lei 12.846/13 e tem, necessariamente, natureza infralegal. A regulamentação deve ater-se às regras de competência administrativa para o processamento dos casos na esfera do respectivo ente, mas sempre obedecidos os parâmetros gerais estabelecidos pela Lei Federal.

É incabível restringir, via leis estaduais, os institutos processuais ou materiais da Lei 12.846/13, como legitimidade, condições da ação, competência (jurisdicional), efeitos da sentença ou das penas etc., que se referem a matéria reservada à Lei Federal, conforme prevê o artigo 22, I, da Constituição Federal. Não se pode, a pretexto de regulamentar a lei anticorrupção, permitir que o legislador estadual invada matéria reservada a competência federal[10].

Fosse possível referida manobra, bastava que fossem editadas leis estaduais prevendo que punições mais brandas ou mediante condições inexistentes na lei federal. Essa possibilidade, além de violar a integridade e coerência que se pretende manter no sistema jurídico, principalmente em situações em que se deve buscar a igualdade de tratamento entre os Estados (art. 4, V, da CF), seria facilmente utilizada como instrumento de impunidade.

FUNDAMENTO CONSTITUCIONAL

Por valer-se de conceitos jurídicos de diferentes matizes do direito, a Lei anticorrupção possui fundamento constitucional variado.

Inegável inicialmente que essa Lei integra o microssistema brasileiro de combate à improbidade, pelo que é possível identificar

---

10. Esta invasão de competência viola o chamado princípio da partilha das competências constitucionais, o qual, na elucidativa lição do professor José dos Santos Carvalho Filho é "peculiar às federações como a nossa, em função do qual o poder legiferante já se encontra delineado na Constituição. Assim, não há poder de mando, por exemplo, do Legislativo federal em relação ao estadual quando a matéria é suscetível de ser disciplinada por este. Nem do Legislativo estadual sobre o municipal, se se trata de competência atribuída ao município. Se lei federal dispõe sobre matéria reservada ao Município, por exemplo, não haverá preponderância dela sobre a lei municipal, o que comprova que não há hierarquia. Ao contrário, a lei federal é que será inconstitucional e suprimida do ordenamento jurídico (CARVALHO FILHO. p. 71/72).

como primeiro fundamento constitucional o artigo 37 e seu § 4º da Constituição Federal, que é norma constitucional programática voltada à tutela de todo o regime jurídico geral da administração pública brasileira e suas relações com administradores, cidadãos, usuários etc.

Trata-se de disposição constitucional que anuncia dever expresso de proteção de determinados direitos e valores semelhantes, ontologicamente, aos mandados constitucionais de criminalização em que a Constituição Federal define que, sobre determinadas matérias, o legislador ordinário não tem a faculdade de legislar, mas a obrigatoriedade. São exemplos de mandados de criminalização o artigo 5º, incisos XLII e XLIII, da Lei Máxima Brasileira, que prevê tratamento criminal severo aos crimes de racismo, hediondos e de tortura. Foi o autor alemão Claus-Wilhelm Canaris, que elaborou a tese de que em alguns casos o Estado deve implementar mecanismos, notadamente por meio do poder legislativo, a fim de concretizar o dever de tutela, aptas à proteção dos direitos fundamentais[11].

Segundo o autor, são condições para o reconhecimento de um imperativo de tutela a aplicabilidade normativa (ou tipicidade) de um direito fundamental e expressa previsão na Constituição desse mandamento[12]. Adotada a máxima de Robert Alexy de que a grande maioria dos direitos fundamentais são princípios[13], pode-se concluir que a tutela dos princípios constitucionais da administração pública promovida pelo art. 37, § 4º, da CF os eleva a categorização de direito fundamental, denominado aqui de direito fundamental à probidade administrativa[14].

A Lei Anticorrupção tem como primeiro fundamento de validade o direito fundamental à probidade administrativa que, por caracterizar-se como direito fundamental, sujeita-se à teoria da horizontalização dos direitos fundamentais. Deste modo, irradia efeitos e tem projeção nas relações entre particulares, seja entre indivíduos que tem relação jurídica com o Estado, seja entre cidadãos usuários dos serviços estatais. Seu feixe irradiante estabelece, mesmo nas relações privadas, verdadeiro dever cívico de todos os cidadãos em combater os desmandos administrativos uma vez que a proteção a

11. Ob. Cit. p. 107.
12. Ob. Cit. 104-112.
13. Ob. Cit. p. 100.
14. Ob. Cit. p. 79-100.

esse novo direito fundamental é incumbência e responsabilidade de todos.

Sob essa perspectiva jurídica, além do direito fundamental à probidade, a Lei Anticorrupção também tem seu fundamento de validade na função social da empresa.

No plano da moral os atos de corrupção decorrentes da busca do lucro fácil sempre foram considerados absolutamente reprováveis. Neste quadro, o risco de cometimento de fraudes é fruto da agressividade do mercado competitivo que leva a uma demanda por vendas, por lucros e resultados.

A reação jurídica à imoralidade excessiva nos negócios empresariais foi a penetração de imperativos éticos da ordem econômica e defesa da concorrência proba, valores contidos no princípio da função social da empresa.

Como é sabido, o advento do movimento de centralização da Constituição como base de apoio dos demais institutos jurídicos produziu o fenômeno da constitucionalização do direito. Mesmo o direito privado, antes fulcrado no individualismo e autonomia da vontade quase absoluta, sofreu os influxos desse movimento de modo que seus institutos passaram a ser compreendidos a partir e conforme a Constituição Federal.

As pessoas jurídicas deixaram de, unicamente, representar o agrupamento de pessoas físicas, na maioria das vezes, com o único escopo do lucro e passaram a conter a obrigação de realizar objetivos e finalidades que não contrariassem valores constitucionais.

O lucro, principal mote das empresas, deixa de ser um fim em si mesmo e passa a sofrer a sujeição aos valores axiológicos da dignidade da pessoa humana (CF, art. 1.º), da solidariedade humana (CF, art. 3.º) e da liberdade e igualdade (CF, art. 5.º).

O dever de agir em conformidade com as leis e a ética é condizente com esses valores constitucionais e realiza os interesses dos *Stake Holders* que são terceiras pessoas que se relacionam com uma empresa, como sócios, empregados, comunidade em geral, Estado, clientes, consumidores, etc.

Esses valores é que justificam, e de certo modo obrigam, que as corporações sejam éticas e probas na realização de negócios jurídicos, de modo que a Lei anticorrupção encontra na função social da empresa fundamento constitucional de validade.

Mesmo antes da lei anticorrupção, o ordenamento jurídico nacional já havia feito exigência de respeito a valores contrários a busca pura de lucro destrutivo, como se vê nos artigos 116, parágrafo único[15] e art. 154[16], ambos da Lei n.º 6.404/76 (Lei das Sociedades Anônimas).

Na verdade, a função social da empresa decorre do princípio da função social da propriedade, previsto no artigo 170, III, da Constituição Federal e representa o ingresso da eticidade e da sociabilidade, princípios de natureza coletiva, nas relações jurídicas privadas de modo a assegurar que o egoísmo e o individualismo sejam debelados e permitir que a propriedade gere ganhos para toda a sociedade.

As disposições previstas nos artigos 31, 70 e 74 da Constituição Federal, que instituíram mecanismos de controle interno da gestão pública, também dão sustentáculo constitucional à Lei Anticorrupção. Dessas normas decorre a possibilidade de cada ente ou Poder instituir mecanismos de controle interno que abrangem poderes investigatórios para apuração de ilícito contábil, financeiro, orçamentário, operacional e patrimonial do ente e das entidades da administração direta e indireta, quanto à legalidade, legitimidade, economicidade, aplicação das subvenções e renúncia de receitas. Daí decorre a possibilidade de responsabilização administrativa e de vários institutos criados pela Lei Anticorrupção.

CAPÍTULO I
DISPOSIÇÕES GERAIS

Art. 1º Esta Lei dispõe sobre a responsabilização objetiva administrativa e civil de pessoas jurídicas pela prática de atos contra a administração pública, nacional ou estrangeira.

15. Art. 116.
    (...).
    Parágrafo único. O acionista controlador deve usar o poder com o fim de fazer a companhia realizar o seu objeto e cumprir sua função social, e tem deveres e responsabilidades para com os demais acionistas da empresa, os que nela trabalham e para com a comunidade em que atua, cujos direitos e interesses deve lealmente respeitar e atender.
16. Art. 154. O administrador deve exercer as atribuições que a lei e o estatuto lhe conferem para lograr os fins e no interesse da companhia, satisfeitas as exigências do bem público e da função social da empresa.

Parágrafo único. Aplica-se o disposto nesta Lei às sociedades empresárias e às sociedades simples, personificadas ou não, independentemente da forma de organização ou modelo societário adotado, bem como a quaisquer fundações, associações de entidades ou pessoas, ou sociedades estrangeiras, que tenham sede, filial ou representação no território brasileiro, constituídas de fato ou de direito, ainda que temporariamente.

Fácil notar que a Lei não trata da responsabilidade civil do Estado, mas dos danos causados ao Estado por empresas (e seus agentes). O Estado, portanto, é vítima. Aliás, como sujeito passivo temos não apenas a administração pública nacional, mas também a estrangeira[17].

A opção do legislador foi a responsabilidade objetiva do sujeito ativo (art. 2º.) que se caracteriza pelo dever de reparar o dano independentemente de culpa. Trata-se de sistema que simplifica a responsabilização por atos ilícitos, instituindo mecanismos que permitem um sujeito receber uma sanção pela conduta de um terceiro, independentemente de ter concorrido para tanto. Essa responsabilidade vicariante é prevista no artigo 932 do Código Civil.

Entendemos que a responsabilidade objetiva da Lei Anticorrupção foi opção política decorrente da necessária proteção constitucional do direito fundamental à probidade administrativa. A insuficiência da responsabilização subjetiva para inibir os atos ilícitos contra a coisa pública ensejou a adoção do sistema mais rigoroso de responsabilização objetiva, principalmente porque, não raro, os atos ilícitos são praticados sem comando expresso e individual da pessoa jurídica e mesmo à sua revelia. No atual contexto de grandes corporações globalizadas, de elevada complexidade organizacional, é comum que atos ilícitos sejam praticados por segmentos, gerentes e empregados sem conhecimento dos administradores de determinadas pessoas jurídicas.

17. Nos termos do que disposto no art. 5º., considera-se administração pública estrangeira os órgãos e entidades estatais ou representações diplomáticas de país estrangeiro, de qualquer nível ou esfera de governo, bem como as pessoas jurídicas controladas, direta ou indiretamente, pelo poder público de país estrangeiro (§1º.). Para os efeitos desta Lei, equiparam-se à administração pública estrangeira as organizações públicas internacionais (2º.).

A responsabilidade objetiva já foi adotada em outros casos em que o bem tutelado necessita de proteção mais incisiva do ordenamento jurídico como na legislação ambiental (art. 14, § 1.º, da Lei 6.938/1981), Código de Defesa do Consumidor (arts. 12 e 14 da Lei 8.078/1990).

Observe-se que há responsabilidade objetiva tanto na esfera judicial, como na esfera administrativa. Não há nenhuma novidade nisso, *ex vi*, artigo 136 do CTN que prevê hipótese de responsabilidade administrativa objetiva.

A teoria objetiva da responsabilidade civil basta a demonstração do nexo causal entre a conduta do sujeito e o resultado ilícito. Desnecessário demonstrar o elemento volitivo do causador do dano.

Diante desse panorama, as empresas não poderão alegar ausência de culpa *in elegendo* ou *vigilando*, mostrando-se importante, por conseguinte, instituírem sistemas de controle sobre as condutas de seus agentes (art. 7º, VIII, *compliance*), criando, com isso, barreiras de prevenção à prática de comportamentos que violem a moralidade administrativa. As sanções são várias, indo desde a multa, passando pela proibição de receber incentivos do Estado e suspensão de atividades, até a dissolução compulsória da empresa corruptora. Bem conclui Kleber Martins de Araújo (ob. cit. p. 201).

> "A Lei nº 12.846/2013, portanto, atende aos anseios da Constituição Federal, uma vez que, ao dar "musculatura" ao Estado para mais eficientemente punir ilícitos da espécie, dá a este meios mais aptos e eficazes para que cumpra o seu papel de protetor dos direitos fundamentais e valores objetivos que geralmente são afetados com os atos corruptos".

No sistema de responsabilidade objetiva, as teses mais comuns de isenção de responsabilidade dizem respeito a quebra de nexo causal entre conduta e resultado. Neste contexto, ganham notoriedade as excludentes de responsabilidade caso fortuito e a força maior, casos em que o fato perpetrado por terceiro estranho à pessoa jurídica tem o condão de excluir a responsabilidade por quebra de nexo causal. Apenas inexistirá responsabilidade se a pessoa jurídica demonstrar que não houve ato ilícito ou que ele não decorreu, direta ou indiretamente, de sua atividade.

> "Significa dizer que se a pessoa jurídica acusada de atos de corrupção fizer prova de que não houve violação à ordem jurídica, ou de que tal evento não decorreu da conduta de seus representantes — rompendo o nexo de causalidade — não há que falar na aplicação das sanções previstas nos artigos 6º e 19 da referida lei. Mais que isso: caso se faça prova de que o ato de corrupção foi praticado em benefício de seu funcionário, ou fora ou exercício de suas funções laborais, não há que se cogitar de responsabilização" (Diogo de Figueiredo Moreira e Rafael Rafael Véras de Freitas. Ob. Cit. p. 08).

Cumpre observar que a adoção de programas de integridade ou *Compliance* não leva à isenção da responsabilidade pelo ato ilícito. Um *Compliance* efetivo não tem o condão de quebrar o nexo causal, mas tão somente autoriza a atenuação das sanções cabíveis, como será adiante melhor examinado.

O parágrafo único prevê o rol de sujeitos ativos da Lei Anticorrupção. Além das pessoas jurídicas tipicamente empresariais, restaram incluídas as pessoas jurídicas com fins não lucrativos ou não econômicos, sejam associações, sejam fundações, previsão que a nosso ver, abarca as entidades do terceiro setor e pessoas jurídicas eventualmente qualificadas como Organizações Sociais ou Organizações Interesse Público. Em boa hora essa previsão uma vez que a atuação do Estado em parceria e redes com entidades privadas vem sendo a tônica das últimas reformas administrativas brasileiras de modo que a necessidade de incidência da Lei Anticorrupção deve ser capaz de abranger todas as pessoas que de um modo ou de outro mantém negócios com a administração pública.

A Lei incide ainda sobre as organizações religiosas, partidos políticos, sindicatos, cooperativas e empresas individuais de responsabilidade limitada, que, embora nominadas no rol do artigo 44 do Código Civil, constituem espécies de associações ou sociedades.

Os partidos políticos possuem sistema de responsabilidade especial no que se refere a sua finalidade eleitoral, mas essa especificidade não impede que sejam sancionados por outros ilícitos que praticam em suas atividades rotineiras. Vigora nesse caso um sistema de cumulatividade de instâncias de responsabilização por atos ilícitos de diferentes matizes, como civil ou administrativa ou fiscal etc.

Questão complexa é o alcance da Lei para os entes do terceiro setor. Marco Petrelluzzi e Rubens Rizek Júnior defendem que as "sociedades empresárias estatais também podem ser sujeitos ativos da prática dos atos lesivos à administração pública nacional ou estrangeira, previstos no art. 5º da Lei n. 12.846/2013" (Op. Cit. p. 55.).

Jorge Hage Sobrinho, todavia, pondera:

> "Questão interessante, que vem suscitando debate, é a que envolve a aplicação da Lei 12.846/2013 às empresas estatais, particularmente àquelas constituídas sob a forma de sociedades de economia mista (se não também às empresas públicas). Sociedades anônimas que são, de um lado, não parece caber dúvida quanto ao seu enquadramento nos termos amplos do parágrafo único do art. 1º. De outro, porém, causa espécie imaginar a aplicação, pelo Estado, de todas as sanções previstas na Lei (ou ao menos de algumas delas) a empresas por ele próprio criadas e, em alguns casos, mantidas com a receita tributária, para a realização de fins de interesse público.[...] e imagine-se o contrassenso de ter-se uma empresa criada por lei (ato estatal do Poder Legislativo), dissolvida por sentença (ato estatal do Poder Judiciário)" (Ob. Cit. p. 44).

Como solução para este empasse, Emerson Garcia propõe que, para essas pessoas jurídicas, não é possível a aplicação das sanções de dissolução compulsória e proibição de receberem recursos públicos (Ob. Cit. p. 280).

Esta foi exatamente a previsão feita na Lei 13.303/16 que instituiu o Estatuto das Estatais ao prever no artigo art. 94 que se aplicam à empresa pública, à sociedade de economia mista e às suas subsidiárias as sanções previstas na Lei nº 12.846, de 1º de agosto de 2013, salvo as previstas nos incisos II, III e IV do *caput* do art. 19 da referida Lei.

ATENÇÃO: a Lei 12.846/13 foi regulamentada, no âmbito federal, pelo Decreto Presidencial 8.420/15, que dispõe no seu artigo inaugural:

Art. 1º Este Decreto regulamenta a responsabilização objetiva administrativa de pessoas jurídicas pela prática de atos contra a administração pública, nacional ou estrangeira, de que trata a Lei 12.846 de 2013.

De maneira pouco sistemática o artigo 5º, § 1º, define administração pública estrangeira como os órgãos e entidades estatais ou representações diplomáticas de país estrangeiro, de qualquer nível ou esfera de governo, bem como as pessoas jurídicas controladas, direta ou indiretamente, pelo poder público de país estrangeiro.

O § 2º equipara à administração pública estrangeira as organizações públicas internacionais como são a ONU – Organização das Nações Unidas; UNESCO – Organização das Nações Unidas para educação, ciência e cultura; OCDE – Organização para a Cooperação e o Desenvolvimento Econômico; OMS – Organização Mundial da Saúde; OEA – Organização dos Estados Americanos; OTAN – Organização do Tratado do Atlântico Norte; BIRD – Banco Internacional para Reconstrução e Desenvolvimento; FMI – Fundo Monetário Internacional; OMC – Organização Mundial do Comércio; OIT – Organização Internacional do Trabalho.

Art. 2º As pessoas jurídicas serão responsabilizadas objetivamente, nos âmbitos administrativo e civil, pelos atos lesivos previstos nesta Lei praticados em seu interesse ou benefício, exclusivo ou não.

A regra geral do nosso Direito, no assunto punição de atos contra a administração pública, é a responsabilidade subjetiva, exigindo comprovação de dolo ou culpa do infrator, isso pouco importando a esfera (administrativa, civil e penal).

Como demonstrado antes, a Lei em comento inovou, preferindo, em relação ao sujeito ativo empresa (art. 1º), a responsabilidade extrapenal (civil e administrativa) objetiva, fundamentada na teoria do risco, dispensando prova do dolo ou da culpa. Basta para a punição o dano e o nexo de causalidade. Tem como postulado que todo dano é indenizável e deve ser imediatamente reparado por quem a ele se liga por um simples nexo de causalidade, independentemente de culpa. Sem considerar a capacidade de entendimento e autodeterminação ou investigar a ilicitude do evento lesivo à administração, o que importa, para garantir o ressarcimento, é a averiguação de que se sucedeu o episódio e se dele proveio algum prejuízo, confirmando o autor do fato causador do dano como o responsável.

Marcio Pestana nos ensina (ob. cit. p. 9-10):

> "Os princípios da moralidade e da probidade, a propósito, alojam valores caros ao ordenamento jurídico brasileiro, tendo sido por nós examinados noutra oportunidade. O patrimônio público,

por seu turno, é não menos importante, sobretudo por a todos pertencer. A responsabilidade atribuídas às pessoas jurídicas, no caso, da espécie objetiva, parte do pressuposto de que todos que se aproximam da Administração Pública para com ela estabelecer algum tipo de relação o fazem em tom juridicizado, com todo o cuidado e redobrada atenção enfatizando-se o liame *ofensa versus valor ofendido*, menos importando se a ofensa tenha tido por causa alguma conduta presidida por dolo ou culpa".

A opção legislativa facilitou, sem sombra de dúvidas, o processo de castigo da empresa, merecendo aplausos. A pessoa jurídica somente se exime de responsabilidade se não ficar comprovado o nexo de causalidade (ou de não impedimento, em caso de omissão).

O dispositivo deixou claro que a responsabilidade da empresa decorre da prática de ato lesivo praticado em seu proveito, o que demonstra que a responsabilidade objetiva da Lei Anticorrupção se inspira no princípio do risco-proveito ou mesmo do risco da empresa, haja ou não abuso de função.

Cumpre destacar que a pessoa jurídica é responsável pelo ato ilícito praticado em razão dos serviços por elas prestados, ainda que terminada a execução, pouco importando também que o ato lesivo não esteja dentro das funções do preposto. Basta que essas funções facilitem sua prática.

Atento à redação do artigo em comento, André Pimentel Filho, não sem razão, alerta (ob. cit. p. 78):

> "Ainda que uma leitura literal do artigo 2º possa induzir o intérprete ao entendimento de que basta que haja o ato corrupto, independentemente de quem o praticou, e dele decorra situação vantajosa, a interpretação que parece mais consentânea com a *ratio legis* e com os artigos 1º e 3º é a de que o ato corrupto deve ter sido praticado por agente que de algum modo representava o interesse da empresa envolvida na prática corrupta. Exige-se assim, para a responsabilização por corrupção, que se demonstre que a prática irregular ocorreu por obra de pessoa ou órgão que tenha alguma relação representativa com a pessoa jurídica, do contrário criar-se-ia possibilidade de situações em que ente beneficiado (não exclusivamente) por ato corrupto poder ser punido por ato de terceiro totalmente estranho às suas atividades, sem que tenha qualquer participação no ato irregular, e mais ainda, devendo fazer prova de fato negativo de seu envolvimento (...). Mesmo porque eventual adoção de

> tese que dispense qualquer participação da pessoa jurídica na prática corrupta estaria, na verdade, não só eliminando a necessidade de se demonstrar o elemento subjetivo (*rectius*, culpabilidade), mas o próprio nexo de causalidade, o que, apesar de teoricamente possível (seria uma espécie de presunção absoluta), é absolutamente excepcional".

Nem mesmo o fato de o agente causador do dano ter extrapolado sua função dentro da empresa parece eximir o ente coletivo de responsabilidade. Para reforçar essa nossa conclusão, trazemos novamente à baila a lição de André Pimentel Filho (ob. cit. p. 80-1):

> "A atuação da pessoa física dentro dos limites de sua atribuição também não foi adotada como requisito, o que significa dizer que um empregado ou representante pode agir fora de seu rol de funções e gerar responsabilidade para a pessoa jurídica. Basta que o ato tenha sido praticado em nome da pessoa jurídica e em seu benefício ou interesse. Foram rechaçadas propostas que limitavam a responsabilidade à atuação dentro do âmbito de atribuições conferidos pela pessoa jurídica ao agente. Essas exigências de que o agente atuasse dentro de seu rol de atribuições redundariam numa larga rota de fuga da incidência da Lei. Bastaria à pessoa jurídica contar com *freelancers*, lobistas, sem qualquer formalização, ou ainda instruir informalmente colaborador, para que se visse livre das sanções. Essa desconsideração da função interna do agente na pessoa jurídica é lógica na medida que a Lei tem por escopo não somente punir atos corruptos envolvendo empresas e demais pessoas jurídicas, mas também prevenir tais atos e induzir a uma cultura corporativa pró-ativa e de absoluta intolerância com atos de corrupção. Assim, na situação do gerente que oferece vantagem para presidente da comissão de licitação, sem conhecimento da direção da empresa, com o objetivo de alcançar suas metas, há de se analisar se a empresa fez todo o que seria exigível para evitar que tal desvio ocorresse. A Lei traz assim para as pessoas jurídicas o dever de prevenir atos de corrupção entre seus colaboradores e representantes. Se é capaz de demonstrar que desenvolve efetivo programa de *compliance*, com todos seus elementos, e que não fecha os olhos para práticas irregulares, pode ter as sanções abrandadas ou até perdoadas".

Art. 3º A responsabilização da pessoa jurídica não exclui a responsabilidade individual de seus dirigentes ou administradores ou de qualquer pessoa natural, autora, coautora ou partícipe do ato ilícito.

§ 1º A pessoa jurídica será responsabilizada independentemente da responsabilização individual das pessoas naturais referidas no caput.

§ 2º Os dirigentes ou administradores somente serão responsabilizados por atos ilícitos na medida da sua culpabilidade.

Engana-se quem imagina que a responsabilidade (objetiva) da pessoa jurídica causadora do ato lesivo à administração pública isenta de imputação a pessoa física que, direta ou indiretamente, concorre para o ato.

A redação do art. 3º, além de repudiar o sistema da dupla imputação, anunciando a responsabilidade independente/autônoma das pessoas jurídica e física (§ 1º.) [18], alerta que a imputação dos dirigentes ou administradores será subjetiva, pressupondo dolo ou culpa (§ 2º.). Como bem explica André Pimentel Filho (o. cit. p. 75):

> "Criou-se sistema de proteção à integridade da Administração Pública em que se distinguem os requisitos para responsabilização, a depender se se trata de pessoa física ou jurídica. Havendo ato irregular praticado no interesse ou benefício, exclusivo ou não, da pessoa jurídica, estará esta sujeita às punições previstas na Lei, de modo independente e autônomo da responsabilidade, subjetiva, por óbvio, do agente (pessoa física) que atuou em nome ou benefício da pessoa coletiva. Vê-se que em relação à responsabilização da pessoa jurídica

18. Marcio Pestana (ob. cit. p. 12-13) discorda, lecionando: "para ocorrer a responsabilidade objetiva da pessoa jurídica, deverá precedentemente restar provada e escrutinada a conduta subjetivamente movida por dolo ou culpa grave dos seus agentes, dado que todas as ações consideradas lesivas à Administração Pública, tal como relacionadas no art. 5º. pressupõem uma conduta instruída, repita-se, por dolo ou culpa". Essa sua tese, com o devido respeito, não se sustenta diante da redação do art. 3º. da Lei, em especial seu §1º. Lembramos, ainda, que nos crimes ambientais, os Tribunais Superiores vêm trabalhando exatamente com a responsabilidade independente, podendo ser punida somente a empresa ou somente o funcionário ou os dois, a depender do caso concreto (RE 548.181, Primeira Turma, Rel. Min. Rosa Weber, DJe 19/06/2013).

não se perquire elemento subjetivo do agente, ou da entidade, bastando que fique constatado um dos atos irregulares descritos no artigo 5º da Lei, realizados no interesse ou benefício da pessoa jurídica, para gerar o efeito jurídico de imposição das sanções previstas na Lei".

Logo, concluímos:

Pessoa jurídica	Pessoa física
Responsabilidade objetiva (art. 2º.)	Responsabilidade subjetiva (art. 3º., p. ú.)
Dispensa prova de dolo ou culpa	Exige prova de dolo ou culpa

Se a conduta lesiva à administração praticada pela pessoa física corresponder, também, a crime, estará o infrator sujeito às duas sanções (penal e extrapenal). Não se trata, evidentemente, de violar o princípio *non bis in idem*, pois constituem-se em infrações a ordenamentos jurídicos diversos (de direito penal e de direito administrativo), como aliás ocorre também com a aplicação de sanções penais e civis quando da prática de crime de que resulta prejuízo.

Felipe Braga Netto exemplifica (ob. cit. p. 31):

> "Imaginemos uma situação concreta de aplicação da lei, no que toca à responsabilidade civil. Digamos que um empregado de determinada empresa – cujo ramo de atividade é o fornecimento de refeições em larga escala para hospitais públicos ou penitenciárias, por exemplo – oferece propina para determinado agente público, para ganhar a licitação e superfaturar os preços. A licitação se faz nos termos da proposta fraudulenta e há significativo dano aos cofres públicos. Nesse caso a culpa do empregado (da empresa privada) é evidente, e perfaz, inclusive, ilícito penal (tanto no caso do corrupto, como do corruptor). Aliás, em todos os casos previstos pelo art. 5º da Lei nº 12.846, mais do que a culpa, o dolo se mostra evidente. O que poderia nos fazer pensar – pensando sob o prisma da responsabilidade civil – que a previsão da responsabilidade objetiva consagrada no art. 2º da lei é de ociosa inutilidade. Se entendermos que a responsabilidade objetiva só poderá se impor nos casos explicitamente consagrados no art. 5º, como uma interpretação

literal parece indicar, a responsabilidade objetiva é de relativa valia. Há, no entanto, qualquer que seja a linha interpretativa adotada, um aspecto relevante: a empresa não poderá alegar que desconhecia a conduta do funcionário. Ou melhor: ainda que faça essa alegação, a empresa responderá pelo dano, desde que haja nexo causal ligando o ato do empregado à empresa beneficiada. Observe-se, na linha do art. 2º, que benefício nem precisa ser exclusivo da empresa, basta que haja interesse – que também não precisa ser exclusivo – na conduta do empregado, vinculada às atividades da empresa, repita-se. Cabe lembrar que na ordem jurídica brasileira os empregadores respondem civilmente sem culpa pelos atos dos seus empregados, o que só reforça a linha interpretativa que propomos (Código Civil, art. 932, II; art. 933)".

Serão aplicáveis às pessoas físicas as sanções compatíveis com a condição de pessoa natural, notadamente as penas de multa e perdimento dos bens, direitos ou valores que representem vantagem ou proveito direta ou indiretamente obtidos da infração.

Art. 4º Subsiste a responsabilidade da pessoa jurídica na hipótese de alteração contratual, transformação, incorporação, fusão ou cisão societária.

§ 1º Nas hipóteses de fusão e incorporação, a responsabilidade da sucessora será restrita à obrigação de pagamento de multa e reparação integral do dano causado, até o limite do patrimônio transferido, não lhe sendo aplicáveis as demais sanções previstas nesta Lei decorrentes de atos e fatos ocorridos antes da data da fusão ou incorporação, exceto no caso de simulação ou evidente intuito de fraude, devidamente comprovados.

§ 2º As sociedades controladoras, controladas, coligadas ou, no âmbito do respectivo contrato, as consorciadas serão solidariamente responsáveis pela prática dos atos previstos nesta Lei, restringindo-se tal responsabilidade à obrigação de pagamento de multa e reparação integral do dano causado.

A Fusão é a operação pela qual duas ou mais sociedades se unem e formam uma sociedade nova (sucessora), que lhes sucederá em todos os direitos e obrigações. A Incorporação é a operação pela qual uma ou mais sociedades são absorvidas por outra, que lhes sucede em todos os direitos e obrigações. No caso de fusão e incorporação, a sucessora só responderá pelas sanções materiais, quais sejam, a multa e a reparação integral do dano causado, até o limite do patrimônio transferido. As demais sanções da Lei 12.846/2013 não serão aplicáveis à pessoa jurídica sucessora se os atos lesivos foram praticados antes da data da fusão ou incorporação[19].

Contudo, caso seja comprovado que a fusão e a incorporação tenham sido simuladas ou com intuito de fraude, a sucessora responderá por todas as sanções.

As sociedades coligadas ou consorciadas compõem uma unidade societária responsável pelos atos decorrentes do serviço prestado, situação que enseja um regime de solidariedade entre os consorciados perante a Administração contratante conforme já prevê o artigo 33, inciso V, da Lei nº 8.666/1993 e o artigo 51 do Decreto nº 7.581, de 11 de outubro de 2011, que regulamenta o Regime Diferenciado de Contratações Públicas (RDC).

A teleologia da norma é exposta por Diogo Figueiredo e Rafael Veras de Freitas (Ob. Cit. p. 10):

> "Essa a lógica que deve orientar a interpretação deste dispositivo, pois a sublinhar a solidariedade entre os consorciados e as sociedades coligadas, para fins se responsabilização por atos de corrupção, a norma visa justamente ao fim de facilitar a persecução e responsabilização de todos os agentes econômicos envolvidos nessas práticas. Trata-se, também, de previsão em consonância com a jurisprudência administrativa do Tribunal de Contas da União, que estabelece a responsabilidade solidária dos integrantes pelos atos praticados em consórcio, tanto na fase de licitação quanto na de execução do contrato, conforme determina o inciso V do art. 33 da Lei nº 8.666/1993 (TCU. Acórdão nº 2.813/2004, 1ª Câmara)".

19. Neste sentido é a Súmula 554-STJ: Na hipótese de sucessão empresarial, a responsabilidade da sucessora abrange não apenas os tributos devidos pela sucedida, mas também as multas moratórias ou punitivas referentes a fatos geradores ocorridos até a data da sucessão.

CAPÍTULO II

DOS ATOS LESIVOS À ADMINISTRAÇÃO PÚBLICA NACIONAL OU ESTRANGEIRA

Art. 5º Constituem atos lesivos à administração pública, nacional ou estrangeira, para os fins desta Lei, todos aqueles praticados pelas pessoas jurídicas mencionadas no parágrafo único do art. 1º, que atentem contra o patrimônio público nacional ou estrangeiro, contra princípios da administração pública ou contra os compromissos internacionais assumidos pelo Brasil, assim definidos:

I - prometer, oferecer ou dar, direta ou indiretamente, vantagem indevida a agente público, ou a terceira pessoa a ele relacionada;

II - comprovadamente, financiar, custear, patrocinar ou de qualquer modo subvencionar a prática dos atos ilícitos previstos nesta Lei;

III - comprovadamente, utilizar-se de interposta pessoa física ou jurídica para ocultar ou dissimular seus reais interesses ou a identidade dos beneficiários dos atos praticados;

IV - no tocante a licitações e contratos:

a) frustrar ou fraudar, mediante ajuste, combinação ou qualquer outro expediente, o caráter competitivo de procedimento licitatório público;

b) impedir, perturbar ou fraudar a realização de qualquer ato de procedimento licitatório público;

c) afastar ou procurar afastar licitante, por meio de fraude ou oferecimento de vantagem de qualquer tipo;

d) fraudar licitação pública ou contrato dela decorrente;

e) criar, de modo fraudulento ou irregular, pessoa jurídica para participar de licitação pública ou celebrar contrato administrativo;

f) obter vantagem ou benefício indevido, de modo fraudulento, de modificações ou prorrogações de contratos celebrados com a administração pública, sem

autorização em lei, no ato convocatório da licitação pública ou nos respectivos instrumentos contratuais; ou

g) manipular ou fraudar o equilíbrio econômico-financeiro dos contratos celebrados com a administração pública;

V – dificultar atividade de investigação ou fiscalização de órgãos, entidades ou agentes públicos, ou intervir em sua atuação, inclusive no âmbito das agências reguladoras e dos órgãos de fiscalização do sistema financeiro nacional.

§ 1º Considera-se administração pública estrangeira os órgãos e entidades estatais ou representações diplomáticas de país estrangeiro, de qualquer nível ou esfera de governo, bem como as pessoas jurídicas controladas, direta ou indiretamente, pelo poder público de país estrangeiro.

§ 2º Para os efeitos desta Lei, equiparam-se à administração pública estrangeira as organizações públicas internacionais.

§ 3º Considera-se agente público estrangeiro, para os fins desta Lei, quem, ainda que transitoriamente ou sem remuneração, exerça cargo, emprego ou função pública em órgãos, entidades estatais ou em representações diplomáticas de país estrangeiro, assim como em pessoas jurídicas controladas, direta ou indiretamente, pelo poder público de país estrangeiro ou em organizações públicas internacionais.

É lição corrente entre os administrativistas que do poder administrativo resultam prerrogativas públicas, afirmando a superioridade da Administração Pública em relação ao administrado. Nos comentários ao presente capítulo (bem como os de números III e IV) nos interessa a prerrogativa sancionatória, isto é, a faculdade que tem a Administração Pública de impor unilateral e imperativamente penalidades (sanções administrativas), com o fim precípuo de proteger bens jurídicos. Como bem explica Juliana Bonacorsi de Palma (ob. cit. p. 87):

> "A prerrogativa sancionatória abrange todo o ciclo regulatório sancionador, o qual compreende o regramento das infrações e sanções administrativas, a fiscalização dos serviços concedidos, permitidos ou autorizados e a aplicação e a execução de sanções administrativas".

O art. 5º da Lei 12.846/13 anuncia os atos considerados lesivos à administração pública, atentando alguns contra o patrimônio público nacional ou estrangeiro, outros contra princípios da administração pública ou contra os compromissos internacionais assumidos pelo Brasil.

Como se nota, a Lei em comento pune não apenas os atos de corrupção propriamente ditos (dar, oferecer ou prometer indevida vantagem), mas também toda uma série de comportamentos violadores de regras e princípios da administração pública, distintos da comercialização do ato funcional, destacando-se, em especial, as fraudes nos certames públicos.

Trata-se de rol de ilícitos comum à responsabilidade administrativa e civil, sistemática incomum no ordenamento jurídico.

Observe-se que a tipologia da Lei Anticorrupção não exige o dano material ao erário como elemento essencial. Trata-se de disposição ajustada a Convenção interamericana contra a Corrupção que não considera o prejuízo material ao erário como um fator definidor da corrupção, ampliando, portanto, o escopo de sua aplicação (CARVALHO; SILVEIRA, 2013, p. 123).

Já se discute se o rol de atos lesivos é exaustivo ou meramente exemplificativo. Pensamos ser exemplificativo, podendo a lei ser aplicada em qualquer caso em que se nota ato praticado para beneficiar a empresa antiética, desde que a custa do patrimônio (mesmo que imaterial) da administração pública, nacional ou estrangeira, contra os princípios da administração ou violando compromissos internacionais assumidos pelo nosso país. Não custa lembrar que no Direito Administrativo, diferentemente do Penal, a tarefa de ajustar o fato à regra não se exige a observância da tipicidade determinada. Nesse mesmo sentido, Jefferson Aparecido Dias (ob. cit. p. 97):

> "Num primeiro momento, diante do uso da expressão 'assim definidos' no final do caput do art. 5º, poder-se-ia defender que se trata de rol taxativo, que inadmite extensão e que exige a ocorrência de tipicidade para justificar a aplicação das sanções previstas na lei. Realmente, se for comparada a expressão utilizada com aquela constante da Lei de Improbidade Administrativa, a

> conclusão pela taxatividade do rol é quase que automática. Nesse sentido se posicionam Marco Vinicio Petrelluzzi e Rubens Naman Rizek Júnior. (...) No entanto, analisando cada um dos incisos e alíneas do mencionado art. 5º, é possível sustentar que o rol é exemplificativo e admite aplicação extensiva, uma vez que em vários momentos são utilizadas expressões como 'qualquer outro expediente' ou 'vantagem de qualquer tipo' etc." [20].

Como bem lembram Vicente Greco Filho e João Daniel Rassi, embora essa seja uma tendência no âmbito da União Europeia, principalmente porque esse tipo de comportamento fere direitos do consumidor, a livre concorrência e a boa-fé nas relações contratuais, a Lei Anticorrupção brasileira não tipifica corrupção privada (Ob. Cit. p. 52/60).

De acordo com a Lei 12.846/13, são atos lesivos contra administração pública, passíveis das sanções administrativas (art. 6º) e judiciais (art. 19):

I – prometer, oferecer ou dar, direta ou indiretamente, vantagem indevida a agente público, ou a terceira pessoa a ele relacionada;

Temos, nesta alínea, a corrupção ativa. A redação tem certa similitude com o crime do art. 333 do CP, mas também importantes diferenças.

Art. 5º, I, Lei 12.846/13	Art. 333 do CP
Corrupção ativa	Corrupção ativa
Pune a conduta daquele que *prometer, oferecer ou dar, direta ou indiretamente, vantagem indevida a agente público, ou a terceira pessoa a ele relacionada.*	Pune a conduta daquele que *oferecer ou prometer vantagem indevida a funcionário público, para determiná-lo a praticar, omitir ou retardar ato de ofício.*

20. Na mesma linha de Marco Vinicio Petrelluzzi e Rubens Naman Rizek Júnior, referidos pelo citado autor, também Marcio Pestana (ob. cit. p. 37) leciona ser o rol taxativo: "a especificação legal, no ponto, é exaustiva, não exemplificativa, à evidência, discriminando, cuidadosamente cada uma das situações que, uma vez ocorridas, poderão ser consideradas atentatórias à Administração Pública e, consequentemente, passiveis de ensejar a responsabilização daqueles que delas tenham tomado parte".

Art. 5º, I, Lei 12.846/13	Art. 333 do CP
Pune o núcleo "dar"	Não pune o núcleo "dar", caso em que a corrupção parte do servidor.
Obs.: mirando a pessoa jurídica, dispensa elemento finalístico.	Obs.: exige finalidade especial do agente: *para determiná-lo a praticar, omitir ou retardar ato de ofício.*

De todos os meios pode valer-se o corruptor: palavras, atos, gestos, escritos etc.

Ao se referir a *vantagem indevida*, entendemos que a lei buscou incriminar qualquer tipo de proveito proibido, ainda que não econômico e patrimonial.

Alertamos que a existência da corrupção ativa independe da passiva, isto é, a bilateralidade não é requisito indispensável.

Este ato lesivo estará caracterizado no momento em que o servidor público (ou terceira pessoa a ele relacionada) toma conhecimento da oferta ou sua promessa, ainda que a recuse[21]. Aliás, se a pessoa corrompida, em razão da vantagem dada, ofertada ou prometida, efetivamente pratica, omite ou retarda ato de ofício comercializado, é motivo de maior punibilidade do ato em que se justifica a agravação da sanção pelo dano maior causado à Administração Pública.

II – comprovadamente, financiar, custear, patrocinar ou de qualquer modo subvencionar a prática dos atos ilícitos previstos nesta Lei;

Este inciso descreve como ato lesivo a contribuição, financeira ou patrimonial, da pessoa jurídica para a prática de atos ilícitos. Esclarece Marcio Pestana (ob. cit. p. 45-6):

21. A jurisprudência, no que tange ao crime, vem decidindo que famigerado e popularmente conhecido "quebra galho", empregado no sentido de afastar um obstáculo, remover algum impedimento, não completa uma infração penal, pois não encerra, só por si, a oferta de qualquer vantagem indevida. Muitas vezes objetiva, tão somente, pedir a razoável compreensão do empregado público, para a obtenção do que possa ser lícito e esteja em área de seu simples arbítrio" (*RT* 380/69). Essa lição de atipicidade, segundo pensamos, deve ser transportada para a seara da Lei Anticorrupção.

> "O legislador, contudo, sabendo que de antemão não poderia vislumbrar todas as possibilidades de condutas passiveis de serem previamente surpreendidas na rica realidade ontológica, recorreu á expressão "de qualquer modo subvencionar" para com ela abranger todas as maneiras, formas e todos os títulos pelos quais o agente ativo possa contribuir, financeira e patrimonialmente, para a ocorrência do ilícito, como o que se passa com o comodato de instrumentos eletrônicos para escutas, propiciando a prática do ato lesivo".

III – comprovadamente, utilizar-se de interposta pessoa física ou jurídica para ocultar ou dissimular seus reais interesses ou a identidade dos beneficiários dos atos praticados;

Neste tipo temos duas figuras tipificadas como atos lesivos à administração pública:

i) *utilizar-se de interposta pessoa física ou jurídica para ocultar ou dissimular seus reais interesses.*

ii) *utilizar-se de interposta pessoa física ou jurídica para ocultar ou dissimular a identidade dos beneficiários dos atos praticados.*

Nos dois casos o legislador abrange na tipificação o responsável pela estrutura de interposição.

O ilícito descrito neste dispositivo só tem sentido se conjugado com o *caput*, o qual prevê atos que atentem contra o patrimônio público nacional ou estrangeiro, contra princípios da administração pública ou contra os compromissos internacionais assumidos pelo Brasil.

IV – no tocante a licitações e contratos:

a) frustrar ou fraudar, mediante ajuste, combinação ou qualquer outro expediente, o caráter competitivo de procedimento licitatório público;

O presente ato lesivo assemelha-se ao delito previsto na Lei 8.666/93, art. 90, mas apresenta poucas (e importantes) diferenças:

Art. 5º, IV, "a", Lei 12.846/13	**Art. 90 da Lei 8.666/93**
Busca impedir a fraude à competitividade nos certames públicos, violando, também, a isonomia e o julgamento objetivo.	Busca impedir a fraude à competitividade nos certames públicos, violando, também, a isonomia e o julgamento objetivo.
Pune, no tocante a licitações e contratos, *frustrar ou fraudar, mediante ajuste, combinação ou qualquer outro expediente, o caráter competitivo de procedimento licitatório público.*	Pune *frustrar ou fraudar, mediante ajuste, combinação ou qualquer outro expediente, o caráter competitivo do procedimento licitatório, com o intuito de obter, para si ou para outrem, vantagem decorrente da adjudicação do objeto da licitação.*
Obs.: almejando, principalmente, a punição da pessoa jurídica, dispensa finalidade especial.	Obs.: exige fim especial: *com o intuito de obter, para si ou para outrem, vantagem decorrente da adjudicação do objeto da licitação. Nesse sentido vem decidindo STF (STF, HC 116680 / DF, Segunda Turma, Rel. Min. TEORI ZAVASCKI, DJe de 12-02-2014) e STJ (STJ, AgRg nº 983.730/RS, Rel. Min. Napoleão Nunes Maia Filho, DJe de 04.05.2009.)*

O espectro de incidência do dispositivo é amplo, alcançando, principalmente, o nefasto fenômeno do cartel nas licitações, onde empresas independentes, que atuam num mesmo ramo de atividade, organizam-se em loteamentos ou rodízios de forma a monopolizar o mercado, criando uma disputa artificial.

Os núcleos verbais são frustrar (*fazer falhar*) ou fraudar (*enganar ou trapacear*).

Como se sabe, a competição entre os licitantes assegura a seleção da proposta mais vantajosa para a administração pública. Mas para ser real, a competição pressupõe respeito ao princípio da isonomia, a existência de mais de um interessado e que a escolha do vencedor (licitante) seja realizada por meio da análise de critérios objetivos de julgamento.

O ato ilícito, portanto, consiste em qualquer conduta que leve a frustração ou fraude ao caráter competitivo do procedimento licitatório, seja atingindo a isonomia, seja manipulando o número de interessados, seja beneficiando a proposta de um dos interessados no certame.

A preocupação da Lei 8.666/93 com o caráter competitivo do certame é tamanho que em seu artigo 3º dispôs vedações textuais aos agentes públicos que funciona como norma de extensão para omissões relevantes. Assim se o agente público competente verifica, em um edital de licitação, uma cláusula discriminatória que comprometa, restrinja ou frustre o caráter competitivo do certame, mas nada faz para saná-la, face à ingerência dessa norma, pode ser penalmente responsabilizado por sua omissão.

Qualquer tipo de ajuste, combinação ou outro malicioso expediente que atinja o real caráter competitivo da licitação pode caracterizar o delito em tela. Trata-se de crime de ação livre.

O ajuste, a combinação ou o expediente capaz de frustrar ou fraudar a competição podem ser realizados com ou sem a participação do servidor público, bem como podem ser meramente parciais.

Os casos mais comuns de fraude à licitação são:

- *sobrepreço* – É a fixação de preços superiores aos de mercado. O artigo 31, § 1º, I, da Lei 13.303/16 deu um bom conceito de sobrepreço.
- *direcionamento da licitação* – A estratégia consiste na exigência de qualificações técnicas específicas desnecessárias para um serviço ou produto, beneficiando assim apenas um dos concorrentes. Outra maneira de direcionar é impedir o conhecimento da licitação deixando de publicar seu edital no *Diário Oficial* ou chamamento reiterado das mesmas empresas ou de empresas que sabidamente não tem condições de competir com o fornecedor beneficiado pelo acordo.
- *cobertura ou rodízio* – É feito um acordo entre o responsável pela licitação e um dos concorrentes ou entre os próprios concorrentes. No primeiro caso, uma das empresas que participam da licitação consegue informações privilegiadas, que lhe garantem a vitória. Os concorrentes também podem combinar entre si as propostas ou retirá-las em cima da hora, para que um deles garanta a vitória, com a vantagem,

na maioria dos casos, de fechar o negócio com propostas superfaturadas.

- *empresas ligadas ao mesmo grupo econômico ou familiar* – Espécie de fraude relacionada às licitações na modalidade convite. Consiste na convocação de empresas administradas pelas mesmas pessoas para participarem do certame.
- *"escada" e o "mergulho"* – São espécies de fraudes ligadas ao pregão. Consiste no prévio ajuste e na atuação conjunta de empresas para manipular o resultado da licitação. Como se sabe, no pregão há inversão das fases de análise das propostas e da habilitação, além do oferecimento de lances verbais para a obtenção da melhor proposta. No pregão serão classificados para a fase de lances verbais apenas o autor da proposta de valor mais baixo e os das ofertas com preços até 10% (dez por cento) superiores àquela, ou, não havendo pelos menos 03 (três) em tais condições, os autores das melhores propostas, até o máximo de 03 (três), quaisquer que sejam os preços oferecidos. Previamente ajustados, os licitantes apresentam propostas com valores muito próximos, alcançando juntos a fase de lances verbais, excluindo da competição outros licitantes estranhos ao grupo, o que permite que alcancem, como se utilizassem de uma escada, o acesso a essa etapa do procedimento. Esse procedimento é geralmente conjugado com o "mergulho", que consiste na apresentação, por um dos participantes, da fraude de proposta com valores bem reduzidos ou até mesmo inexequíveis para assegurar que apenas os licitantes previamente ajustados realmente cheguem à fase de lances. Posteriormente, o "mergulhador" é considerado inabilitado ou não atende à convocação da Administração para assinar o contrato, o qual é celebrado com o segundo colocado pelo valor de sua proposta, nos termos do artigo 4º, inciso XXIII, da Lei nº 10.520/02. O expediente do "mergulho" também é utilizado no pregão por via eletrônica, o qual, segundo o Decreto nº 5.450/05, prevê que todos os licitantes cujas propostas forem consideradas em conformidade com as exigências do edital serão classificados para a fase de lances, na forma digital. Os licitantes somente oferecem lances inferiores aos últimos ofertados e registrados pelo sistema eletrônico. Assim, os licitantes previamente ajustados se

valem do "mergulho" oferecendo dois lances sucessivos, sendo o último inexequível e que encerra a disputa. Em seguida, é utilizado o mesmo expediente aplicado no pregão presencial: o "mergulhador" é considerado inabilitado ou não atende à convocação da Administração para assinar o contrato, o qual é celebrado com o segundo colocado pelo valor de sua proposta.

- *Julgamento das propostas em desconformidade com o instrumento convocatório*: Espécie de fraude ligada a todas as modalidades de licitação. Consiste na violação do princípio da vinculação ao instrumento convocatório estabelecido no artigo 41 da Lei n° 8.666/93, beneficiando um proponente ajustado com o agente público responsável pelo certame.
- *Participação de pessoas jurídicas inexistentes*: Fraude ligada às licitações na modalidade de convite. Consiste na convocação pela Administração de empresas fisicamente inexistentes para a participação no certame apenas para atingir o número mínimo exigido pelo artigo 22, § 3º, da Lei nº 8.666/93 e, dessa forma, possibilitar a contratação do proponente previamente ajustado com o agente público responsável pela licitação.
- *Convocação de empresas de ramo de atividade diverso do objeto da licitação ou incapazes de executar o objeto do contrato*: Fraude ligada às licitações na modalidade de convite. Consiste na convocação de empresas de ramo diverso do objeto do contrato ou que não possuem condições de executá-lo que em razão disso ou não apresentarão propostas ou serão desclassificadas, sagrando-se vencedora do certame a empresa previamente ajustada com os agentes públicos responsáveis pelo certame.

Segundo Marçal Justen Filho, para a configuração da frustração ou da fraude não é necessário o comprometimento total da eficácia da licitação, bastando que alguns aspectos da licitação sejam atingidos (Ob. Cit. p. 1178).

> *b) impedir, perturbar ou fraudar a realização de qualquer ato de procedimento licitatório público;*

O inciso em comento tem exatamente a mesma redação do crime tipificado no art. 93 da Lei 8.666/93:

Art. 5º, IV, "b", Lei 12.846/13	Art. 93, Lei 8.666/93
Busca proteger a regularidade do procedimento licitatório	Busca proteger a regularidade do procedimento licitatório
Pune *impedir, perturbar ou fraudar a realização de qualquer ato de procedimento licitatório público.*	Pune *impedir, perturbar ou fraudar a realização de qualquer ato de procedimento licitatório.*

A Lei de Licitações garante: todos quantos participem de licitação promovida pelos órgãos ou entidades a que se refere o art. 1º têm direito público subjetivo à fiel observância do pertinente procedimento estabelecido nesta lei, podendo qualquer cidadão acompanhar o seu desenvolvimento, desde que não interfira de modo a perturbar ou impedir a realização dos trabalhos (art. 4º). Impedir, perturbar ou fraudar a realização de algum ato configura ato lesivo (e crime).

Os verbos contidos no dispositivo são "Impedir" (*opor óbices*); "perturbar" (*atrapalhar, confundir*) e fraudar (*simular, falsear*).

O tipo pune qualquer ato que prejudica o desenvolvimento de cada uma das etapas que compõe o procedimento licitatório.

São tutelados os atos parcelares do procedimento licitatório, desde os iniciais, ainda que internos, como a estimativa de preço, ou externos, como a abertura do edital, até os atos finais, como os de julgamento e adjudicação.

c) afastar ou procurar afastar licitante, por meio de fraude ou oferecimento de vantagem de qualquer tipo;

A figura em análise repete a redação do crime do art. 95 da Lei 8.666/93, com poucas diferenças:

Art. 5º, IV, "c", Lei 12.846/13	Art. 95, Lei 8.666/93
Quer o legislador proteger a livre concorrência e a lisura do certame e outros princípios basilares da licitação.	Quer o legislador proteger a livre concorrência, a lisura do certame e outros princípios basilares da licitação.

Art. 5º, IV, "c", Lei 12.846/13	Art. 95, Lei 8.666/93
Pune *afastar ou procurar afastar licitante* [administrado interessado em participar do certame], *por meio de fraude ou oferecimento de vantagem de qualquer tipo*	Pune *afastar ou procurar afastar licitante* [administrado interessado em participar do certame], *por meio de violência, grave ameaça, fraude ou oferecimento de vantagem de qualquer tipo.*
Obs.: mirando a pessoa jurídica, o ato lesivo não prevê como modo de agir a violência ou grave ameaça. Mas, se as pessoas físicas direta ou indiretamente ligadas aos entes coletivos empregarem violência para afastar licitante, certamente sua conduta, além da infração penal aos agentes, sujeitará a pessoa jurídica a sanções desta Lei, considerando que o rol de atos do art. 5º é, como defendemos acima, meramente exemplificativo.	Obs.: tem como um dos meios de ação a violência e grave ameaça.

Há dois núcleos verbais: afastar (*eliminar, separar ou retirar*) ou procurar afastar (*tentar tirar do caminho*).

O modo de agir é bastante variável no tipo.

Fraude é o artifício, simulação, ardil, engodo ou outro qualquer outro expediente que mantém outrem em erro.

Oferecimento de vantagem é a disposição de pagamento em pecúnia ou outra vantagem como emprego, cargo, função, promoção ou apoio eleitoral diretamente a pessoa do licitante ou terceiro por ele indicado.

O ato de afastar o interessado em participar do certame poderá ocorrer em qualquer fase do processo licitatório. Configura o ilícito, por exemplo, oferecer vantagem para empresa concorrente retirar a sua proposta, afastando-se do processo logo no seu nascedouro, ou depois de regularmente convocada, não assine o contrato.

A empresa subornada, que se absteve ou desistiu de participar do processo licitatório, de qualquer modo concorre para o ato lesivo, devendo sofrer os mesmos consectários da empresa subornadora, administrativa e civilmente. E não enxergamos espaço para outra conclusão, já que o art. 95, parágrafo único, da Lei de Licitações, manda responsabilizar penalmente as pessoas físicas responsáveis pelo ato das duas empresas. Trata-se de interpretação condizente com o princípio constitucional da função social da empresa e a proteção dos valores constitucionais que norteiam a licitação.

Por fim, não se pode confundir a figura lesiva descrita no art. 5º, IV, "a" (*frustrar ou fraudar, mediante ajuste, combinação ou qualquer outro expediente, o caráter competitivo de procedimento licitatório público)* com esta que estamos tratando (*afastar ou procurar afastar licitante, por meio de fraude ou oferecimento de vantagem de qualquer tipo*). Aqui se atinge o comportamento praticado diretamente perante o terceiro e lá o ajuste é ignorado pelo terceiro, cuja exclusão obtém-se mediante ajuste, combinação ou outro expediente.

d) fraudar licitação pública ou contrato dela decorrente;

Este tipo de ato lesivo reproduz, em parte, o art. 96, *caput*, da Lei 8.666/93:

Art. 5º, IV, "d", Lei 12.846/13	Art. 96, Lei 8.666/93
Quer o legislador proteger a lisura dos atos e contratos administrativos.	Quer o legislador proteger a lisura dos atos e contratos administrativos.
Pune *fraudar licitação pública ou contrato dela decorrente*	Pune *fraudar, em prejuízo da Fazenda Pública, licitação instaurada para aquisição ou venda de bens ou mercadorias, ou contrato dela decorrente:* *I – elevando arbitrariamente os preços;* *II – vendendo, como verdadeira ou perfeita, mercadoria falsificada ou deteriorada;* *III – entregando uma mercadoria por outra;* *IV – alterando substância, qualidade ou quantidade da mercadoria fornecida;* *V – tornando, por qualquer modo, injustamente, mais onerosa a proposta ou a execução do contrato:*

Art. 5º, IV, "d", Lei 12.846/13	Art. 96, Lei 8.666/93
Obs: o ato lesivo é de execução livre, podendo abranger qualquer dos comportamentos referidos no art. 96 da Lei 8.666/93 (o licitante eleva os preços avençados, vende produto inadequado ou o substitui por outro, altera a sua substância, qualidade ou quantidade ou, ainda, torna a mais onerosa a proposta ou a execução do contrato) ou qualquer outra espécie de fraude que atinja licitações e contratos[22].	Obs: o crime é de execução vinculada, pressupondo uma das cinco condutas descritas nos incisos do art. 96.

O núcleo verbal é fraudar (*enganar ou trapacear*) razão pela qual o ato pode ser chamado de estelionato licitatório.

A fraude pode se dirigir a licitação ou ao contrato em execução, seja de aquisição de produtos, seja de contratação de serviços, seja qualquer outro.

Sabendo que no Direito Administrativo, diferentemente do Penal, a tarefa de ajustar o fato à regra não se exige a observância da tipicidade determinada, concordamos com Marcio Pestana (ob. cit. p. 52) quando anota:

> "O preceptivo volta-se para surpreender a fraude cometida no âmbito do processo licitatório, a nosso ver atingindo a licitação efetivamente realizada como as contratações diretas, ou seja, aquelas que prescindem da realização da licitação no que se convenciona chamar licitação dispensada, dispensável ou inexigível.
>
> Sendo assim, as fraudes cometidas em relação aos contratos celebrados pela Administração Pública que sejam consequentes à realização do certame licitatório ou, mesmo, da sua não realização (contratações diretas), também serão consideradas condutas lesivas passiveis de sofrerem o apenamento preconizado pela Lei Anticorrupção".

22. A amplitude da presente alínea acaba reforçando a natureza meramente exemplificativo do art. 5º.

e) criar, de modo fraudulento ou irregular, pessoa jurídica para participar de licitação pública ou celebrar contrato administrativo;

Insere-se, nesta alínea, a criação de empresas "fantasmas" (não existe, de fato) ou de fachada/fundo de quintal (de fato existem, mas sem capacidade técnica e/ou financeira para a execução dos servidos contratados). Estão sendo tipificados, no caso, atos preparatórios, dispensando a prática por parte da empresa ilegal qualquer ato lesivo. A sua criação, por si só, já representa um ato de perigo aos interesses da administração pública. Nesse sentido, aliás, ensina Jefferson Aparecido Dias (ob. cit. p. 106):

> "Note-se que, no presente caso, a Lei Anticorrupção não exige que a empresa fantasma pratique qualquer fraude, pois a sua simples criação de forma fraudulenta já constitui um ato de corrupção passível de sanção, o que, evidentemente, representa um grande avanço na repressão de tais condutas".

Cabe anotar que tanto Tribunal de Contas da União como o Superior Tribunal de Justiça já vinham aplicando a desconsideração da pessoa jurídica para efetivamente punir os ofensores e reaver os prejuízos, quando havia indícios suficientes de que a pessoa jurídica licitante é constituída com nítido intuito de fraude. Neste sentido: Processo de Representação nº 003.533/2006-1. Rel. Min. BENJAMIN ZYMLER. PLENÁRIO. Acórdão nº 928. Ata nº 19/2008. Sessão em 21.5.2008. Não é diferente a posição do Superior Tribunal de Justiça: Recurso Ordinário em Mandado de Segurança nº 15.166/BA. Rel. Min. CASTRO MEIRA, SEGUNDA TURMA, julgado em 7/8/2003, publicado no DJ em 8/9/2003.

f) obter vantagem ou benefício indevido, de modo fraudulento, de modificações ou prorrogações de contratos celebrados com a administração pública, sem autorização em lei, no ato convocatório da licitação pública ou nos respectivos instrumentos contratuais;

O tipo em comento assemelha-se ao crime previsto no art. 92 (e seu parágrafo único) da Lei 8.666/93, mas com redação mais enxuta:

Art. 5º, IV, "f", Lei 12.846/13	Art. 92, Lei 8.666/93
Busca proteger a lealdade, isonomia e a concorrência nos certames.	Busca proteger a lealdade, isonomia e a concorrência nos certames.
Pune *obter vantagem ou benefício indevido, de modo fraudulento, de modificações ou prorrogações de contratos celebrados com a administração pública, sem autorização em lei, no ato convocatório da licitação pública ou nos respectivos instrumentos contratuais.*	Pune *admitir, possibilitar ou dar causa a qualquer modificação ou vantagem, inclusive prorrogação contratual, em favor do adjudicatário, durante a execução dos contratos celebrados com o Poder Público, sem autorização em lei, no ato convocatório da licitação ou nos respectivos instrumentos contratuais, ou, ainda, pagar fatura com preterição da ordem cronológica de sua exigibilidade, observado o disposto no art. 121 desta Lei.* *Incide na mesma pena o contratado que, tendo comprovadamente concorrido para a consumação da ilegalidade, obtém vantagem indevida ou se beneficia, injustamente, das modificações ou prorrogações contratuais (parágrafo único do art. 92).*

Após a adjudicação, a regra é a de que o contrato celebrado pela Administração deve ser cumprido tal como negociado (art. 66 da Lei 8.666/93). A alteração do contrato é medida excepcional (art. 65 da Lei 8.666/93). Qualquer alteração contratual deve, obviamente, ser motivada pela autoridade administrativa, ficando vinculada aos fundamentos alegados.

As causas legais de modificações e prorrogações dos contratos administrativos estão previstas nos artigos 57 e 65 da Lei 8.666/93. Anote-se que o artigo 81 da Lei 13.303/16 possui casos específicos de alteração dos contratos. As modificações e prorrogações só são admissíveis nessas hipóteses legais e, além disso, se previstas no edital e no instrumento contratual.

As modificações e prorrogações contatuais são mecanismos que buscam manter o equilíbrio econômico-financeiro do contrato e que asseguram que a equação financeira inicial do ajuste, estabelecida a partir da proposta vencedora na licitação, deve ser preservada durante toda a vigência do contrato.

Por isso, as alterações somente são aceitáveis nas hipóteses de fatos supervenientes à fase de apresentação das propostas ou preexistentes e completamente desconhecidos tanto da Administração como do contratado, sob pena de caracterização de fraude por violação aos princípios da licitação previstos no artigo 3º da Lei nº 8.666/93.

Não se admite, por óbvio, que em caso de modificação seja inserido objeto novo no anteriormente pactuado. A contratação assim feita equivalerá à contratação sem licitação.

A pessoa jurídica que obtém vantagem ou benefício indevido fruto de modificações ou prorrogações dos contratos administrativo fora das hipóteses legais está incursa neste ato ilícito.

A Lei 13.303/16, no artigo 31, § 1º, II, alíneas "a" à "d", prevê alguns exemplos de condutas que caracterizam o ilícito em estudo, tais como modificações ou prorrogações de contratos decorrentes (a) pela medição de quantidades superiores às efetivamente executadas ou fornecidas, (b) pela deficiência na execução de obras e serviços de engenharia que resulte em diminuição da qualidade, da vida útil ou da segurança, (c) por alterações no orçamento de obras e de serviços de engenharia que causem o desequilíbrio econômico-financeiro do contrato em favor do contratado e (d) por outras alterações de cláusulas financeiras que gerem recebimentos contratuais antecipados, distorção do cronograma físico-financeiro, prorrogação injustificada do prazo contratual com custos adicionais para a empresa pública ou a sociedade de economia mista ou reajuste irregular de preços.

A vantagem ou benefício obtido é a mera modificação ou prorrogação indevida do contrato, independentemente de haver superfaturamento.

g) manipular ou fraudar o equilíbrio econômico-financeiro dos contratos celebrados com a administração pública;

O equilíbrio financeiro entre Administração e contratado é mandamento constitucional (art. 37, XXI), previsto, ainda, no art. 65 da Lei de Licitações. A importância dessa equação nos contratos em que participa a administração está bem delineada nas lições de Celso Antônio Bandeira de Mello (ob. cit. p. 597):

> "Aliás, a garantia do contratado ao equilíbrio econômico-financeiro do contrato administrativo não poderia ser afetada nem mesmo por lei. É que resulta de dispositivo constitucional, o art. 37, XXI, pois, de acordo com seus termos, obras, serviços, compras e alienações serão contratados com cláusulas que estabeleçam obrigações de pagamento, mantidas as condições efetivas da proposta. É evidente que, para serem mantidas as efetivas condições das propostas (constantes da oferta vencedora do certame licitatório que precede o contrato), a Administração terá de manter íntegra a equação econômico-financeira inicial. (...) De outra parte, o equilíbrio econômico-financeiro está obrigado, ainda, por outro dispositivo constitucional: o art. 5º, XXXVI, segundo o qual 'a lei não prejudicará o direito adquirido, o ato jurídico perfeito e a coisa julgada'. A equação econômico financeira contratual é um direito adquirido do contratado, de tal sorte que normas a ele sucessivas não poderiam afetá-lo".

V – dificultar atividade de investigação ou fiscalização de órgãos, entidades ou agentes públicos, ou intervir em sua atuação, inclusive no âmbito das agências reguladoras e dos órgãos de fiscalização do sistema financeiro nacional.

O inciso de encerramento do art. 5º pune duas condutas distintas praticadas por pessoa jurídica:

- i) *a obstrução, mediante qualquer meio, da investigação ou fiscalização de órgãos, entidades ou agentes públicos.*

- ii) *intervir em sua atuação, inclusive no âmbito das agências reguladoras e dos órgãos de fiscalização do sistema financeiro nacional.*

Anote-se que haverá o ato ilícito se a pessoa jurídica dificultar investigação ou fiscalização de órgãos, entidades ou agentes públicos de qualquer natureza. Assim, caso seja obstruída uma investigação de um órgão ambiental, ou da polícia civil ou do órgão de controle interno de algum ente público ou do Ministério Público, estará caracterizada a infração a este dispositivo.

Não sem razão, alerta Marcio Pestana (ob. cit. p. 56):

> "Embora a responsabilidade da pessoa jurídica se dê de maneira objetiva, conforme já podemos antes examinar, é evidente que as condutas atingidas por este dispositivo deverão resultar da implementação, concreta, de condutas dolosas e culposas no seu grau mais elevado, dado que obstar ou interferir na investigação só poderá resultar de agir desejado (dolo) ou negligentemente implementado (culpa)".

CAPÍTULO III
DA RESPONSABILIZAÇÃO ADMINISTRATIVA[23]

Art. 6º Na esfera administrativa, serão aplicadas às pessoas jurídicas consideradas responsáveis pelos atos lesivos previstos nesta Lei as seguintes sanções:

I – multa, no valor de 0,1% (um décimo por cento) a 20% (vinte por cento) do faturamento bruto do último exercício anterior ao da instauração do processo administrativo, excluídos os tributos, a qual nunca

23. Reza o art. 22 da Lei:

"Fica criado no âmbito do Poder Executivo federal o Cadastro Nacional de Empresas Punidas – CNEP, que reunirá e dará publicidade às sanções aplicadas pelos órgãos ou entidades dos Poderes Executivo, Legislativo e Judiciário de todas as esferas de governo com base nesta Lei.

§ 1º Os órgãos e entidades referidos no caput deverão informar e manter atualizados, no CNEP, os dados relativos às sanções por eles aplicadas.

§ 2º O CNEP conterá, entre outras, as seguintes informações acerca das sanções aplicadas: I – razão social e número de inscrição da pessoa jurídica ou entidade no Cadastro Nacional da Pessoa Jurídica – CNPJ; II – tipo de sanção; e III – data de aplicação e data final da vigência do efeito limitador ou impeditivo da sanção, quando for o caso.

§ 3º As autoridades competentes, para celebrarem acordos de leniência previstos nesta Lei, também deverão prestar e manter atualizadas no CNEP, após a efetivação do respectivo acordo, as informações acerca do acordo de leniência celebrado, salvo se esse procedimento vier a causar prejuízo às investigações e ao processo administrativo.

§ 4º Caso a pessoa jurídica não cumpra os termos do acordo de leniência, além das informações previstas no § 3º, deverá ser incluída no CNEP referência ao respectivo descumprimento.

§ 5º Os registros das sanções e acordos de leniência serão excluídos depois de decorrido o prazo previamente estabelecido no ato sancionador ou do cumprimento integral do acordo de leniência e da reparação do eventual dano causado, mediante solicitação do órgão ou entidade sancionadora.

será inferior à vantagem auferida, quando for possível sua estimação; e

II – publicação extraordinária da decisão condenatória.

§ 1º As sanções serão aplicadas fundamentadamente, isolada ou cumulativamente, de acordo com as peculiaridades do caso concreto e com a gravidade e natureza das infrações.

§ 2º A aplicação das sanções previstas neste artigo será precedida da manifestação jurídica elaborada pela Advocacia Pública ou pelo órgão de assistência jurídica, ou equivalente, do ente público.

§ 3º A aplicação das sanções previstas neste artigo não exclui, em qualquer hipótese, a obrigação da reparação integral do dano causado.

§ 4º Na hipótese do inciso I do caput, caso não seja possível utilizar o critério do valor do faturamento bruto da pessoa jurídica, a multa será de R$ 6.000,00 (seis mil reais) a R$ 60.000.000,00 (sessenta milhões de reais).

§ 5º A publicação extraordinária da decisão condenatória ocorrerá na forma de extrato de sentença, a expensas da pessoa jurídica, em meios de comunicação de grande circulação na área da prática da infração e de atuação da pessoa jurídica ou, na sua falta, em publicação de circulação nacional, bem como por meio de afixação de edital, pelo prazo mínimo de 30 (trinta) dias, no próprio estabelecimento ou no local de exercício da atividade, de modo visível ao público, e no sítio eletrônico na rede mundial de computadores.

§ 6º (VETADO).

Dentre as várias prerrogativas da Administração Pública (autoexecutoriedade dos atos, poder de expropriar, poder de requisitar bens, poder de polícia etc.), interessa para os comentários do presente artigo a prerrogativa sancionatória, tendo como finalidade a proteção de bens jurídicos.

O art. 6º da Lei anuncia as penalidades de multa e publicação extraordinária da decisão condenatória, aplicáveis isolada ou cumulativamente à pessoa jurídica participante de ato lesivo à Administração Pública, através de decisão fundamentada, observando o princípio da individualização da sanção (art. 7º).

Se atentarmos para outras leis com sanções administrativas, como o Código de Defesa do Consumidor[24], a legislação ambiental[25], atos contra o sistema financeiro[26], a Lei de Licitações[27] e a Lei Antitruste[28], não há como discordar da pertinente crítica feita por

---

24. Na defesa do consumidor e das relações de consumo o legislador previu as seguintes sanções administrativas: I – multa; II – apreensão do produto; III – inutilização do produto; IV – cassação do registro do produto junto ao órgão competente; V – proibição de fabricação do produto; VI – suspensão de fornecimento de produtos ou serviço; VII – suspensão temporária de atividade; VIII – revogação de concessão ou permissão de uso; IX – cassação de licença do estabelecimento ou de atividade; X – interdição, total ou parcial, de estabelecimento, de obra ou de atividade; XI – intervenção administrativa; XII – imposição de contrapropaganda (art. 56 do CDC).
25. Na tutela do meio ambiente a legislação pertinente prevê as seguintes sanções administrativas: I – advertência; II – multa simples; III – multa diária; IV – apreensão dos animais, produtos e subprodutos da fauna e flora, instrumentos, petrechos, equipamentos ou veículos de qualquer natureza utilizados na infração; V – destruição ou inutilização do produto; VI – suspensão de venda e fabricação do produto; VII – embargo de obra ou atividade; VIII – demolição de obra; IX – suspensão parcial ou total de atividades; XI – restritiva de direitos, que abrangem a suspensão de registro, licença ou autorização, o cancelamento de registro, licença ou autorização, a perda ou restrição de incentivos e benefícios fiscais, a perda ou suspensão da participação em linhas de financiamento em estabelecimentos oficiais de crédito e a proibição de contratar com a Administração Pública, pelo período de até três anos. (art. 72 da Lei 9.605/98).
26. Na tutela do sistema financeiro nacional, estão previstas as seguintes sanções administrativas, que podem, inclusive, ser aplicadas pelo Banco Central ou pelo Conselho Monetário Nacional: I – Advertência; II – Multa pecuniária variável; III – Suspensão do exercício de cargos; IV – Inabilitação temporária ou permanente para o exercício de cargos de direção na administração ou gerência em instituições financeiras; V – Cassação da autorização de funcionamento das instituições financeiras públicas, exceto as federais, ou privadas. (art. 44, Lei 4595/64).
27. A Lei 8.666/93 anuncia as seguintes sanções: I – advertência; II – multa, na forma prevista no instrumento convocatório ou no contrato; III – suspensão temporária de participação em licitação e impedimento de contratar com a Administração, por prazo não superior a 2 (dois) anos; IV – declaração de inidoneidade para licitar ou contratar com a Administração Pública (art. 87).
28. A Lei 12.529/11, para algumas, "parente próximo" da Lei Anticorrupção Empresarial, prevê como sanções administrativas: I – multa; II – publicação, em meia página e a expensas do infrator, em jornal indicado na decisão, de extrato da decisão condenatória, por 2 (dois) dias seguidos, de 1 (uma) a 3 (três) semanas consecutivas; III – a proibição de contratar com instituições financeiras oficiais e participar de licitação tendo por objeto aquisições, alienações, realização de obras e serviços, concessão de serviços públicos, na administração pública federal, estadual, municipal e do Distrito Federal, bem como em entidades da administração indireta, por prazo não inferior a 5 (cinco) anos; IV – a inscrição do infrator no Cadastro Nacional de Defesa do Consumidor; V – a recomendação aos órgãos públicos competentes para que: a) seja concedida licença compulsória de direito de propriedade intelectual de titularidade do infrator, quando a infração estiver relacionada ao uso desse

parcela da doutrina, no sentido de que o legislador foi econômico na seleção das consequências jurídico administrativas da prática de atos de corrupção. Depois de fazer essa mesma crítica, prossegue Jorge Munhos de Sousa (ob. cit. p. 162-3):

> "Contudo, deve-se ter em conta que muitos dos atos lesivos previstos no art. 5º da LAC são, ao mesmo tempo, infrações à Lei 12.846/13 e à Lei de Licitações. Imagine-se o seguinte exemplo: determinado empresário, em comunhão de vontades com os integrantes da comissão de licitação da Secretaria de Educação do Estado X, acorda em fraudar um processo licitatório para a obra de reforma de determinada escola; para tanto, os agentes públicos promovem o fracionamento indevido da despesa objeto de licitação, de modo a permitir indevidamente a utilização de licitação na modalidade convite; uma vez fracionado indevidamente o valor, são realizadas duas licitações, para as quais são direcionados convites apenas às pessoas jurídicas criadas pelo empresário, todas em nome de laranjas. Uma vez direcionado o certame, a Administração contrata o objeto da licitação com sobrepreço. Desta forma, quando a Administração constatar que a prática de um mesmo ilícito ofende, ao mesmo tempo, as disposições da LAC e da Lei 8.666/93, não há vedação de que, no bojo do mesmo procedimento administrativo de responsabilização da pessoa jurídica por atos de corrupção sejam aplicadas as sanções de proibição de contratar/licitar e declaração de inidoneidade, penas estas que poderão incidir sobre pessoas físicas e jurídicas. Obviamente que nestes casos o fundamento para aplicação das sanções não será o art. 6º da LAC, mas os artigos 86 e seguintes da Lei 8.666/93. Destaca-se que na hipótese não haverá uma aplicação analógica de sanções não expressamente previstas na LAC (o que certamente é vedado pelos princípios do Direito Administrativo Sancionador), mas ocorrerá simplesmente a cumulação de processos administrativos que têm objeto em comum e cuja competência decisória incumbe à mesma pessoa administrativa. Neste ponto é interessante notar que tanto a LAC quanto a Lei 8.666/93 (em relação à sanção de inidoneidade)

---

direito; b) não seja concedido ao infrator parcelamento de tributos federais por ele devidos ou para que sejam cancelados, no todo ou em parte, incentivos fiscais ou subsídios públicos; VI – a cisão de sociedade, transferência de controle societário, venda de ativos ou cessação parcial de atividade; VII – a proibição de exercer o comércio em nome próprio ou como representante de pessoa jurídica, pelo prazo de até 5 (cinco) anos; e VIII – qualquer outro ato ou providência necessários para a eliminação dos efeitos nocivos à ordem econômica.

conferem às mais altas autoridades da estrutura hierárquica da administração a competência para aplicação das sanções".

Esse seu raciocínio certamente vai enfrentar a resistência daqueles que nele enxergam violação ao princípio do "non bis in idem", pugnando, em substituição, pela aplicação de uma ou outra lei na punição da empresa infratora. Contudo, somos obrigados a reconhecer que o exemplo usado pelo citado autor foi feliz. É que a Lei 12.846/13, no seu art. 30, ressalva que a aplicação das sanções nela previstas não afeta os processos de responsabilização e aplicação de penalidades decorrentes de: I – ato de improbidade administrativa nos termos da Lei 8.429/92; e II – atos ilícitos alcançados pela Lei 8.666/93, ou outras normas de licitações e contratos da administração pública, inclusive no tocante ao Regime Diferenciado de Contratações Públicas – RDC instituído pela Lei 12.462/11.

Ora, como se nota, é a própria Lei cominando, ainda que de forma remetida (ou às avessas), penas outras, previstas em Leis especiais. Quando a cumulação de penas implicar nas sanções previstas na LAE e nas Leis de Improbidade e Licitações, não há que se alegar em "bis in idem" [29].

ATENÇÃO: esse, aliás, é o espírito presente no Decreto Presidencial 8.420/15, que no seu art. 16 orienta:

Art. 16. Caso os atos lesivos apurados envolvam infrações administrativas à Lei nº 8.666, de 1993, ou a outras normas de licitações e contratos da administração pública e tenha ocorrido a apuração conjunta prevista no art. 12, a pessoa jurídica também estará sujeita a sanções administrativas que tenham como efeito restrição ao direito de participar em licitações ou de celebrar contratos com a administração pública, a serem aplicadas no PAR.

Feita essa análise introdutória, vamos, agora, trabalhar a aplicação das duas penas cominadas na Lei Anticorrupção.

29. Temos julgados no STJ e TRF (1ª.R) exatamente nesse sentido, ou seja, negando "bis in idem" na dupla condenação do acusado por danos causados ao patrimônio público, uma com fundamento na lei de improbidade administrativa, e outra no âmbito do Tribunal de Contas.

A primeira sanção anunciada no artigo em comento é a multa, que pode variar de 0,1% (um décimo por cento) a 20% (vinte por cento) do faturamento[30] bruto do último exercício anterior ao da instauração do processo administrativo, excluídos os tributos, não podendo jamais ser inferior à vantagem auferida, quando for possível sua estimação. Não sendo possível utilizar o critério do valor do faturamento bruto da pessoa jurídica, a multa será de R$ 6.000,00 (seis mil reais) a R$ 60.000.000,00 (sessenta milhões de reais).

ATENÇÃO: Os arts. 17, 18, 19, 20, 21, 22, 23 e 25, todos do Decreto Presidencial 8.420/15, pormenorizam a penalidade da multa, apuração de sua base de cálculo, sua aplicação e execução:

Art. 17. O cálculo da multa se inicia com a soma dos valores correspondentes aos seguintes percentuais do faturamento bruto da pessoa jurídica do último exercício anterior ao da instauração do PAR, excluídos os tributos:

I – um por cento a dois e meio por cento havendo continuidade dos atos lesivos no tempo;

II – um por cento a dois e meio por cento para tolerância ou ciência de pessoas do corpo diretivo ou gerencial da pessoa jurídica;

III – um por cento a quatro por cento no caso de interrupção no fornecimento de serviço público ou na execução de obra contratada;

30. Como bem assinala José Munhos de Souza (ob. cit. p. 142), "andou mal o legislador ao se referir apenas ao faturamento, sem permitir que a multa incidisse também sobre a receita bruta, o que promete reacender diversas discussões já enfrentadas pelo STF quando da análise de questionamentos sobre a constitucionalidade da equiparação legal dos conceitos de faturamento e receita bruta pela legislação tributária do PIS/ COFINS. Ainda que haja quem defenda que no julgamento da ADC 1 o STF tenha equiparado, para efeitos fiscais, o conceito de faturamento e receita bruta, não nos parece acertada a conclusão. Isso porque, naquele julgamento, o STF reconheceu a equivalência ao faturamento apenas da 'receita bruta proveniente de venda de mercadorias e serviços', o que, de fato, é extremamente menos abrangente do que 'a totalidade das receitas auferidas'. Desta forma, o conceito de faturamento, para fins de aplicação da multa, deve, em uma primeira aproximação, levar em consideração o produto da venda de mercadorias e serviços. Mas, em consonância com a tendência jurisprudencial do STF, também será possível incluir como faturamento 'o produto de todo o rol das demais atividades que integram o objeto social da empresa'. Assim, poderão ser incluídos no conceito de faturamento o produto proveniente da realização do objeto social das seguradoras e a locação de bens móveis e imóveis (quando constituírem o objeto social da empresa). Por sua vez, devem ser excluídos do conceito de faturamento o resultado proveniente de receitas financeiras por empresas que não sejam instituições financeiras".

IV – um por cento para a situação econômica do infrator com base na apresentação de índice de Solvência Geral – SG e de Liquidez Geral – LG superiores a um e de lucro líquido no último exercício anterior ao da ocorrência do ato lesivo;

V – cinco por cento no caso de reincidência, assim definida a ocorrência de nova infração, idêntica ou não à anterior, tipificada como ato lesivo pelo art. 5º da Lei nº 12.846, de 2013, em menos de cinco anos, contados da publicação do julgamento da infração anterior; e

VI – no caso de os contratos mantidos ou pretendidos com o órgão ou entidade lesado, serão considerados, na data da prática do ato lesivo, os seguintes percentuais:

a) um por cento em contratos acima de R$ 1.500.000,00 (um milhão e quinhentos mil reais);

b) dois por cento em contratos acima de R$ 10.000.000,00 (dez milhões de reais);

c) três por cento em contratos acima de R$ 50.000.000,00 (cinquenta milhões de reais);

d) quatro por cento em contratos acima de R$ 250.000.000,00 (duzentos e cinquenta milhões de reais); e e) cinco por cento em contratos acima de R$ 1.000.000.000,00 (um bilhão de reais).

Art. 18. Do resultado da soma dos fatores do art. 17 serão subtraídos os valores correspondentes aos seguintes percentuais do faturamento bruto da pessoa jurídica do último exercício anterior ao da instauração do PAR, excluídos os tributos:

I – um por cento no caso de não consumação da infração;

II – um e meio por cento no caso de comprovação de ressarcimento pela pessoa jurídica dos danos a que tenha dado causa;

III – um por cento a um e meio por cento para o grau de colaboração da pessoa jurídica com a investigação ou a apuração do ato lesivo, independentemente do acordo de leniência;

IV – dois por cento no caso de comunicação espontânea pela pessoa jurídica antes da instauração do PAR acerca da ocorrência do ato lesivo; e

V – um por cento a quatro por cento para comprovação de a pessoa jurídica possuir e aplicar um programa de integridade, conforme os parâmetros estabelecidos no Capítulo IV.

Art. 19. Na ausência de todos os fatores previstos nos art. 17 e art. 18 ou de resultado das operações de soma e subtração ser igual ou menor a zero, o valor da multa corresponderá, conforme o caso, a:

I – um décimo por cento do faturamento bruto do último exercício anterior ao da instauração do PAR, excluídos os tributos; ou

II – R$ 6.000,00 (seis mil reais), na hipótese do art. 22.

Art. 20. A existência e quantificação dos fatores previstos nos art. 17 e art. 18, deverá ser apurada no PAR e evidenciada no relatório final da comissão, o qual também conterá a estimativa, sempre que possível, dos valores da vantagem auferida e da pretendida.

§ 1º Em qualquer hipótese, o valor final da multa terá como limite:

I – mínimo, o maior valor entre o da vantagem auferida e o previsto no art. 19; e

II – máximo, o menor valor entre:

a) vinte por cento do faturamento bruto do último exercício anterior ao da instauração do PAR, excluídos os tributos; ou

b) três vezes o valor da vantagem pretendida ou auferida.

§ 2º O valor da vantagem auferida ou pretendida equivale aos ganhos obtidos ou pretendidos pela pessoa jurídica que não ocorreriam sem a prática do ato lesivo, somado, quando for o caso, ao valor correspondente a qualquer vantagem indevida prometida ou dada a agente público ou a terceiros a ele relacionados.

§ 3º Para fins do cálculo do valor de que trata o § 2º, serão deduzidos custos e despesas legítimos comprovadamente executados ou que seriam devidos ou despendidos caso o ato lesivo não tivesse ocorrido.

Art. 21. Ato do Ministro de Estado Chefe da Controladoria-Geral da União fixará metodologia para a apuração do faturamento bruto e dos tributos a serem excluídos para fins de cálculo da multa a que se refere o art. 6º da Lei nº 12.846, de 2013.

Parágrafo único. Os valores de que trata o **caput** poderão ser apurados, entre outras formas, por meio de:

I – compartilhamento de informações tributárias, na forma do inciso II do § 1º do art. 198 da Lei nº 5.172, de 25 de outubro de 1966; e

II – registros contábeis produzidos ou publicados pela pessoa jurídica acusada, no país ou no estrangeiro.

Art. 22. Caso não seja possível utilizar o critério do valor do faturamento bruto da pessoa jurídica no ano anterior ao da instauração ao PAR, os percentuais dos fatores indicados nos art. 17 e art. 18 incidirão:

I – sobre o valor do faturamento bruto da pessoa jurídica, excluídos os tributos, no ano em que ocorreu o ato lesivo, no caso de a pessoa jurídica não ter tido faturamento no ano anterior ao da instauração ao PAR;

II – sobre o montante total de recursos recebidos pela pessoa jurídica sem fins lucrativos no ano em que ocorreu o ato lesivo; ou

III – nas demais hipóteses, sobre o faturamento anual estimável da pessoa jurídica, levando em consideração quaisquer informações sobre a sua situação econômica ou o estado de seus negócios, tais como patrimônio, capital social, número de empregados, contratos, dentre outras.

Parágrafo único. Nas hipóteses previstas no **caput**, o valor da multa será limitado entre R$ 6.000,00 (seis mil reais) e R$ 60.000.000,00 (sessenta milhões de reais).

Art. 23. Com a assinatura do acordo de leniência, a multa aplicável será reduzida conforme a fração nele pactuada, observado o limite previsto no § 2º do art. 16 da Lei nº 12.846, de 2013.

§ 1º O valor da multa previsto no **caput** poderá ser inferior ao limite mínimo previsto no art. 6º da Lei nº 12.846, de 2013.

§ 2º No caso de a autoridade signatária declarar o descumprimento do acordo de leniência por falta imputável à pessoa jurídica colaboradora, o valor integral encontrado antes da redução de que trata o **caput** será cobrado na forma da Seção IV, descontando-se as frações da multa eventualmente já pagas.

Art. 25. A multa aplicada ao final do PAR será integralmente recolhida pela pessoa jurídica sancionada no prazo de trinta dias, observado o disposto nos §§ 1º e 3º do art. 11.

§ 1º Feito o recolhimento, a pessoa jurídica sancionada apresentará ao órgão ou entidade que aplicou a sanção documento que ateste o pagamento integral do valor da multa imposta.

§ 2º Decorrido o prazo previsto no **caput** sem que a multa tenha sido recolhida ou não tendo ocorrido a comprovação de seu pagamento integral, o órgão ou entidade que a aplicou encaminhará o débito para inscrição em Dívida Ativa da União ou das autarquias e fundações públicas federais.

§ 3º Caso a entidade que aplicou a multa não possua Dívida Ativa, o valor será cobrado independentemente de prévia inscrição.

A multa prevista na Lei Anticorrupção é sanção punitiva que opera como exigência de uma tutela efetiva para aqueles casos em que o ressarcimento, pelo equivalente ou em forma específica, mostra-se pouco idôneo para prevenir determinadas formas de ilícitos. Para Nelson Rosenvald, a pena civil perdeu conotação de exclusividade privatística e busca impedir que o agente, sob o cálculo do custo-benefício entre a sanção e o lucro advindos do ato, opte, deliberadamente, pelo ato ilícito (Ob. Cit. p. 18). É na multa civil se verifica principalmente o efeito dissuasivo pretendido pelo direito sancionador instituído pela Lei 12.846/13.

Justamente por isso que, apesar do aparente silêncio da norma, é recomendável (também aqui parece evidente) que a multa não pode ficar aquém da vantagem auferida pela empresa condenada.

A multa, como manda o art. 24 da Lei 12.426/13, será destinada preferencialmente aos órgãos ou entidades públicas lesadas.

A segunda espécie de sanção anunciada pelo art. 6º da Lei 12.846/13 é a publicação extraordinária da decisão condenatória e ocorrerá na forma de extrato de sentença, a expensas da pessoa jurídica, em meios de comunicação de grande circulação na área da prática da infração e de atuação da pessoa jurídica ou, na sua falta, em publicação de circulação nacional, bem como por meio de afixação de edital, pelo prazo mínimo de 30 (trinta) dias, no próprio estabelecimento ou no local de exercício da atividade, de modo visível ao público, e no sítio eletrônico na rede mundial de computadores.

Não se trata propriamente de inovação uma vez que o artigo 78, II, da Lei 8.078/90 (Código de Defesa do Consumidor) tem previsão análoga.

Qual será o propósito desta sanção? Será útil (eficaz)? Marcio Pestana (ob. cit. p. 59) responde:

> "De pronto, para confessar, à posterioridade, a indiscutível ineficácia de a publicação ser realizada em Diários Oficiais, os quais, como se sabe, cumprem a ficção da publicidade, mas convivem com a ineficácia de divulgação do conteúdo; sob outro prisma, para colocar o guizo de *condenada* na pessoa jurídica em questão, com isso completando o rol de sanções que devam ser endereçadas em desfavor da infratora, no ponto, acarretando a desaprovação da aprovação pública, e comprometendo, negativamente, a sua própria imagem, de seus administradores e, reflexamente, dos seus acionistas ou sócios controladores; além disso, para divulgar, à coletividade, que a Administração Pública encontra-se eficazmente combatendo a corrupção no país, consequentemente, lançando às forças produtivas a sombria ameaça de que a norma foi produzida para ser efetivamente exigível, e não *para inglês ver*, expressão, lamentavelmente, até corriqueiramente, ouvida no país; finalmente, para desestimular agentes públicos de praticarem atos de corrupção, pois, tendo ciência das apurações e das condenações impostas pela *Lei Anticorrupção*,

consequentemente tendem a mais e mais refrear – para aqueles titubeantes em respeitar os nobres valores humanos –, eventuais ímpetos subalternos de enriquecerem-se ilicitamente".

ATENÇÃO: esta segunda espécie de sanção administrativa está disciplinada no art. 24 do Decreto Presidencial 8.420/15:

Art. 24. A pessoa jurídica sancionada administrativamente pela prática de atos lesivos contra a administração pública, nos termos da Lei nº 12.846, de 2013, publicará a decisão administrativa sancionadora na forma de extrato de sentença, cumulativamente:

I – em meio de comunicação de grande circulação na área da prática da infração e de atuação da pessoa jurídica ou, na sua falta, em publicação de circulação nacional;

II – em edital afixado no próprio estabelecimento ou no local de exercício da atividade, em localidade que permita a visibilidade pelo público, pelo prazo mínimo de trinta dias; e

III – em seu sítio eletrônico, pelo prazo de trinta dias e em destaque na página principal do referido sítio.

Parágrafo único. A publicação a que se refere o **caput** será feita a expensas da pessoa jurídica sancionada.

Na dosimetria das penas (de multa e publicação da condenação), o julgador, atento aos princípios da individualização da sanção e da proporcionalidade, deve considerar as peculiaridades do caso concreto e a gravidade e natureza das infrações (art. 6º, § 1º.), em conjunto com as circunstâncias objetivas e subjetivas elencadas no art. 7º, quais sejam,

I – a gravidade da infração (redundante, pois já prevista no art. 6º., § 1º.);

II – a vantagem auferida ou pretendida pelo infrator;

III – a consumação ou não da infração;

IV – o grau de lesão ou perigo de lesão;

V – o efeito negativo produzido pela infração;

VI – a situação econômica do infrator;

VII – a cooperação da pessoa jurídica para a apuração das infrações;

VIII – a existência de mecanismos e procedimentos internos de integridade, auditoria e incentivo à denúncia de irregularidades e a aplicação efetiva de códigos de ética e de conduta no âmbito da pessoa jurídica;

IX – o valor dos contratos mantidos pela pessoa jurídica com o órgão ou entidade pública lesados.

Insta destacar que o direito sancionador constitui-se em instrumento de confiança do convívio social quando assegura uma resposta proporcional ao ilícito praticado. A ideia é, basicamente, que a resposta e a reação ao comportamento ilícito recomponham o estado original das coisas e inibam novas infrações. A calibragem entre a resposta adequada e justa à ação ilícita é feita pelo princípio da proporcionalidade[31].

Para o Supremo Tribunal Federal, o princípio da proporcionalidade decorre do art. 5º, LIV, da Constituição Federal[32]. Para outros está contido nas dobras do sistema jurídico geral do Estado de Direito. No plano infraconstitucional, está previsto textualmente no artigo art. 2º, parágrafo único, VI, da Lei n. 9.784/99[33]. É princípio que busca originalmente estabelecer limites a atos restritivos de direitos e evitar que aos cidadãos sejam impostas restrições que não se apresentem como indispensáveis à preservação do interesse público[34], servindo para o controle de atos administrativos em geral, para enviesamento de técnicas de interpretação de leis e para o controle de constitucionalidade.

Para o que nos importa, o princípio da proporcionalidade é a régua para o julgador aplicar as penas previstas na Lei.

---

31. Embora haja divergência sobre a natureza da proporcionalidade, isto é, se regra, princípio ou postulado, adotaremos neste trabalho a nomenclatura princípio uma vez que essa diferenciação é secundária ao propósito deste estudo e por ser a expressão mais consolidada, seja na legislação brasileira, seja nas outras fontes do direito nacional. Neste trabalho também não será adotada a diferença entre proporcionalidade e razoabilidade, que é muito bem estudada no estudo incomparável de SILVA, Virgílio Afonso da. Ob. Cit. p. 24-25.

32. O artigo 5º, LIV, é basicamente a referência constitucional utilizada pelo Supremo Tribunal Federal para aplicação do princípio da proporcionalidade, conforme aponta o professor ALVES JR., Luís Carlos Martins, p.114.

33. Que prevê que a proporcionalidade consiste no dever de "adequação entre meios e fins, vedada a imposição de obrigações, restrições e sanções em medida superior àquelas estritamente necessárias ao atendimento do interesse público".

34. No âmbito do direito administrativo tem sido rebatizado como princípio da adequação punitiva que apresenta, no título, um dos elementos que o compõe. Neste sentido CARVALHO FILHO, José dos Santos. Manual de Direito Administrativo. São Paulo: Atlas. 28ª ed., 2015, p. 802/803).

Todavia, a aplicação do princípio da proporcionalidade não ocorre mediante atividade meramente discricionária do agente público, sendo-lhe vedada a vulgarização do instituto sob pena de enfraquecimento da legalidade estrita.

A aplicação irrestrita e vaga do princípio da proporcionalidade (ou da razoabilidade) pode levar a interpretações voluntaristas que, parafraseando Daniel Sarmento, visam *permitir que os intérpretes da norma substituam livremente as valorações de outros agentes públicos pelas suas próprias*[35].

Na Lei Anticorrupção vislumbra-se a incidência da proporcionalidade, em geral, de duas maneiras: para modular o mínimo e máximo de cada uma das sanções aplicadas e para permitir que o julgador cumule ou não todas as sanções previstas na lei.

Todavia, na busca de combater excessos, não se pode perder de mira que a aplicação do princípio da proporcionalidade não deve produzir uma atuação insuficiente dos poderes estatais.

A criatividade, a cordialidade e a falta de critérios não podem levar a desproteção do bem jurídico tutelado pela Lei sob pena de violação ao princípio da proteção deficiente, cuja compreensão aprimora os mecanismos de controle das restrições e reduz os níveis de subjetivismo e irracionalidade na aplicação da proporcionalidade.

Do mesmo modo que não se deseja a hipertrofia da punição, não se admite a proteção deficiente do Estado na tutela da administração pública (nacional o estrangeira). O tipo e o *quantum* da pena devem ser suficientes na retribuição do ato lesivo cometido e na prevenção da reincidência. Deve o julgador, em suma, perseguir a punição eficaz (eficiente), como preconizado na Convenção da ONU de Combate à Corrupção (Convenção de Mérida), art. 26.4, que assim dispõe:

> "Art. 26, Responsabilidade das pessoas jurídicas.
>
> 1. Cada Estado Parte adotará as medidas que sejam necessárias, em consonância com seus princípios jurídicos, a fim de estabelecer a responsabilidade de pessoas jurídicas por sua participação nos delitos qualificados de acordo com a presente Convenção.
>
> 2. Sujeito aos princípios jurídicos do Estado Parte, a responsabilidade das pessoas jurídicas poderá ser de índole penal, civil ou administrativa.

35. SARMENTO, Daniel. p. 140.

> 3. Tal responsabilidade existirá sem prejuízo à responsabilidade penal que incumba às pessoas físicas que tenham cometido os delitos.
>
> 4. Cada Estado Parte velará em particular para que se imponham sanções penais ou não-penais eficazes, proporcionadas e dissuasivas, incluídas sanções monetárias, às pessoas jurídicas consideradas responsáveis de acordo com o presente Artigo".

Temos doutrina lecionando que a pena imposta deve, ainda, servir de exemplo para que outras empresas se sintam inibidas a agir/não agir do mesmo modo. Ousamos discordar. É que, nesta fase (sentença), a pretensão de fazer da decisão um exemplo para outros possíveis infratores, em nome da prevenção geral de futuros atos lesivos, pode acabar violando a proporcionalidade, pois o julgador acaba ignorando a empresa sentenciada e focando apenas nos outros potenciais entes infratores. Num exemplo rudimentar esse risco fica mais evidente. Imaginemos uma determinada empresa envolvida em uma fraude à licitação. Apurada sua responsabilidade, deve ser eficazmente punida. Contudo, era sua "última cartada", pois está financeiramente em estado periclitante. Punir essa empresa com a pena próxima do mínimo pode significar punição eficaz, e ainda mantê-la no mercado, gerando empregos. Para outras empresas, no entanto, que ficarão sabendo da natureza e quantidade da pena, pode parecer ter imperado a impunidade. Percebam que se o julgador aplicar a sanção preocupado com sua repercussão, terá que majorá-la, talvez, próximo do máximo, arruinando financeiramente a empresa infratora de forma desproporcional.

Sabendo que de uma mesma conduta ilícita pode-se deparar com responsabilidades administrativa, civil e penal, a aplicação das penas previstas neste artigo não exclui, por óbvio, a obrigação da reparação integral do dano causado e as sanções penais às pessoas físicas que concorreram, de qualquer modo, para o ato, caso previsto em lei como infração penal. A reparação do dano causado não é propriamente sanção decorrente da Lei Anticorrupção. É obrigação indisponível

Alertamos, por fim, que, nos termos do art. 20, apesar de as sanções anunciadas no artigo em comento (multa e publicação extraordinária da decisão condenatória) serem administrativas, nada impede que sejam aplicadas pelo juiz, provocado por meio de ação civil pública promovida pelo MP, nos casos em que ficar comprovada a omissão ou inércia do órgão competente na sua aplicação, ou mesmo inexistência de regulamentação desta lei no âmbito da administração direta ou indireta lesada pelo ato.

Art. 7º Serão levados em consideração na aplicação das sanções:

I - a gravidade da infração;

II - a vantagem auferida ou pretendida pelo infrator;

III - a consumação ou não da infração;

IV - o grau de lesão ou perigo de lesão;

V - o efeito negativo produzido pela infração;

VI - a situação econômica do infrator;

VII - a cooperação da pessoa jurídica para a apuração das infrações;

VIII - a existência de mecanismos e procedimentos internos de integridade, auditoria e incentivo à denúncia de irregularidades e a aplicação efetiva de códigos de ética e de conduta no âmbito da pessoa jurídica;

IX - o valor dos contratos mantidos pela pessoa jurídica com o órgão ou entidade pública lesados; e

X - (VETADO).

Parágrafo único. Os parâmetros de avaliação de mecanismos e procedimentos previstos no inciso VIII do caput serão estabelecidos em regulamento do Poder Executivo federal.

Como alertado nos comentários ao artigo anterior, a escolha da modalidade e do *quantum* de penalidade aplicável não é ato de livre-arbítrio da autoridade julgadora. Em consonância com o princípio da individualização da pena, presente no artigo 5º, inciso XLVI, da Constituição Federal, plenamente aplicável aos processos administrativos, o órgão julgador deve levar em consideração as circunstâncias de cada caso concreto, explicitando-as na decisão.

Além disso, a dosimetria da pena deve ser feita em atendimento ao princípio da proporcionalidade, que ocorre nas duas fases para aplicação da pena: (1) para modular o mínimo e máximo de cada uma das sanções aplicadas e (2) para cumular ou não as sanções previstas na lei.

Como dito acima, na busca de combater excessos, não se pode perder de mira que a aplicação do princípio da proporcionalidade não deve produzir uma atuação insuficiente dos poderes estatais. Na enfática lição de Juarez Freitas, citado por Ingo W. Sarlet: "O princípio da proporcionalidade quer significar que o Estado não deve agir com demasia, tampouco de modo insuficiente na consecução de seus objetivos: Exageros para mais ou para menos configuram irretorquíveis violações ao princípio"[36].

Os parâmetros legais peculiaridades do caso concreto, gravidade e natureza das infrações (§ 1º), bem como as circunstâncias deste artigo 7º, deverão ser levadas em consideração nas duas fases de aplicação da pena.

No caso da pena de multa (e de proibição de receber incentivos - art. 19, IV), cumpre observar que a própria norma estabelece um relativo espaço de conformação para o julgador efetivar a dosagem da pena, o que nos afigura suficiente para incidência balizada do princípio da proporcionalidade. Nestes casos em que legislação estabelece limites mínimos e máximos, a incidência da proporcionalidade se dá dentro destas margens. A movimentação do julgador deve ocorrer dentro desses parâmetros, sem possibilidade de ultrapassá-los, pelo que a sua atuação discricionária é juridicamente vinculada. É o que ocorre tradicionalmente no direito penal, por exemplo, em que a dosagem da pena opera dentro dos limites mínimos e máximos previstos no preceito secundário da norma incriminadora.

Essa é, inclusive, a posição dos Tribunais Superiores no que se refere à aplicação de atenuantes. Neste sentido é Súmula 231 do Superior Tribunal de Justiça: "A incidência da circunstância atenuante não pode conduzir à redução da pena abaixo do mínimo legal" e a posição do Supremo Tribunal Federal[37].

Dentro desse espírito, o art. 7º elenca circunstâncias objetivas (I, II, III, IV, V, VIII, IX) e subjetivas (VI, VII) que devem ser observadas na aplicação da pena, motivadamente na decisão do órgão julgador.

---

36. SARLET, Ingo Wolfgang. Ob. Cit. p.29.

37. Pena fixada no mínimo legal. Impossibilidade de redução abaixo desse patamar, com fundamento na circunstância atenuante da menoridade. HC 94.243, rel. min. Eros Grau, j. 31-3-2009, 2ª T, DJE de 14-8-2009. É firme a jurisprudência desta Suprema Corte no sentido de que, ao contrário do que ocorre com as causas de diminuição, as circunstâncias atenuantes não podem reduzir a pena aquém do mínimo legal. HC 94.446, rel. min. Ricardo Lewandowski, j. 14-10-2008, 1ª T, DJE de 31-10-2008. Vide ainda RE 597.270 QO-RG, rel. min. Cezar Peluso, j. 26-3-2009, P, DJE de 5-6-2009.

Vejamos cada uma separadamente.

I – a gravidade da infração;

É comum a legislação brasileira fazer uma relação gradual entre a gravidade do fato/consequências do ilícito e pena aplicável. É o que se infere, por exemplo, do art. 59 do Código Penal, art. 69 do Código Penal Militar, art. 179, § 1º, da Lei 9.472/97, art. 944 do Código Civil, art. 100, VIII, do ECA, etc.

Essa correlação gradual guarda, em si, a ideia da proporcionalidade, que, conforme bem observa Ávila, não resulta de um texto específico, mas da estrutura mesma dos princípios, sem que isso lhe retire força normativa[38]. Em verdade, na essência, a ideia de que o sancionamento de alguém deve variar na proporção dos danos causados pelo ato ilícito atende sentimentos de equidade e justiça ligados a noção intuitiva de igualdade.

A gravidade é aferida, segundo propõe Emerson Garcia (Ob. Cit. p. 288) em torno do nível de afronta ao bem jurídico tutelado e dos efeitos produzidos no ambiente social.

A gravidade da infração se nota não apenas do tipo de ato praticado, mas também onde foi praticado. Uma fraude à licitação num município de baixo IDH (índice de desenvolvimento humano), a conduta parece mais reprovável do que se praticada em município de maior IDH, merecendo, portanto, sanção mais severa.

II – a vantagem auferida ou pretendida pelo infrator;

Não apenas se o agente conseguiu a vantagem desejada influencia na penalidade, mas também o tipo e o *quantum* do proveito auferido ou pretendido pelo infrator.

Marcio Pestana (ob. cit. p. 70-1) traz importante lição sobre o aspecto qualitativo da vantagem auferida ou pretendida pela empresa:

> "Sob o aspecto qualitativo, admite-se distinguir as vantagens *supérfluas* ou *supridoras*. Nas *supérfluas*, a vantagem almejada, seja tentada, seja efetivamente obtida, reside na percepção, pura e simples, de enriquecimento, aumento patrimonial, aferição de recursos monetários. Sendo assim, a vantagem é nitidamente subalterna, merecedora de apenamento mais severos. Diversa-

38. ÁVILA, Humberto Bergmann. Ob. Cit. p. 171.

> mente, nas *supridoras*, a vantagem obtida apresenta algum grau de necessidade, de premência, em obséquio a outros valores considerados relevantes pela sociedade. É o que ocorre na prática da corrupção exigida pelo agente público para a obtenção de um determinado medicamento necessário ao tratamento de alguns pacientes internados em pessoa jurídica de segmento hospitalar, ou, mesmo, efetivado o ato lesivo em razão da necessidade de assegurar-se a aquisição de determinado insumo para o fim de manter-se a produção de gases nobres igualmente necessários para a rede hospitalar manter-se em adequado funcionamento, mas que, em decorrência de entraves burocráticos, obstam a mencionada aquisição.
>
> Evidentemente, nada justifica a prática dos atos de corrupção. Seja vantagem *supérflua* ou *supridora*, a sanção deverá ser imposta, dada a ofensividade imposta aos valores da moralidade e da probidade que guarnecem a Administração Pública. Haverá, contudo, distinção entre ambas as vantagens no aspecto qualitativa, relativamente à calibragem da sanção a ser aplicada no caso concreto".

III – a consumação ou não da infração;

A consumação e a tentativa da infração também devem ser aquilatadas na individualização da sanção. Obviamente, a concretização da infração, gerando efetiva lesão para a Administração Pública, deve ser mais rigorosamente apenada.

Percebemos da leitura do art. 5º infrações materiais, formais e de mera conduta. São materiais aquelas infrações em que o tipo descreve conduta e o resultado naturalístico (modificação do mundo exterior), exigindo a sua ocorrência para a consumação. A conduta e o resultado são cronologicamente separados. É o que ocorre, por exemplo, com o ato lesivo descrito no art. 5º, IV, "f", qual seja, obter vantagem ou benefício indevido, de modo fraudulento, de modificações ou prorrogações de contratos celebrados com a administração pública, sem autorização em lei, no ato convocatório da licitação pública ou nos respectivos instrumentos contratuais. Se a empresa, mediante o expediente fraudulento, obtiver a vantagem, a infração está consumada. Se, no entanto, mesmo empregando o artifício, não conseguir a vantagem desejada, será também punida, mas na forma tentada.

Nas infrações formais (ou de consumação antecipada), o resultado naturalístico está previsto no tipo, mas é dispensável, pois a consumação ocorre com a conduta. O resultado jurídico consumador ocorre em concomitância com o comportamento do agente. Como exemplo, podemos citar o ato lesivo descrito no art. 5º, II, que pune aquele que comprovadamente, financiar, custear, patrocinar ou de qualquer modo subvencionar a prática dos atos ilícitos previstos nesta Lei. A prova do financiamento, tenha ou não ocorrido o ato ilícito custeado, a infração está consumada.

As infrações de mera conduta, por sua vez, são aquelas em que o seu tipo apenas descreve a conduta lesiva, sem mencionar qualquer resultado naturalístico, que, obviamente, é dispensável. Pune-se a empresa infratora pela simples atividade/inatividade, como, por exemplo, art. 5º. I, que pune prometer, oferecer ou dar, direta ou indiretamente, vantagem indevida a agente público, ou a terceira pessoa a ele relacionada.

Diferentemente do Direito Penal, que, em regra, dita o *quantum* da redução quando frustrada a infração por circunstâncias alheias à vontade do agente, na sanção administrativa o a fração do redutor fica a critério do órgão julgador, que devendo, sempre, fundamentar sua decisão.

IV – o grau de lesão ou perigo de lesão;

As consequências para a administração pública, na ótica da maior ou menor lesão (ou perigo de lesão) influenciam na dosimetria da penalidade.

A análise deve ser feita sob vários ângulos, destacando-se o quantitativo (montantes envolvidos no ato lesivo) e o subjetivo (quais os poderes e agentes envolvidos nos atos nocivos).

Juliano Heinen observa: "Importante destacar, por oportuno, que a lesão aqui tratada não será de ordem meramente pecuniária – um prejuízo material causado-, mas também poderá ocorrer uma lesão moral aos entes públicos. E se isso acontecer, a pena deverá sim ser elevada" (Ob. Cit. p. 174).

V – o efeito negativo produzido pela infração;

Pensamos que a circunstância descrita neste inciso está umbilicalmente ligada à circunstância anterior. O legislador, a nosso ver, foi redundante, ficando difícil dissociá-las[39].

---

39. Marcio Pestana (ob. cit. p. 75), procura estabelecer outros aspectos que dotariam este inciso de maior importância, propondo o seguinte: "Os efeitos negativos em questão, resultantes

Todavia, Modesto Carvalhosa defende que a medição do efeito negativo se dá pela extensão do dano causado ao bem jurídico atingido pelo ato ilícito, atendendo a dois critérios: "(i) a extensão sistêmica da conduta corruptiva praticada pela pessoa jurídica e (ii) o nível hierárquico dos agentes públicos envolvidos". Assim, os efeitos negativos da infração serão maiores tanto quanto maior for o nível hierárquico da instituição atingida ou tanto quanto maior o posto hierárquico ocupado pelo agente público envolvido no ato (Ob. Cit. p. 316).

VI – a situação econômica do infrator;

A situação econômica do infrator serve para nortear, especialmente, a multa, evitando tanto a proteção deficiente do Estado quanto a hipertrofia da punição.

Já alertamos nos comentários ao art. 6º que a multa contra a empresa será fixada no valor de 0,1% (um décimo por cento) a 20% (vinte por cento) do seu faturamento bruto do último exercício anterior ao da instauração do processo administrativo, excluídos os tributos, a qual nunca será inferior à vantagem auferida, quando for possível sua estimação.

Essa variação anunciada no citado dispositivo (de 0,1% a 20%), contudo, deve considerar vários fatores ligados à situação econômica da empresa condenada, destacando-se a sua solvabilidade, de tal modo que se parta de suas possibilidades reais de pagamento, de sua efetiva capacidade para suportar a multa e sofrê-la como tal. Como bem leciona Ronaldo Pinheiro de Queiroz (ob. cit. p. 317):

> "Pelo seu caráter aflitivo, a multa deve ser sentida pela pessoa jurídica infratora como uma sanção de verdade. Deve o juiz, é claro, ter a sensibilidade na hora de sua aplicação, seja para não impor uma multa que possa levar uma empresa à falência, seja para não fixar valor risível para corporações de grande poder econômico e que não sentirá o menor impacto. É importante salientar que a maioria das pessoas jurídicas entra no campo da corrupção a partir de um pensamento de mercado, avaliando o custo-benefício dessa atividade ilícita. A maioria delas leva em

da prática do ato lesivo contra a Administração Pública, pela ordem de importância que os distinguimos, poderão teleologicamente atingir, desfavoravelmente, a) seres humanos; b) o Estado brasileiro; c) os Estados estrangeiros; d) as Administrações Públicas; e) as pessoas jurídicas privadas".

consideração, inclusive, a própria impunidade ou, quando muito, o recebimento de sanções que não afetem o seu funcionamento e a lucratividade de suas operações. Ou seja, enquanto os lucros da atividade estiverem garantidos, o esquema dificilmente terá fim. É preciso, portanto, aplicar sanções que se sobreponham aos lucros auferidos pela corrupção como medida de desestímulo de novas práticas de atos lesivos.

Para se alcançar um valor adequado para a multa, é necessário, portanto, conhecer bem a situação financeira da empresa, sendo o faturamento bruto apenas um dos parâmetros. Indicadores de liquidez, estrutura de capital (endividamento), rentabilidade e lucratividade apresentam um panorama geral de toda a situação econômica, patrimonial e financeira de uma empresa e são importantes para a dosimetria da multa".

VII – a cooperação da pessoa jurídica para a apuração das infrações;

Nos termos do art. 16, § 2º, a celebração do acordo de leniência isentará a pessoa jurídica das sanções previstas no inciso II do art. 6º (publicação extraordinária da decisão condenatória) e inciso IV do art. 19 (proibição de receber incentivos, subsídios, subvenções, doações ou empréstimos de órgãos ou entidades públicas e de instituições financeiras públicas ou controladas pelo poder público, pelo prazo mínimo de 1 e máximo de 5 anos) e reduzirá em até 2/3 o valor da multa aplicável.

Deve ser alertado, ainda, que o ajuste de leniência só é cabível para a pessoa jurídica que seja a primeira a se manifestar sobre seu interesse em cooperar para a apuração do ato ilícito.

Portanto, a utilidade do inciso em comento se percebe, seja no caso de se aplicar à empresa colaboradora outras penas não alcançadas pelos efeitos da leniência, seja na cooperação tardia de empresas que, por não serem as primeiras a contribuírem, serão punidas sem direito à leniência, devendo o órgão julgador levar em consideração a postura proativa, mesmo que extemporânea, na fixação da pena.

VIII – a existência de mecanismos e procedimentos internos de integridade, auditoria e incentivo à denúncia de irregularidades e a aplicação efetiva de códigos de ética e de conduta no âmbito da pessoa jurídica;

O dispositivo trata do *Compliance*, instituto de extrema importância e inovação, pelo que faremos a seguir uma análise detalhada.

O termo *Compliance* é traduzido do inglês como conformidade, observância, complacência ou submissão, substantivo que advém do verbo inglês *to comply* cuja tradução é adequar, cumprir, obedecer.

Após a edição de leis internacionais, sobretudo norte-americana (*FCPA-Foreign Corrupt Practices Act*) e inglesa (*UK Bribery Act*) que passaram a exigir que as empresas apresentassem um programa geral de adequação de suas normas e práticas a determinados marcos legais comuns ao setor em que atuavam na economia, o termo *Compliance* popularizou-se e ganhou significado próprio. Passou a designar conformidade com as regras, sejam leis, valores morais ou éticos, razão pela qual passou a ser um conceito de comportamento moral e de honestidade.

Com efeito, após alguns escândalos de corrupção que ganharam notoriedade internacional, os Estados Unidos da América editaram, em 1977, a *FCPA-Foreign Corrupt Practices Act*, legislação que, dentre outras inovações, passou a exigir das empresas que operam na Bolsa de Valores de Nova York que adotassem um conjunto de regras que buscavam evitar e punir fraudes de toda espécie, essencialmente aquelas ligadas a atos de corrupção.

Compliance pode ser definido então como conjunto de ações e planos adotados facultativamente por pessoas jurídicas visando garantir que cumpram todas as exigências legais e regulamentares do setor ou segmento econômico em que atuam, inclusive preceitos éticos e de boa governança administrativa, visando evitar e punir adequadamente fraudes e atos de corrupção em geral.

A primeira consequência extraída da definição acima é a mutabilidade formal do *Compliance*. Como a gama de marcos regulatórios das atividades econômicas é variada, não é possível encontrar um modelo padrão de *Compliance*, pelo que, neste aspecto, sua aferição se dá caso a caso.

Observe-se desde logo que a Lei 12.846/13 adotou a expressão programa de integridade para nominar o *Compliance*, muito embora não o tenha definido inteiramente.

Essa imprecisão conceitual acerca do que seja programa de integridade ou *Compliance* aproxima o instituto daquilo que se convencionou denominar no direito de conceito jurídico indeterminado que são institutos jurídicos cujo conteúdo deve ser valorado, caso a caso, pelo julgador, tomando como base os dados concretos da situação em apreciação.

Como se sabe, os conceitos jurídicos indeterminados são comuns ao atual modelo constitucional no qual se insere o direito uma vez que a dinâmica dos acontecimentos da vida moderna impossibilita que todas as situações sejam previstas em leis.

Alguns desses conceitos abertos possibilitam que a interpretação das normas seja permeada por valores éticos de modo a evitar que, em nome do frio cumprimento da lei, sejam validados atos incompatíveis com os ideais de uma vida moderna virtuosa.

A adoção de conceitos abertos e jurídicos indeterminados é fruto da superação do formalismo e do positivismo jurídico, o que resultou na cultura jurídica pós-positivista, caracterizada, segundo Luís Roberto Barroso, pela aproximação do Direito à filosofia moral – em busca da justiça e de outros valores –, da filosofia política – em busca de legitimidade democrática e da realização de fins públicos que promovam o bem comum e, de certa forma, também das ciências sociais aplicadas, como economia, psicologia e sociologia.[40]

A mesma textura aberta e indeterminada é verificada no termo programa de integridade ou *Compliance* previsto no artigo 7º, inciso VIII, da Lei Anticorrupção, o que proporciona, sob os influxos do pós-positivismo, a sua aproximação com valores da ética e da justiça. De outro lado, no atual estágio em que se encontram as relações negociais, celebradas com grande velocidade, informalidade e sem conhecimento de fronteiras geopolíticas, exigir que a legislação regulamente programas de integridade detalhadamente levaria ao risco de uma constante desatualização do instituto e consequente desestímulo na sua adoção.

Em âmbito federal foi editado o Decreto n. 8.420/2015, que regulamentou a Lei 12.846/13 no âmbito Federal, dispôs, em seu artigo 41, que o programa de integridade consiste, no âmbito de uma pessoa jurídica, no conjunto de mecanismos e procedimentos internos de integridade, auditoria e incentivo à denúncia de irregularidades e na aplicação efetiva de códigos de ética e de conduta,

40. Ob. Cit. p. 346.

políticas e diretrizes com objetivo de detectar e sanar desvios, fraudes, irregularidades e atos ilícitos praticados contra a administração pública, nacional ou estrangeira.

ATENÇÃO: O Decreto Presidencial 8.420/15, atento à determinação contida na Lei Anticorrupção, disciplinou no Cap. IV o instituto do *compliance*, designando-o de programa de integridade:

Art. 41. Para fins do disposto neste Decreto, programa de integridade consiste, no âmbito de uma pessoa jurídica, no conjunto de mecanismos e procedimentos internos de integridade, auditoria e incentivo à denúncia de irregularidades e na aplicação efetiva de códigos de ética e de conduta, políticas e diretrizes com objetivo de detectar e sanar desvios, fraudes, irregularidades e atos ilícitos praticados contra a administração pública, nacional ou estrangeira.

Parágrafo Único. O programa de integridade deve ser estruturado, aplicado e atualizado de acordo com as características e riscos atuais das atividades de cada pessoa jurídica, a qual por sua vez deve garantir o constante aprimoramento e adaptação do referido programa, visando garantir sua efetividade.

Art. 42. Para fins do disposto no § 4º do art. 5º, o programa de integridade será avaliado, quanto a sua existência e aplicação, de acordo com os seguintes parâmetros:

I – comprometimento da alta direção da pessoa jurídica, incluídos os conselhos, evidenciado pelo apoio visível e inequívoco ao programa;

II – padrões de conduta, código de ética, políticas e procedimentos de integridade, aplicáveis a todos os empregados e administradores, independentemente de cargo ou função exercidos;

III – padrões de conduta, código de ética e políticas de integridade estendidas, quando necessário, a terceiros, tais como, fornecedores, prestadores de serviço, agentes intermediários e associados;

IV – treinamentos periódicos sobre o programa de integridade;

V – análise periódica de riscos para realizar adaptações necessárias ao programa de integridade;

VI – registros contábeis que reflitam de forma completa e precisa as transações da pessoa jurídica;

VII – controles internos que assegurem a pronta elaboração e confiabilidade de relatórios e demonstrações financeiros da pessoa jurídica;

VIII – procedimentos específicos para prevenir fraudes e ilícitos no âmbito de processos licitatórios, na execução de contratos administrativos ou em qualquer interação com o setor público, ainda que intermediada por terceiros, tal como pagamento de tributos, sujeição a fiscalizações, ou obtenção de autorizações, licenças, permissões e certidões;

IX – independência, estrutura e autoridade da instância interna responsável pela aplicação do programa de integridade e fiscalização de seu cumprimento;

X – canais de denúncia de irregularidades, abertos e amplamente divulgados a funcionários e terceiros, e de mecanismos destinados à proteção de denunciantes de boa-fé;

XI – medidas disciplinares em caso de violação do programa de integridade;

XII – procedimentos que assegurem a pronta interrupção de irregularidades ou infrações detectadas e a tempestiva remediação dos danos gerados;

XIII – diligências apropriadas para contratação e, conforme o caso, supervisão, de terceiros, tais como, fornecedores, prestadores de serviço, agentes intermediários e associados;

XIV – verificação, durante os processos de fusões, aquisições e reestruturações societárias, do cometimento de irregularidades ou ilícitos ou da existência de vulnerabilidades nas pessoas jurídicas envolvidas;

XV – monitoramento contínuo do programa de integridade visando seu aperfeiçoamento na prevenção, detecção e combate à ocorrência dos atos lesivos previstos no art. 5º da Lei no 12.846, de 2013; e

XVI – transparência da pessoa jurídica quanto a doações para candidatos e partidos políticos.

§ 1º Na avaliação dos parâmetros de que trata este artigo, serão considerados o porte e especificidades da pessoa jurídica, tais como:

I – a quantidade de funcionários, empregados e colaboradores;

II – a complexidade da hierarquia interna e a quantidade de departamentos, diretorias ou setores;

III – a utilização de agentes intermediários como consultores ou representantes comerciais;

IV – o setor do mercado em que atua;

V – os países em que atua, direta ou indiretamente;

VI – o grau de interação com o setor público e a importância de autorizações, licenças e permissões governamentais em suas operações;

VII – a quantidade e a localização das pessoas jurídicas que integram o grupo econômico; e

VIII – o fato de ser qualificada como microempresa ou empresa de pequeno porte.

§ 2º A efetividade do programa de integridade em relação ao ato lesivo objeto de apuração será considerada para fins da avaliação de que trata o **caput**.

§ 3º Na avaliação de microempresas e empresas de pequeno porte, serão reduzidas as formalidades dos parâmetros previstos neste artigo, não se exigindo, especificamente, os incisos III, V, IX, X, XIII, XIV e XV do **caput**.

§ 4º Caberá ao Ministro de Estado Chefe da Controladoria-Geral da União expedir orientações, normas e procedimentos complementares referentes à avaliação do programa de integridade de que trata este Capítulo.

§ 5º A redução dos parâmetros de avaliação para as microempresas e empresas de pequeno porte de que trata o § 3º poderá ser objeto de regulamentação por ato conjunto do Ministro de Estado Chefe da Secretaria da Micro e Pequena Empresa e do Ministro de Estado Chefe da Controladoria-Geral da União.

A Lei Federal nº 13.303/2016, nominada como Estatuto Jurídico das Estatais[41] prevê que os programas de integridade por elas adotados deverão dispor sobre:

> Art. 9. A empresa pública e a sociedade de economia mista adotarão regras de estruturas e práticas de gestão de riscos e controle interno que abranjam:
>
> (...)
>
> § 1º Deverá ser elaborado e divulgado Código de Conduta e Integridade, que disponha sobre:
>
> I – princípios, valores e missão da empresa pública e da sociedade de economia mista, bem como orientações sobre a prevenção de conflito de interesses e vedação de atos de corrupção e fraude;
>
> II – instâncias internas responsáveis pela atualização e aplicação do Código de Conduta e Integridade;
>
> III – canal de denúncias que possibilite o recebimento de denúncias internas e externas relativas ao descumprimento do

41. Trata-se de lei que estabelece, diferentemente da Lei Anticorrupção, a obrigatoriedade de adoção de programa de integridade ou Compliance para as estatais, o que se revela compreensível e justificável face da necessidade de administração pública tutelar a indisponibilidade do interesse público.

Código de Conduta e Integridade e das demais normas internas de ética e obrigacionais;

IV – mecanismos de proteção que impeçam qualquer espécie de retaliação a pessoa que utilize o canal de denúncias;

V – sanções aplicáveis em caso de violação às regras do Código de Conduta e Integridade;

VI – previsão de treinamento periódico, no mínimo anual, sobre Código de Conduta e Integridade, a empregados e administradores, e sobre a política de gestão de riscos, a administradores.

Esses parâmetros podem ser melhores agrupados do seguinte modo[42]:

a) Comprometimento da alta administração da corporação, isto é, dos administradores, sócios, dirigentes e liderança da empresa com o programa: como o *Compliance* tem efeitos destinados tanto ao público externo da empresa como ao seu público interno, é salutar que os administradores, sócios, dirigentes e liderança da empresa incorporem todos os preceitos definidos no programa. A atuação ética e absolutamente legal desse grupo de pessoas serve para inspirar tanto empregados como usuários, colaboradores e clientes da empresa. Ademais, essa condição fortalece a imagem da corporação e serve de motivação para investidores, principalmente se constituída como empresa de capital aberto cujas ações são negociáveis no mercado de ações. O contrário também é facilmente verificável. Os colaboradores *seniors* que celebram contratos de grande repercussão com pagamentos de propinas e subornos produzem influência negativa sobre os demais funcionários, fazendo-os acreditar ser este o padrão de conduta naquela empresa[43]. Por isso se diz que o *Compliance* é um programa *Top Down*, isto é, deve ser adotado de cima para baixo, expressão que faz alusão ao escalonamento hierárquico existente entre as pessoas que atuam na empresa que o adota.

b) Análise de riscos (*risk assessment*): é nesta etapa que são identificados os marcos regulatórios do segmento econômico explorado pela empresa, bem como suas peculiaridades a fim de verificar onde se encontram as ameaças. O mapeamento dos riscos externos atém-se a análise do setor de atuação, número de regulamentos, nível

42. Esses parâmetros estão contidos também no Resource Guide to the U.S. Foreign Corrupt Practices Act visualizável no site www.justice.gov/criminal/fraud/fcpa/guide.pdf.

43. O exemplo foi citado por GRECO FILHO, Vicente. RASSI, João Daniel. Ob. Cit. p. 77.

de interação com órgãos da administração pública, local de atuação da corporação. Há ainda mapeamento dos riscos internos que deve partir do tamanho da empresa, casos de fraudes anteriores ocorridos no interior da empresa e rotatividade de empregados.

c) Criação de políticas e procedimento, ou seja, de planos de ações de controle: é a fase de elaboração de um código de conduta ética, canal de denúncias e estruturação propriamente dito do setor de *Compliance*.

d) Comunicação e treinamento: é a etapa que dá eficácia à fase anterior. É a divulgação dos planos de ações de controle dos componentes do *Compliance* desenvolvidos pela corporação de forma ampla e mais acessível possível, seja aos funcionários ou colaboradores, seja aos administradores. É esta etapa que cria o ambiente interno de respeito e cumprimento ao *Compliance* e elimina resistências à sua adoção fruto de uma ideia distorcida dele consistir em mera etapa burocrática do trabalho. Destaca-se nesta aqui a divulgação do canal de denúncias (*hot line*) que serve para criar um canal de comunicação entre a empresa e pessoas que tenham conhecimento com algum ilícito envolvendo a corporação ou mesmo um de seus funcionários ou colaboradores.

e) Monitoramento, auditoria e remediação: é fase em que todo o programa é colocado em prática de modo a assegurar a sua função preventiva e evitar fraudes ou a função repressiva consistente em punir adequadamente as fraudes constatadas.

Importante destacar que, embora o programa de integridade tenha como função principal a prevenção a fraudes e atos de corrupção, também deve conter normas que tratem adequadamente da punição do colaborador envolvido no ato. Relembre-se, neste sentido, por exemplo, que a Consolidação das Leis do Trabalho prevê a possibilidade de demissão do empregado, por justa causa, no caso de prática de ato de improbidade (art. 482, a, da CLT).

Naturalmente que cada uma das etapas acima deve experimentar periódicas atualizações e reedições de modo que todo programa de integridade deve ser estruturado, aplicado e atualizado de acordo com as características e riscos atuais das atividades de cada pessoa jurídica, a qual por sua vez deve garantir o constante aprimoramento e adaptação do referido programa.

ATENÇÃO: Visando a adequar o programa de integridade ou *Compliance* às peculiaridades das Micro e Pequenas Empresas, a Controladoria Geral da União – CGU, em conjunto com a Secretaria da Micro e Pequena Empresa, publicou em 11 de setembro de 2015 a Portaria Número 2.279. Esta portaria proporciona às micro e pequenas empresas parâmetros mais simples, com um menor rigor formal, mas sem perder a essência e objetivo da lei. Foram previstos como parâmetros:

Art. 2º – Para que as medidas de integridade implementadas sejam avaliadas, a microempresa ou a empresa de pequeno porte deverá apresentar:

I – relatório de perfil; e

II – relatório de conformidade.

Art. 3º – No relatório de perfil, a microempresa ou a empresa de pequeno porte deverá prestar as seguintes informações:

I – áreas de atuação;

II – responsáveis pela administração;

III – quantitativo de empregados e a estrutura organizacional; e

IV – nível de relacionamento com o setor público, especificando:

a) principais autorizações, licenças e permissões governamentais necessárias para o exercício de suas atividades;

b) valor aproximado dos contratos celebrados ou vigentes com o setor público nos últimos três anos e a participação destes no faturamento anual; e

c) utilização de agentes intermediários, como procuradores, despachantes, consultores ou representantes comerciais, no relacionamento com o setor público.

Art. 4º – No relatório de conformidade, a microempresa ou a empresa de pequeno porte deverá:

I – relacionar e demonstrar o funcionamento das medidas de integridade adotadas; e

II – demonstrar como as medidas de integridade contribuíram para a prevenção, detecção e remediação do ato lesivo objeto da apuração.

Parágrafo único – A comprovação das informações de que trata o *caput* pode abranger a apresentação de documentos oficiais, correios eletrônicos, cartas, declarações, correspondências, memorandos, atas de reunião, relatórios, manuais, imagens capturadas da tela de computador, gravações audiovisuais e sonoras, fotografias, ordens de compra, notas fiscais, registros contábeis ou outros documentos, preferencialmente em meio digital.

O programa de *Compliance* deve ser implementado e gerido por profissional autônomo, batizado, no mais das vezes, como *Compliance Officer*, com *status* de gerente ou diretor da empresa. Ensinam Vicente Greco Filho e João Daniel Rassi que a presença deste profissional é imprescindível no ambiente corporativo que funcionaria como um guardião da empresa e teria por principal função garantir que a empresa permaneça dentro da legalidade[44].

Trata-se de função que deve ser independente a fim de resguardar a imparcialidade das medidas que adota.

> "A International Organization of Securities Commissions – IOSCO, Organização Internacional da Comissão de Valores – OICV, em documento de outubro de 2003, The Function of Compliance Officer – Study on what the Regulations of the Compliance Officer, identifica o Compliance Officer como o agente responsável por aconselhar todas as linhas de negócios da instituição, bem como todas as áreas de suporte, no que diz respeito à regulação local e às políticas corporativas aplicáveis à indústria em que atua a organização, sempre zelando pelos mais altos padrões éticos de comportamento comercial. Além disso, o *Compliance Officer* coordena, com outras áreas de controle, a efetiva comunicação com reguladores e facilita a estruturação de produtos, o desenvolvimento de negócios, buscando encontrar soluções criativas e inovadoras para questões tanto regulatórias como internas[45]".

Ainda não existe, no Brasil, regulamentação precisa sobre esta atividade profissional, mas devido ao âmbito de sua atuação, pode ser exercido por bacharéis em direito, administração, contabilidade e afins.

A figura do *Compliance Officer* não se confunde com os *whistleblower*, em sentido literal, "sopradores de apito"[46], que são os indivíduos que levam ao conhecimento das autoridades públicas informações relevantes de ilícitos em troca de recompensas vultuosas[47].

---

44. Ob. Cit. p. 70.
45. CANDELORO, Ana Paula P.; RIZZO, Maria Balbina Martins de; PINHO, Vinícius. Ob. Cit. p. 31.
46. Tal qual um árbitro esportivo que sopra o apito para coibir as jogadas ilegais praticadas pelos jogadores, ao verificar quaisquer irregularidades ou mesmo infrações perpetradas no seio empresarial, os *whistleblowers* "soprariam o apito" divulgando tais práticas para apuração pelas autoridades públicas competentes.
47. Trata-se de mecanismo de investigação pouco conhecido no Brasil que foi, recentemente, fomentado pela ENCCLA, oportunidade que foi batizado como Reportante. Para mais detalhes: http://enccla.camara.leg.br/acoes/acoes-de-2016. Acessado em 25/01/2017.

Nada impede, porém, que o programa de integridade engendrado ofereça recompensas para o *Compliance Officer* ou outrem caso prestem este tipo de informação.

Na Lei Anticorrupção, o *Compliance* não é de implementação obrigatória, sendo que a sua adoção é estimulada na medida em funciona como mero atenuante de pena caso a empresa seja condenada por uma das infrações previstas na Lei[48]. Pode parecer pouco, mas como assiná-la José Anacleto Abduch não se pode esquecer que a Lei Anticorrupção adotou o sistema de responsabilidade objetiva, em que as absolvições são restritas a casos em que houver quebra do nexo causal. Neste contexto, investir em um mecanismo seguro de atenuação de pena é mais produtivo. Assim, se por um lado, a comprovação de mecanismos de *Compliance* pela empresa não tem condão de isentá-la da infração cometida, como bem observam José Anacleto Abduch Santos, Mateus Bertoncini e Ubirajara Custódio Filho, a atenuação da pena ganha muita importância, sobretudo se considerarmos que a multa prevista pela lei é bastante elevada[49].

De todo modo, diante do caráter facultativo do instituto, pode-se classificá-lo, como observa Maria Paula Dalari Bucci, como espécie de *soft law* – compreendido como "*situações em que a atuação do direito se faz não pela coação estatal (violência legítima weberiana) mas pela indução pré-definida*". A norma não obriga ou vincula, praticamente só aconselha, categorização que ainda será melhor analisada neste trabalho[50].

Embora à luz da Lei 12.846 o *Compliance* tenha o propósito de funcionar como atenuante de eventual pena de multa, é inegável que o instituto tem efeito secundário comercial de certificação da empresa que o adota.

Este tipo de efeito comercial pode, para além de mera manobra de marketing, agregar valor imaterial à pessoa jurídica que realiza *Compliance*, seja em decorrência da melhora de sua imagem e reputação perante o mercado, seja na eliminação dos prejuízos que os atos de corrupção costumam representar.

---

48. Além da Lei 13.303/16 acima mencionada, a Lei Anticoncorrencial brasileira (Lei n. 12.529/2011) também prevê a adoção compulsória pelas empresas de um programa de *Compliance*.
49. Ob. Cit. p. 187.
50. Ob. Cit. p. 21.

Uma boa imagem da empresa é capaz de atrair novos investidores ávidos por um ambiente que reflete confiança e segurança econômica. Conforme salienta Amartya Sen, quanto maior a confiança entre as pessoas, melhor o ambiente para o desenvolvimento das relações econômicas[51].

O efeito valorizador, contudo, pode gerar a indevida externalidade de adoção de programa de integridade fantasioso pela empresa, isto é, de programas sem qualquer eficácia real.

Nesse caso, há uma postura fraudulenta que desnatura e desvirtua o principal propósito do *Compliance* e, justamente por conter a vontade de enganar a administração pública, leva à necessidade, no caso de uma condenação por ato de corrupção, de aplicação de sanção majorada diante a elevação inexorável da infração cometida (art. 5º da Lei 12.846/13). Ademais, não é de se descartar a possibilidade de a empresa fraudadora ter que indenizar eventuais prejudicados pelos danos experimentados pela publicidade enganosa e pela criação de uma expectativa ilegítima aos *Stake Holders* que esperam da empresa uma postura real de retidão e boa-fé objetiva, expectativa legítima frustrada com a farsa.

Um programa de integridade verdadeiro e eficaz pode representar um novo *standard* para desenvolvimento das atividades negociais empresariais, além de levar a uma mudança de cultura e padrão de conduta das empresas.

É claro que quadros de crise e de restrições ou exigências regulatórias também podem ser apontados como ponto decisivo para a adoção de um programa de *Compliance*, mas sob uma perspectiva jurídica, além da necessidade de proteger a probidade administrativa, é na função social da empresa que repousa seu o fundamento constitucional.

Embora já algum tempo se tenha desenvolvido a teoria da função social da empresa e embora seja, no plano da moral, absolutamente reprovável a prática de atos de corrupção visando à busca pelo lucro fácil, o combate efetivo a essas práticas nunca passou de mera quimera.

O risco de cometimento de fraudes sempre foi falsamente justificado como fruto da agressividade do mercado competitivo da livre iniciativa que leva a uma demanda por vendas, por lucros e resulta-

51. Ob. Cit. p.71.

dos, mas é chegada a hora dessas práticas serem temperadas pelos imperativos éticos da ordem econômica e defesa da concorrência proba, valores contidos no princípio da função social da empresa.

A função social da empresa é inapelavelmente uma motivação para a elaboração de um programa de integridade, mas, como dito no início deste trabalho, a atenuação da pena de multa prevista na Lei Anticorrupção é a gota d'água final para encorajar as empresas a tanto, principalmente se considerarmos que a multa prevista é bastante elevada.

Mas o incentivo contido no *Compliance* possui em si mesmo uma aparente contradição bastante peculiar uma vez que a legislação procura incentivar a adoção de um programa de integridade que somente será útil se a empresa praticar ato ilícito que deveria ser evitado por seu programa. Coloca-se então a seguinte indagação: como pode o *Compliance* levar a redução da pena se o ato praticado deveria ter sido evitado acaso fosse eficaz? A resposta a esta indagação reclama um estudo sobre a natureza da norma que instituiu o programa de integridade.

NATUREZA DA NORMA QUE INSTITUIU O PROGRAMA DE INTEGRIDADE OU *COMPLIANCE*

Insta destacar que a probidade administrativa é o principal bem jurídico protegido pela Lei 12.846/13, sendo a função social da empresa e seus consectários lógicos bens jurídicos secundários. Mateus Bertoncini defende que a Lei Anticorrupção tutela a ordem moral, a justiça, o desenvolvimento econômico e social, a livre concorrência, a democracia, a boa governança e a probidade na administração[52].

De qualquer forma, tanto a probidade administrativa como a função social da empresa são direitos que podem ser classificados como de 3ª geração visto que titularizados difusamente por todos os cidadãos, que ocupam posição simultânea de credores e de devedores de seus objetos.

Em casos como este, a incidência do ordenamento jurídico, que busca a satisfação do objeto contido na norma, deve ir além de estabelecer meras regras proibitivas e repressivas.

52. Ob. Cit. p. 114.

A titularidade desses direitos por todos os cidadãos dificulta a adoção de medidas punitivas razão pela qual deve ser preferida a adoção das técnicas de encorajamento, típica da função promocional do direito, defendido por Norberto Bobbio. Ensina Bobbio que o direito promocional não se atém em premiar quem se pauta apenas em conformidade aos comandos e proibições, mas lança mão de estímulos de conduta em ações permitidas que se dão no espaço do lícito. Nesse espaço age desde a facilitação até a premiação de condutas conforme as escolhas sociais lícitas ao tempo em que dificulta até os graus máximos as condutas indesejadas[53].

Para os direitos difusos, a função promocional do direito é muito mais significativa porque atinge todo tipo de conduta, ao contrário do sistema regulador repressivo que se atém ao raio das condutas obrigatórias e proibidas. A efetivação desses direitos difusos pressupõe a participação de todos os membros da coletividade e essa comunhão só é possível em ambiente de cooperação favorecido pelo ordenamento jurídico de viés promocional.

Por isso o programa de *Compliance* previsto na Lei Anticorrupção parece enquadrar-se nesta categoria de norma jurídica afinal, embora não obrigatório, é estimulado a ponto de ensejar uma atenuação de pena, pelo que se constitui em um prêmio.

É verdade que o efeito proemial só é usufruído pela empresa caso seja autuada nas penas da Lei Anticorrupção e caso o programa seja realmente existente, mas essa situação não elimina o efeito recompensador ínsito no instituto.

Para além dessa análise, sob a perspectiva individual, verifica-se no *Compliance* da Lei Anticorrupção um reforço de encorajamento às pessoas que atuam na empresa para agir de forma ética e proba.

Nesse caso, a norma torna-se indutora de um comportamento social de natureza promocional.

Não é comum, e para alguns sequer lícito, o Estado editar leis que digam aos cidadãos como devem viver suas vidas e pautar suas ações[54] pois está postura estatal é apontada como violadora da

53. Da estrutura à função: novos estudos de teoria do direito. Tradução de Daniela Beccaccia Versiani. São Paulo: Manole, 2007. p. 70.

54. Como bem destaca o professor Norte-Americano Michael Sandel: "A discussão sobre a virtude, em contrapartida, apoia-se na premissa de que a ganância é uma falha moral que o Estado deveria desencorajar. Mas quem deve julgar o que é virtude e o que é vício? Os cidadãos das diversas sociedades não discordam quanto a essas coisas? E não é perigoso

intimidade, da vida privada e da própria autonomia da vontade do cidadão[55].

Embora o debate acerca dessa questão seja intenso, o *Compliance* parece tangenciar a polêmica na medida em que não é, essencialmente, obrigatório e uma vez adotado, estimula que a empresa e as pessoas que a compõe adotem comportamentos lícitos, éticos e probos. Mas o estímulo é meramente proemial. Não há coerção ou punição para o descumprimento da norma que cria o *Compliance*.

Desta forma, a autonomia da vontade é resguardada ao mesmo tempo em que a adoção de comportamentos mais desejados pelo Estado é estimulada, ainda que em escala individual. E mais, dentro do ambiente da livre iniciativa e livre concorrência.

No âmbito das infrações financeiras e econômicas, a decisão para a realização de ato ilícito percorre, de uma maneira geral, dois passos: a motivação/pressão pelo seu resultado e a ausência de controle interno capaz de identificar o ilícito.

Neste contexto, tem-se que a decisão pela realização de condutas opera de maneira racional, o que vem sendo atualmente identificado também na economia. O autor Tim Harford discorre sobre esse processo racional em que se baseia o comportamento humano e sustenta que as pessoas respondem a motivações. Ensina que quanto mais vantajoso fazer algo, as pessoas tendem a fazê-lo mais vezes. Essa decisão também leva em conta as consequências futuras de suas escolhas. Esse padrão é útil e explica de maneira simples muitos movimentos da economia moderna[56].

O estímulo ao comportamento desejado feito pelo *Compliance* e mesmo em nível individual nos membros da empresa tem ancoragem científica na doutrina da psicologia social conhecida como behaviorismo. Com efeito, para o behaviorismo o comportamento humano

---

impor julgamentos sobre a virtude por meio da lei? Em face desses temores, muitas pessoas sustentam que o governo deveria ser neutro no que diz respeito a virtude e vício; não lhe cabe tentar cultivar as boas atitudes ou desencorajar as más." (SANDEL, Michael J. Ob. Cit. p.17).

55. Ensina Carlos Santiago Nino que o princípio da autonomia da pessoa humana "prescreve que o Estado deve permanecer neutro em relação aos projetos de vida individuais e ideais de excelência humana, limitando-se a elaborar instituições e adotar medidas para facilitar a busca individual desses projetos de vida e a satisfação dos ideais de excelência que cada um defende, e para impedir a interferência mútua no decurso dessa busca. Essa concepção se opõe ao enfoque perfeccionista, segundo o qual é missão do Estado fazer que os indivíduos aceitem e realizem certos ideais de excelência humana homologados, e, por conseguinte, que o direito deve regular todos os aspectos importantes da vida humana. (Ob. Cit. p. 494).

56. Ob. Cit. p. 23.

é movido pela satisfação e prazer frutos de suas ações anteriores. As ações humanas são selecionadas pelas consequências dessas ações, o que ensejou a criação do princípio do reforçamento operante, que pode ser positivo e negativo.

Segundo o behaviorismo, o reforçamento positivo é a regra que direciona as condutas humanas pela satisfação obtida em condutas anteriores de modo que sua reiteração é consequência específica que aumenta a probabilidade futura da ação que a precedeu.

O reforçamento punitivo, de outro lado, produz consequências aversivas que decrescem a probabilidade futura de uma resposta que o antecedeu.

Não são cabíveis neste trabalho maiores aprofundamento sobre o behaviorismo diante dos objetivos ora propostos[57], mas, como dito, é possível vislumbrar que a norma que instituiu o programa de integridade ou *Compliance* na Lei Anticorrupção procura estimular a reiteração e a prática de ações éticas e probas valendo-se do princípio do reforçamento positivo, afinal, a multiplicação deste padrão comportamental é capaz de evitar a ocorrência de condutas ilegais pela empresa e, em efeito dominó, fazer com que outras empresas também realizem este comportamento[58].

A natureza proemial da norma, ainda que eventual, é uma reação positiva capaz de estimular a reiteração da ação e levar ao comportamento social desejado.

Há relação com o consequencialismo, sem, contudo, vislumbrar-se de forma incisiva as críticas decorrentes deste segmento científico haja vista não ser obrigatória a implementação do programa de integridade ou *Compliance* pelas empresas.

A facultatividade na implementação de um programa de *Compliance* e, principalmente, o respeito à autonomia da vontade demonstram que essa norma é fruto do Estado Neoliberal compreendido aqui, nos dizeres de Norberto Bobbio, como o Estado que "não elimina as partes em conflito mas sim deixa que o próprio embate

57. Sobre o Behaviorismo: BOCK, Ana Mercês Bahia. FURTADO, Odair. TEIXEIRA, Maria de Lourdes Trassi. Ob. Cit. p. 47/50. Para aprofundamento SKINNER, B. F., Sobre o Behaviorismo. Tradução Maria da Penha Villalobos. São Paulo: Cultrix.7 ed.

58. No mesmo sentido: Observa-se que a prática do comportamento ético no âmbito empresarial, interno ou externo, pode ser adotada e impulsionada tanto pela cooperação quanto pela imposição, sendo a primeira muito mais eficiente, pois demonstra a alteração de mentalidade dos atores envolvidos. (RIBEIRO, Márcia Carla Pereira. DINIZ, Patrícia Dittrich Ferreira. Ob. Cit. p. 95).

se desenvolva entre os limites do ordenamento jurídico posto pelo próprio Estado"[59].

Para Norberto Bobbio, contudo, a prática de incentivar sanções positivas por meio da função promocional do Direito é característica do Estado do Bem Estar Social em que o "Estado nem abandona completamente o desenvolvimento de atividades econômicas aos indivíduos, nem as assume para si mesmo, mas intervém com várias medidas de encorajamento dirigidas aos indivíduos"[60].

A premissa do mestre italiano, todavia, não é precisa para o programa de *Compliance* decorrente da Lei Anticorrupção porque o aqui o incentivo – atenuação da pena- é hipotético e eventual, condicionado à prática de algum dos atos ilícito previsto na mesma lei, situação que desloca a análise da premiação à disposição patrimonial da própria empresa infratora. Como Estado não experimenta qualquer prejuízo quando efetiva o prêmio e, principalmente, como a prática do ato ilícito e a implementação do *Compliance* são atitudes absolutamente ligadas à autonomia privada da empresa premiada, não se verifica intervenção estatal propriamente, razão pela qual se afigura mais adequado classificar referido instituto como do Estado Neoliberal.

Além disso, o *Compliance*, devido às características acima elencadas, enquadra-se como *Soft Law*, categoria de norma que se caracteriza pela ausência de coerção. Sobre o assunto, explica Leandro Zanonni Apolinário de Alencar em extenso e preciso trabalho monográfico:

> Emerge o *soft law* como uma forma de direito não impositivo, apresentada pelo próprio sistema jurídico, pelo mercado ou por uma organização não governamental como recomendação ou aconselhamento. Em regra, há prévia negociação e o direito ajustado entre os interessados não é apresentado numa fórmula rígida; sua força surge do contexto dialógico de construção, apresentação e exigência. Funda-se na relação de confiança promovida entre os atores envolvidos (inclusive, por questões morais e sob necessidade de se fazerem parte do mercado regulado). Assim, *soft law* completa espaços normativos segundo a lógica de cada setor especializado, sem que que haja a quebra de coerência, e

59. BOBBIO, Norberto. O positivismo jurídico: lições de filosofia do direito. Ícone, 1995. p. 38.

60. BOBBIO, Norberto. Da estrutura à função: novos estudos de teoria do direito. Tradução de Daniela Beccaccia Versiani. São Paulo: Manole, 2007. p. 71.

> dá brando sentido às disposições do ordenamento, a minorar violações às normas.
>
> No âmbito da regulação colaborativa, a orientação normativa moldada sem a pretensão de comando e controle denomina-se *guidance*. É uma atividade dirigida ao mercado, mas construída com ele, que objetiva trazer previsibilidade e flexibilidade à regulação. De uma forma não impositiva, pretende conformar a atividade dos atores econômicos em busca de homogeneidade e certeza. Traz, pois, regularidade à atividade administrativa, a preencher espaços abertos pela lei, por meio de uma atuação especializada que utiliza o conhecimento e a experiência do mercado. Como é um instrumento maleável, a inovação tecnológica não é prejudicada.

O *Compliance* habilita-se como instrumento apto a envolver a sociedade civil nessa política pública pois, diferentemente de outros institutos que tiveram esse propósito, como a ação popular, transcende o voluntarismo utópico.

Com efeito, tradicionalmente o combate a corrupção no direito contratual com a administração era opção altruísta e episódica. O desestímulo para tanto era eminentemente punitivo.

Agora, diante da peculiar função promocional e de fomento às condutas ética e probas em meio às atividades privadas e negociais, bem como em razão do reforçamento positivo decorrente do encorajamento dado pelo instituto, o *Compliance* transcende a lógica meramente impositiva e sacrificial, para produzir no cidadão o estímulo necessário para, ainda que acidentalmente, combater a corrupção.

O engajamento e a participação do cidadão no combate a corrupção por meio do *Compliance* encontram amparo ainda na teoria da horizontalização dos direitos fundamentais.

Segundo essa linha constitucional, os direitos fundamentais, além da proteção que confere ao cidadão em face dos excessos e abusos praticados pelo Estado contra seus direitos e interesses, também busca protegê-lo contra os ataques ilícitos que outro cidadão pratica, horizontalmente, contra seus legítimos direitos e interesses.

Essa nos parece ser exatamente uma das graves consequências da corrupção e da improbidade. O desvio e o desperdício de recursos públicos não apenas drenam e impossibilitam a implantação das políticas públicas e precarizam o Estado. A corrupção corrói e degrada sentimentos agregáveis e éticos salutares para o desenvolvimento da sociedade democrática.

Ora, o *Compliance* e a Lei Anticorrupção tutelam o direito fundamental à probidade administrativa que, por caracterizar-se como direito fundamental, se sujeita a teoria da horizontalização dos direitos fundamentais. Deste modo, irradia efeitos e tem projeção nas relações entre particulares, seja entre indivíduos que tem relação jurídica com o Estado, seja entre cidadãos usuários dos serviços estatais. Seu feixe irradiante estabelece, mesmo nas relações privadas, verdadeiro dever cívico de todos os cidadãos em combater os desmandos administrativos uma vez que a proteção a esse novo direito fundamental é incumbência e responsabilidade de todos.

Em razão disso, cabe uma diferente conformação do que já foi sustentado até aqui. Como o combate à corrupção e o respeito à ética podem ser analisados como deveres de todos os cidadãos, temos que, em determinadas situações é possível exigir que uma empresa implemente um programa de *Compliance*. A facultatividade, característica destacada anteriormente neste trabalho, cede à obrigatoriedade, desde que a conduta anterior da empresa tenha violado o direito fundamental à probidade administrativa.

Assim, como consequência da prática de um ato de corrupção, como medida de reparação dos danos sociais[61] decorrentes deste tipo de lesão, é possível compelir uma empresa a implementar um programa de *Compliance*.

A exigência, repita-se, em caráter excepcional, pode ser feita tanto em um Acordo de Leniência como em uma demanda judicial, principalmente porque as ações de responsabilização judicial para aplicação das penas da Lei Anticorrupção, à luz do seu artigo 21, adotam o rito previsto na Lei n. 7.347/85 que admite que sejam deduzidos pedidos que veiculem pretensão condenatória de obrigação de fazer (*ex vi* art. 3.º da Lei 7.347/85).

Trata-se de hipótese de judicialização dessa política pública, todavia, restrita à condenação por ato de corrupção, em que a

61. O dano social é uma nova espécie de dano reparável, que não se confunde com os danos materiais, morais e estéticos, e que decorre de comportamentos socialmente reprováveis, que diminuem o nível social de tranquilidade. Na visão do STJ, a condenação por danos sociais somente pode ocorrer em demandas coletivas e, portanto, apenas os legitimados para a propositura de ações coletivas poderiam pleitear danos sociais (STJ. 2ª Seção. Rcl 12.062-GO, Rel. Ministro Raul Araújo, julgado em 12/11/2014 recurso repetitivo) (Info 552).

obrigação de fazer é provimento jurisdicional cumulado às outras sanções legais.

Afora esta excepcional hipótese, o programa de *Compliance* mantém a facultatividade como característica central.

O prognóstico para o sucesso deste instrumento de política pública de combate à corrupção é alvissareiro uma vez que o *Compliance* previsto na Lei 12.846/13 tem potencial de multiplicar, em meio ao setor empresarial, no plano horizontal e na esfera privada, a percepção de que valores éticos e de probidade podem ser iniciativas de defesa da própria sociedade organizada, sem a atuação estatal, como meio de combate a corrupção ou de qualquer ato que atente contra o desenvolvimento humano.

Em razão disso, o *Compliance* tem uma característica singular enquanto instrumento de política pública que é a capacidade de combater o patrimonialismo e a nociva cultura do "jeitinho brasileiro" que são vistos pelo mercado como fatores de incremento de risco e custos aos negócios.

Sem descurar que a corrupção é fenômeno social de diferentes causas, verifica-se que o *Compliance* faz parte de uma política pública que atua sobre o setor empresarial e privado, sobre o comportamento dos indivíduos e sobre a atuação do Poder Público. Nisso reside seu maior avanço.

IX – o valor dos contratos mantidos pela pessoa jurídica com o órgão ou entidade pública lesados.

Esta circunstância, a nosso ver, será invariavelmente analisada em conjunto com o grau de lesão ou perigo de lesão (IV), bem como os efeitos negativos produzidos pela infração (V). Sua análise apartada dessas duas circunstâncias parece difícil (senão impossível), podendo implicar "bis in idem", isto é, dupla valoração em prejuízo da pessoa jurídica penalizada.

CAPÍTULO IV

DO PROCESSO ADMINISTRATIVO DE RESPONSABILIZAÇÃO

Art. 8º A instauração e o julgamento de processo administrativo para apuração da responsabilidade de

pessoa jurídica cabem à autoridade máxima de cada órgão ou entidade dos Poderes Executivo, Legislativo e Judiciário, que agirá de ofício ou mediante provocação, observados o contraditório e a ampla defesa.

§ 1º A competência para a instauração e o julgamento do processo administrativo de apuração de responsabilidade da pessoa jurídica poderá ser delegada, vedada a subdelegação.

§ 2º No âmbito do Poder Executivo federal, a Controladoria-Geral da União – CGU terá competência concorrente para instaurar processos administrativos de responsabilização de pessoas jurídicas ou para avocar os processos instaurados com fundamento nesta Lei, para exame de sua regularidade ou para corrigir-lhes o andamento.

O Capítulo IV aborda importante questão, relacionada ao processo administrativo de responsabilização da empresa infratora, isto é, do rito a ser seguido no seu julgamento, do conjunto de atos a serem observados na sua eventual punição, respeitando, portanto, o devido processo legal.

A CF/88 prevê competência concorrente entre União, Estados e Municípios para legislarem sobre procedimentos em matéria processual (arts. 24, XI, e 30, I e II). No âmbito da União, a Lei nº 9.784/99 regulou o processo administrativo federal. Muitos Estados já legislaram sobre o tema. Alguns Municípios também. No entanto, muitos ainda não se debruçaram sobre a matéria. É sabido, no entanto, que na hipótese de os Estados e/ou municípios ainda não possuírem leis específicas próprias versando sobre matéria de competência legislativa concorrente, a Constituição os autoriza expressamente a aplicar a legislação federal que estabeleça normas gerais sobre tal matéria, até que sobrevenham aquelas normas próprias (art. 24, §§ 1º a 4º). Essa aplicação subsidiária da lei federal também é admitida para suprir eventuais lacunas nas leis estaduais e municipais. Assim acontece com a Lei nº 8.666/93, que "estabelece normas gerais sobre licitações e contratos administrativos", utilizada por vários Estados e Municípios, em vez de editar normas próprias. Mas a Lei 9.784/99 não tem caráter geral, mas específico. Pode ela servir aos entes federativos na falta de lei própria? Kleber Martins de Araújo (ob. cit. p. 203-4) responde:

> "A Lei nº 9.784/99, diferentemente da Lei nº 8.666/93, não possui caráter genérico, ou seja, ela não trouxe 'normas gerais' sobre processo administrativo, mas caráter específico, haja vista que o legislador foi taxativo ao dispor que ela 'Regula o processo administrativo no âmbito da Administração Pública Federal'. O Superior Tribunal de Justiça, entretanto, seguido pela jurisprudência tranquila das demais Cortes pátrias, tem entendido ser lícita a adoção daquela Lei por Estados e Municípios que não detenham legislação própria.
>
> Além disso, por expressa disposição de seu art. 69, a Lei nº 9.784/99 funciona como lei geral em relação a outras leis federais que regulam processos administrativos de finalidades específicas, como, por exemplo: a) os arts. 127 a 182 da Lei nº 8.112/90, que tratam do processo administrativo disciplinar; b) os arts. 70 a 75 da Lei nº 9.605/98, que tratam do processo administrativo para apuração de infração ambiental; c) a Lei nº 8.884/94, notadamente em seus arts. 32 a 53, que tratam do processo administrativo por infração da ordem econômica[62]; d) a Lei nº 9.503/97, que trata dos processos de habilitação de condutor de veículo (arts. 140 a 160) e de responsabilização por infração de trânsito (arts. 280 a 290); e e) os arts. 8º a 15 da Lei nº 12.846/2013, que tratam do processo administrativo por atos contra a administração pública, nacional ou estrangeira (corrupção) – objeto do presente estudo.
>
> Em suma, cada processo administrativo tem uma finalidade específica. O rito de cada um deles deve estar regulado em uma lei própria, o qual deve ser estritamente observado. Não havendo tal lei específica ou tratando ela apenas de parte do processo, aplicar-se-á a Lei nº 9.784/99 subsidiariamente. *Mutatis mutandis*, a Lei nº 9.784/99 aplica-se a todo e qualquer processo administrativo no âmbito da Administração Pública Federal, salvo naquilo que uma lei federal que trate de uma espécie de processo administrativo com finalidade específica disponha em sentido diverso".

Resolvida a questão, passaremos, em seguida, a comentar as regras do processo administrativo previstas no Capítulo IV da Lei 12.846/13, que devem observadas na responsabilização da empresa infratora, atuando a Lei 9.784/99 (e demais leis estaduais e municipais) como soldado de reserva.

62. Estes dispositivos da Lei 8.884/94, mencionados pelo citado autor, foram revogados pela Lei 12.529/11, que estrutura o Sistema Brasileiro de Defesa da Concorrência e dispõe sobre a prevenção e repressão às infrações contra a ordem econômica.

O art. 8º começa anunciando competir à autoridade máxima de cada órgão ou entidade dos Poderes Executivo, Legislativo e Judiciário, atingido pelo ato lesivo, instaurar o processo administrativo, podendo agir de ofício ou mediante provocação, observados o contraditório e a ampla defesa[63].

Cabe destacar que a reforma promovida pelo Estatuto Jurídico das Estatais (Lei no. 13.303/16), que instituiu requisitos técnicos para nomeação dos ocupantes de cargos nas estatais, minimiza, mas não elimina, os riscos de ineficácia da Lei Anticorrupção face a influência política decorrente da prática de a autoridade máxima dos órgãos ou entidades serem ocupados por políticos.

Como bem observa Emerson Garcia, embora o dispositivo fale somente nos três clássicos poderes, face a existência de instituições autônomas no Brasil, como Ministério Público e Tribunais de Contas, estes poderão instaurar, sempre que necessário, os processos administrativos decorrentes dessa Lei (Ob. Cit. p. 290).

Essa competência, nos termos do que previsto no § 1º, poderá, atendendo a conveniência e oportunidade, ser delegada, ficando expressamente vedada a subdelegação. Para que essa delegação seja válida, no entanto, Kleber Martins de Araújo lembra suas regras (ob. cit. p. 207):

> "a) o ato de delegação deve indicar com precisão: 1. a autoridade delegante; 2. a autoridade delegada; e 3. as atribuições objeto da delegação (art. 12, parágrafo único, do Decreto-lei nº 200/1967). Seria inválido, desse modo, o ato de delegação genérico, que não especificasse os pontos acima mencionados, assim como todos os atos praticados em virtude da indevida delegação;
>
> b) o ato de delegação deve ser publicado em meio oficial, a exemplo dos diários oficiais (art. 14, caput, da Lei nº 9.784/99);
>
> c) além da instauração, pode ser delegado também o julgamento do processo administrativo, mas não a competência para apreciar eventual recurso interposto (art. 13, II, da Lei nº 9.784/99);
>
> d) 'As decisões adotadas por delegação devem mencionar explicitamente esta qualidade' (art. 14, § 3º, da Lei nº 9.784/99)".

63. Nos termos do art. 9º. da Lei, em se tratando se ato lesivo contra a administração pública estrangeira, a competência para a apuração, o processo e o julgamento ficam a cargo da CGU, observado o art. 4º. da Convenção sobre o Combate da Corrupção de Funcionários Públicos Estrangeiros em Transações Comerciais Internacionais.

ATENÇÃO: Reza o art. 4º do Decreto Presidencial 8.420/15:

Art. 4º A autoridade competente para instauração do PAR, ao tomar ciência da possível ocorrência de ato lesivo à administração pública federal, em sede de juízo de admissibilidade e mediante despacho fundamentado, decidirá:

I – pela abertura de investigação preliminar;

II – pela instauração de PAR; ou

III – pelo arquivamento da matéria.

§ 1º A investigação de que trata o inciso I do **caput** terá caráter sigiloso e não punitivo e será destinada à apuração de indícios de autoria e materialidade de atos lesivos à administração pública federal.

§ 2º A investigação preliminar será conduzida por comissão composta por dois ou mais servidores efetivos.

§ 3º Em entidades da administração pública federal cujos quadros funcionais não sejam formados por servidores estatutários, a comissão a que se refere o § 2º será composta por dois ou mais empregados públicos.

§ 4º O prazo para conclusão da investigação preliminar não excederá sessenta dias e poderá ser prorrogado por igual período, mediante solicitação justificada do presidente da comissão à autoridade instauradora.

§ 5º Ao final da investigação preliminar, serão enviadas à autoridade competente as peças de informação obtidas, acompanhadas de relatório conclusivo acerca da existência de indícios de autoria e materialidade de atos lesivos à administração pública federal, para decisão sobre a instauração do PAR. anunciam que a apuração da responsabilidade administrativa de pessoa jurídica que possa resultar na aplicação das sanções previstas no art. 6º da Lei nº 12.846, de 2013, será efetuada por meio de Processo Administrativo de Responsabilização – PAR.

O § 2º do artigo em comento, no âmbito do Poder Executivo federal, estabelece que a Controladoria-Geral da União – CGU terá competência concorrente para instaurar processos administrativos de responsabilização de pessoas jurídicas ou, excepcionalmente[64], para avocar os processos instaurados com fundamento nesta Lei, para exame de sua regularidade ou para corrigir-lhes o andamento.

64. A Lei não menciona expressa, mas implicitamente a *excepcionalidade* da avocação, na medida em que condiciona sua ocorrência a irregularidades (podendo ser até omissão) ou erros em curso. Avocado o processo, a CGU continua a apuração até final julgamento.

ATENÇÃO: Os poderes/deveres da CGU estão previstos no art. 13 do Decreto Presidencial 8.420/15:

Art. 13. A Controladoria-Geral da União possui, no âmbito do Poder Executivo federal, competência:

I – concorrente para instaurar e julgar PAR; e

II – exclusiva para avocar os processos instaurados para exame de sua regularidade ou para corrigir-lhes o andamento, inclusive promovendo a aplicação da penalidade administrativa cabível.

§ 1º A Controladoria-Geral da União poderá exercer, a qualquer tempo, a competência prevista no **caput**, se presentes quaisquer das seguintes circunstâncias:

I – caracterização de omissão da autoridade originariamente competente;

II – inexistência de condições objetivas para sua realização no órgão ou entidade de origem;

III – complexidade, repercussão e relevância da matéria;

IV – valor dos contratos mantidos pela pessoa jurídica com o órgão ou entidade atingida; ou

V – apuração que envolva atos e fatos relacionados a mais de um órgão ou entidade da administração pública federal.

§2º Ficam os órgãos e entidades da administração pública obrigados a encaminhar à Controladoria-Geral da União todos os documentos e informações que lhes forem solicitados, incluídos os autos originais dos processos que eventualmente estejam em curso.

Instaurado o processo administrativo (de ofício ou mediante provocação), será conduzido por comissão designada pela autoridade instauradora e composta por 2 (dois) ou mais servidores estáveis (art. 10).

O processo administrativo de responsabilização da empresa deve seguir regras e princípios. Nossa Carta Maior, ao dispor sobre a Administração Pública e fixar os parâmetros de sua atuação, indica os princípios que deverão nortear o processo administrativo. De forma explícita, a Constituição garante em seu art. 5º LIV: "Ninguém será privado da liberdade ou de seus bens sem o devido processo legal".

Referido princípio engloba não só o respeito ao contraditório e à ampla defesa, como também os princípios da tipicidade, da presunção de inocência (ou de não culpa) e da motivação das decisões.

Leciona Celso Antônio Bandeira de Mello (ob. cit. p. 466): sempre que a providência administrativa a ser tomada houver controvérsia ou especialmente implicar em sanções, torna-se obrigatória a aplicação do art. 5º LV da Constituição da Republica que "garante aos litigantes em processo judicial ou administrativo, e aos acusados em geral" o contraditório e a ampla defesa.

Logo, a indigitada empresa, na fase instrutória e antes da tomada da decisão, poderá juntar documentos e pareceres, requerer diligências e perícias, bem como aduzir alegações referentes à matéria objeto do processo, somente podendo ser recusadas, mediante decisão fundamentada, as provas por ela propostas quando sejam ilícitas, impertinentes, desnecessárias ou protelatórias[65].

A presunção de inocência (ou de não culpa) é também uma garantia a ser observada no processo sancionador, impedindo a hipertrofia da atuação estatal, evitando atuações arbitrárias do julgador. Esse princípio, entretanto, não impede a concretização de medidas cautelares pela Administração. Como bem alerta Fábio Medina Osório (ob. cit. p. 488), a presunção de inocência, no âmbito administrativo, deve ser aplicada com critérios de razoabilidade, dentro de um meio equilibrado de distribuição do ônus probatório, considerando sempre as peculiaridades do caso concreto, a realidade social diante dos avanços tecnológicos. Em resumo, deve ser buscada a justa medida, conciliando-se a proteção eficiente do Estado (que pode agir cautelarmente), sem abuso na sua atuação.

O princípio da motivação decorre do art. 5º, LIV e LV, da nossa Bíblia Política, sendo indistintamente aplicável nas decisões administrativas e judiciárias. No plano da legalidade, a ausência de motivação implica em nulidade. Aliás, é a motivação que possibilita o Judiciário desempenhar sua função controladora. Por isso, embora não haja forma sacramental para a motivação administrativa, é importante que de alguma forma ela fique documentada.

Art. 9º Competem à Controladoria-Geral da União – CGU a apuração, o processo e o julgamento dos atos ilícitos previstos nesta Lei, praticados contra a

65. Nesse sentido, art. 38 da Lei 9.784/99 e art. 156 da Lei 8.112/90.

administração pública estrangeira, observado o disposto no Artigo 4 da Convenção sobre o Combate da Corrupção de Funcionários Públicos Estrangeiros em Transações Comerciais Internacionais, promulgada pelo Decreto nº 3.678, de 30 de novembro de 2000.

Em se tratando de ato lesivo contra a administração pública estrangeira a competência para a apuração, o processo e o julgamento ficam a cargo da CGU, observado o art. 4º da Convenção sobre o Combate da Corrupção de Funcionários Públicos Estrangeiros em Transações Comerciais Internacionais, que reza:

> 1. Cada Parte deverá tomar todas as medidas necessárias ao estabelecimento de sua jurisdição em relação à corrupção de um funcionário público estrangeiro, quando o delito é cometido integral ou parcialmente em seu território.
>
> 2. A Parte que tiver jurisdição para processar seus nacionais por delitos cometidos no exterior deverá tomar todas as medidas necessárias ao estabelecimento de sua jurisdição para fazê-lo em relação à corrupção de um funcionário público estrangeiro, segundo os mesmos princípios.
>
> 3. Quando mais de uma Parte tem jurisdição sobre um alegado delito descrito na presente Convenção, as Partes envolvidas deverão, por solicitação de uma delas, deliberar sobre a determinação da jurisdição mais apropriada para a instauração de processo.
>
> 4. Cada Parte deverá verificar se a atual fundamentação de sua jurisdição é efetiva em relação ao combate à corrupção de funcionários públicos estrangeiros, caso contrário, deverá tomar medidas corretivas a respeito.

Como bem conclui Marcio Pestana (ob. cit. p. 108):

> "Pois bem, ressalvadas as particularidades de caso concreto, que exigirão verificações específicas, *v.g.*, nas situações que admitam ser processadas em dois ou mais países, os quais, nesse caso, deverão entre si deliberar sobre aquele que mais eficazmente poderá enfrentar o processo correspondente, o Brasil já se encontra em condições jurídicas de prestar a jurisdição para os casos que se insiram nas tipificações habituais envolvendo corrupção tendo como protagonistas as pessoas jurídicas".

Art. 10. O processo administrativo para apuração da responsabilidade de pessoa jurídica será conduzido por comissão designada pela autoridade instauradora e composta por 2 (dois) ou mais servidores estáveis.

§ 1º O ente público, por meio do seu órgão de representação judicial, ou equivalente, a pedido da comissão a que se refere o caput, poderá requerer as medidas judiciais necessárias para a investigação e o processamento das infrações, inclusive de busca e apreensão.

§ 2º A comissão poderá, cautelarmente, propor à autoridade instauradora que suspenda os efeitos do ato ou processo objeto da investigação.

§ 3º A comissão deverá concluir o processo no prazo de 180 (cento e oitenta) dias contados da data da publicação do ato que a instituir e, ao final, apresentar relatórios sobre os fatos apurados e eventual responsabilidade da pessoa jurídica, sugerindo de forma motivada as sanções a serem aplicadas.

§ 4º O prazo previsto no § 3º poderá ser prorrogado, mediante ato fundamentado da autoridade instauradora.

Salutar a existência de uma comissão processante, diversa da julgadora, evitando-se um processo inquisitivo. Dentro desse espírito, o art. 10 diz que o processo administrativo para apuração da responsabilidade de pessoa jurídica será conduzido por comissão designada pela autoridade instauradora e composta por 2 (dois) ou mais servidores estáveis. Kleber Martins de Araújo bem destaca (ob. cit. p. 212):

> "Percebe-se que a Lei nº 12.846/2013, neste particular, seguiu o modelo preconizado pela Lei nº 8.112/90, que também estabelece que o processo administrativo para a responsabilização do servidor público federal será 'tocado' por uma comissão. Sendo assim, em casos concretos, o intérprete poderá se valer não apenas da aplicação supletiva da Lei nº 9.784/99, mas também dos arts. 148 a 173 da Lei nº 8.112/90, assim como, ainda, das orientações pretorianas acerca destes dispositivos" [66].

66. Como exemplo, lembramos que a Lei 12.846/13, bem como a subsidiária 9.784/99, não tratam do ritual a ser adotado na colheita da prova oral. Deve o intérprete, nesse tanto,

A Lei determina o mínimo de integrantes da comissão – dois –, mas admite mais servidores fazendo parte da composição, desde que estáveis, requisito imprescindível para assegurar a imparcialidade dos membros, observando-se, ainda, as hipóteses de suspeição e impedimento.

ATENÇÃO: A comissão foi pormenorizada no art. 5º, e seu §1º, e no art. 6º, ambos do Decreto Presidencial 8.420/15:

Art. 5º No ato de instauração do PAR, a autoridade designará comissão, composta por dois ou mais servidores estáveis, que avaliará fatos e circunstâncias conhecidos e intimará a pessoa jurídica para, no prazo de trinta dias, apresentar defesa escrita e especificar eventuais provas que pretende produzir.

§ 1º Em entidades da administração pública federal cujos quadros funcionais não sejam formados por servidores estatutários, a comissão a que se refere o **caput** será composta por dois ou mais empregados públicos, preferencialmente com no mínimo três anos de tempo de serviço na entidade.

Art. 6º A comissão a que se refere o art. 5º exercerá suas atividades com independência e imparcialidade, assegurado o sigilo, sempre que necessário à elucidação do fato e à preservação da imagem dos envolvidos, ou quando exigido pelo interesse da administração pública, garantido o direito à ampla defesa e ao contraditório.

A atribuição da Comissão é a apuração dos fatos, é a colheita de provas, respeitando o devido processo legal.

Diz o art. 10, §1º., que a comissão, no desempenho da importante missão de apuração, pode solicitar ao ente público a que pertence (órgão ou entidade dos Poderes Executivo, Legislativo e Judiciário vítima do ato lesivo) que, por meio do seu órgão de representação judicial, ou equivalente, requeira medidas judiciais necessárias para a investigação e o processamento das infrações, inclusive de busca e apreensão.

Apesar do silêncio da lei, antes de o juiz decidir deve ouvir o Ministério Público.

---

aplicar o regramento previsto na Lei 8.112/90 (art. 158).

Essa cautela mostra-se necessária e importante não apenas por ser o *Parquet* o fiscal da lei, mas também porque estamos diante de um processo de tutela de interesses supraindividuais indisponíveis, coincidindo, não raras vezes, com investigações em curso no âmbito de sua atuação. Aliás, a comunicação do Ministério Público, ao final do processo, já está determinada por lei (art. 15).

São admitidos todos os meios de prova desde que lícitas. É admitida, tanto pela jurisprudência do STJ e do STF, a utilização no processo administrativo de "prova emprestada" do inquérito policial ou do processo penal, desde que autorizada pelo juízo criminal e respeitados o contraditório e a ampla defesa. STJ. 1ª Seção. MS 17.472/DF, Rel. Min. Arnaldo Esteves Lima, julgado em 13/6/2012.

A comissão poderá também, cautelarmente, propor à autoridade instauradora que suspenda os efeitos do ato ou processo objeto da investigação. Por óbvio, nada impede que a própria autoridade instauradora, sem provocação, mas de ofício, inclusive no próprio ato de instauração do processo, já determine a suspensão do ato ou processo objeto da apuração[67].

A comissão deverá concluir o processo no prazo de 180 (cento e oitenta) dias contados da data da publicação do ato que a instituir (podendo ser prorrogado mediante ato fundamentado).

Ao final, analisando os elementos coligidos sob o crivo do contraditório e ampla defesa, o colegiado deve apresentar relatório sobre os fatos apurados.

Persistindo a convicção da comissão pela responsabilização da indigitada empresa, depois de graduar a responsabilidade pelo ato lesivo, sugerirá a sanção que entender cabível ao caso (multa e/ou publicação extraordinária da decisão condenatória). Importante perceber que a comissão processante não pune, mas sugere sanções a serem aplicadas.

O relatório tem natureza de ato administrativo opinativo e por isso não é vinculante.

Registre-se ainda que não é obrigatória a intimação do interessado para apresentar alegações finais após o relatório final de pro-

67. Como fundamento (e ratificação) do poder cautelar confiado à autoridade instauradora vale lembrar do art. 45 da Lei nº 9.784/99, que estabelece que, "Em caso de risco iminente, a Administração Pública poderá motivadamente adotar providências acauteladoras sem a prévia manifestação do interessado".

cesso administrativo disciplinar. Neste sentido, em situação análoga, embora refira-se a Lei nº 8.112/1990, já decidiu tanto o STF como o STJ. STF. 1ª Turma. RMS 28774/DF, rel. orig. Min. Marco Aurélio, red. p/ o acórdão Min. Roberto Barroso, julgado em 9/8/2016 (Info 834). STJ. 1ª Seção. MS 18.090-DF, Rel. Min. Humberto Martins, julgado em 8/5/2013 (Info 523).

ATENÇÃO: O § 3º do art. 9º do Decreto Presidencial 8.420/15 diz:

Art. 9º.

(...)

§3º Concluídos os trabalhos de apuração e análise, a comissão elaborará relatório a respeito dos fatos apurados e da eventual responsabilidade administrativa da pessoa jurídica, no qual sugerirá, de forma motivada, as sanções a serem aplicadas, a dosimetria da multa ou o arquivamento do processo.

Art. 11. No processo administrativo para apuração de responsabilidade, será concedido à pessoa jurídica prazo de 30 (trinta) dias para defesa, contados a partir da intimação.

Inerente ao direito de defesa temos as garantias do contraditório e a da ampla defesa, ambas com guarida constitucional (art. 5º, LV):

> *Art. 5º Todos são iguais perante a lei, sem distinção de qualquer natureza, garantindo-se aos brasileiros e aos estrangeiros residentes no País a inviolabilidade do direito à vida, à liberdade, à igualdade, à segurança e à propriedade, nos termos seguintes: (...)*

LV – aos litigantes, em processo judicial ou administrativo, e aos acusados em geral são assegurados o contraditório e ampla defesa, com os meios e recursos a ela inerentes; (...)"

Sobre o tema, leciona Maria Sylvia Zanella Di Pietro (ob. cit. p. 367):

> "O princípio do contraditório, que é inerente ao direito de defesa, é decorrente da bilateralidade do processo: quando uma das partes

> alega alguma coisa, há de ser ouvida também a outra, dando-se-lhe oportunidade de resposta. Ele supõe o conhecimento dos atos processuais pelo acusado e o seu direito de resposta ou de reação. Exige: 1- notificação dos atos processuais à parte interessada; 2- possibilidade de exame das provas constantes do processo; 3- direito de assistir à inquirição de testemunhas; 4- direito de apresentar defesa escrita".

Gilmar Ferreira Mendes, a respeito da obediência de tais princípios e o entendimento da nossa Suprema Corte, adverte (ob. cit. p. 592):

> "Sob a Constituição de 1988, o Supremo Tribunal Federal fixou entendimento de que os princípios do contraditório e da ampla defesa são assegurados nos processos administrativos, tanto em tema de punições disciplinares como de restrição de direitos em geral". Também de acordo com as lições do Ministro, "o contraditório e a ampla defesa não se constituem em meras manifestações das partes em processos judiciais e administrativos, mas, e principalmente, uma pretensão à tutela jurídica".

Para tanto, a Lei 12.846/13 concede à pessoa jurídica implicada o prazo de 30 dias, contados a partir da intimação do seu representante legal, leia-se, pessoa assim indicada no Estatuto Social ou Contrato Social[68].

> **ATENÇÃO**: Os arts. 7º e 8º do Decreto Presidencial 8.420/15 detalham o contraditório no PAR, bem como os direitos da empresa processada:
>
> Art. 7º As intimações serão feitas por meio eletrônico, via postal ou por qualquer outro meio que assegure a certeza de ciência da pessoa jurídica acusada, cujo prazo para apresentação de defesa será contado a partir da data da cientificação oficial, observado o disposto no Capítulo XVI da Lei nº 9.784, de 29 de janeiro de 1999.

68. Nos termos do que dispõe o art. 26, as sociedades sem personalidade jurídica serão representadas pela pessoa a quem couber a administração de seus bens. A pessoa jurídica estrangeira será representada pelo gerente, representante ou administrador de sua filial, agência ou sucursal aberta ou instalada no Brasil.

§ 1º Caso não tenha êxito a intimação de que trata o **caput**, será feita nova intimação por meio de edital publicado na imprensa oficial, em jornal de grande circulação no Estado da federação em que a pessoa jurídica tenha sede, e no sítio eletrônico do órgão ou entidade pública responsável pela apuração do PAR, contando-se o prazo para apresentação da defesa a partir da última data de publicação do edital.

§ 2º Em se tratando de pessoa jurídica que não possua sede, filial ou representação no País e sendo desconhecida sua representação no exterior, frustrada a intimação nos termos do **caput**, será feita nova intimação por meio de edital publicado na imprensa oficial e no sítio eletrônico do órgão ou entidade público responsável pela apuração do PAR, contando-se o prazo para apresentação da defesa a partir da última data de publicação do edital.

Art. 8º A pessoa jurídica poderá acompanhar o PAR por meio de seus representantes legais ou procuradores, sendo-lhes assegurado amplo acesso aos autos.

Parágrafo único. É vedada a retirada dos autos da repartição pública, sendo autorizada a obtenção de cópias mediante requerimento.

Essa defesa, mencionada no art. 11, equivale, segundo pensamos, às alegações finais (antes do relatório final da comissão). Nela a empresa processada se manifesta sobre toda a prova coligida, argumentando sua tese jurídica. Essa oportunidade específica não exclui, por óbvio, sua participação em momentos outros do processo, devendo ser cientificada de todos os atos do processo, dos elementos de prova juntados pela comissão, podendo sobre eles se manifestar, bem como requerer suas próprias diligências.

Com bem alerta Kleber Martins de Araújo (ob. cit. p. 224-5):

> "Em homenagem ao princípio constitucional da ampla defesa, entendemos aplicável ao processo administrativo da Lei nº 12.846/2013 o art. 164, § 2º, da Lei nº 8.112/90, que determina à autoridade administrativa que designe um defensor dativo para promover a defesa do servidor processado que ficar revel. Adaptando tal dispositivo ao processo administrativo ora estudado, pensamos ser necessária a designação de um defensor dativo para que ofereça a defesa da pessoa jurídica processada nas seguintes hipóteses:

I – Quando a citação inicial da pessoa jurídica foi feita por edital e esta não houver comparecido em nenhum momento do processo;

II – Quando a intimação da pessoa jurídica para a apresentação de sua defesa não se efetivou porque se mudou para endereço diverso daquele no qual foi inicialmente citada e não comunicou tal mudança à comissão processante; III – Quando a pessoa jurídica foi regularmente intimada, mas não apresentou defesa no prazo legal (30 dias).

Entendemos, ainda, que a designação deve recair sobre advogado regularmente inscrito na Seccional da Ordem dos Advogados do Brasil (OAB) onde tramita o processo ou, na ausência deste, sobre a Defensoria Pública (Estadual ou da União). No primeiro caso, deverá ser fixada como justa remuneração ao defensor dativo o valor mínimo previsto para defesas administrativas na Tabela de Honorários da respectiva seccional da OAB, valor este que deverá ser adiantado pelo órgão ou entidade pública processante e, ao final, cobrado da pessoa jurídica processada a título de custas processuais (ainda que o resultado do processo lhe seja favorável), sob pena de inscrição do valor na dívida ativa".

ATENÇÃO: Os §§ 2º, 3º, e 4º do art. 5º do Decreto Presidencial 8.420/15 tratam da produção de provas pela empresa processada:

Art. 5º

(...)

§ 2º Na hipótese de deferimento de pedido de produção de novas provas ou de juntada de provas julgadas indispensáveis pela comissão, a pessoa jurídica poderá apresentar alegações finais no prazo de dez dias, contado da data do deferimento ou da intimação de juntada das provas pela comissão.

§ 3º Serão recusadas, mediante decisão fundamentada, provas propostas pela pessoa jurídica que sejam ilícitas, impertinentes, desnecessárias, protelatórias ou intempestivas.

§ 4º Caso a pessoa jurídica apresente em sua defesa informações e documentos referentes à existência e ao funcionamento de programa de integridade, a comissão processante deverá examiná-lo segundo os parâmetros indicados no Capítulo IV, para a dosimetria das sanções a serem aplicadas.

Art. 12. O processo administrativo, com o relatório da comissão, será remetido à autoridade instauradora, na forma do art. 10, para julgamento.

A Comissão, após a instrução, apresentará relatórios sobre os fatos apurados e eventual responsabilidade da pessoa jurídica, sugerindo de forma motivada as sanções a serem aplicadas (multa e/ou publicação extraordinária da decisão condenatória). Os requisitos dessa importante peça valorativa estão estampados no art. 47 da Lei 9.784/99, assim redigido:

> "O órgão de instrução que não for competente para emitir a decisão final elaborará relatório indicando o pedido inicial, o conteúdo das fases do procedimento e formulará proposta de decisão, objetivamente justificada, encaminhando o processo à autoridade competente".

A aplicação das sanções pelo órgão competente, no entanto, será precedida da manifestação jurídica elaborada pela Advocacia Pública ou pelo órgão de assistência jurídica, ou equivalente, do ente público (art. 6º, § 2º), cuja missão se resume em dizer se foram observadas as formalidades legais no tocante à instauração, à condução e aos atos do processo administrativo, bem como opinar sobre a materialidade e autoria, esclarecendo, por fim, se concorda com o enquadramento típico do ato lesivo e com as sanções sugeridas e sua gradação.

Sobre o prazo para julgamento pela autoridade competente, diante do silêncio da Lei 12.846/13, compartilhamos do entendimento de Kleber Martins de Araújo (ob. cit. p. 228-9):

> "Entendemos que a previsão legal acima deve ser compatibilizada com a do art. 49 da Lei nº 9.784/99, que impõe à autoridade decidir no prazo de 30 dias a contar do recebimento do relatório enviado pela comissão processante. Embora este último dispositivo permita a prorrogação deste prazo, mediante despacho fundamentado que apresente a razão de ordem pública ou o motivo de força maior que tornaram impossível o julgamento naquele primeiro lapso, a autoridade, a nosso ver, deve agir no sentido de observá-lo, não tratando o mandamento legal como se fora uma faculdade. Desse modo, assim que receber o relatório da comissão processante, deverá despachá-lo imediatamente para o órgão de assistência jurídica do órgão/entidade pública,

fixando-lhe tempo (10 dias, por exemplo) que, somado ao que em seguida levará para julgar o processo (20 dias, por exemplo), respeite os 30 dias previstos na Lei nº 9.784/99.

Caso nesse interregno surja, realmente, uma razão de ordem pública ou um motivo de força maior que impeçam a emissão do parecer ou o julgamento no trintídio inicial, aí sim teremos hipótese a justificar a dilação deste".

Ao julgar o processo, a autoridade competente deve fundamentar sua decisão, desobrigando-se da motivação apenas quando concluir no mesmo sentido do relatório da comissão, do parecer do órgão jurídico ou de ambos, admitindo-se, nessas hipóteses, fazer remissão ou reproduzir trechos ou a íntegra dessas peças, afirmando categoricamente que concorda com elas.

ATENÇÃO: Os §§ 4º e 6º do art. 9º do Decreto Presidencial 8.420/15 anunciam:

Art. 9º

(...)

§ 4º O relatório final do PAR será encaminhado à autoridade competente para julgamento, o qual será precedido de manifestação jurídica, elaborada pelo órgão de assistência jurídica competente.

(...)

§ 6º Na hipótese de decisão contrária ao relatório da comissão, esta deverá ser fundamentada com base nas provas produzidas no PAR.

Da decisão, por óbvio, cabe recurso, mas a Lei 12.846/13 não tratou da fase de insurgência, aplicando-se, supletivamente, a Lei 9.784/99, arts. 56 e ss. A peça de irresignação consistirá, na realidade, num verdadeiro pedido de reconsideração, já que a sua apreciação será feita pela própria autoridade que proferiu a decisão recorrida. Isso porque o julgamento do processo previsto na Lei nº 12.846/2013 já compete, nos termos do seu art. 8º, à autoridade máxima de cada órgão ou entidade dos Poderes Executivo, Legislativo e Judiciário, de modo que não existe autoridade acima dela na esfera administrativa.

ATENÇÃO: Sobre a irresignação da empresa condenada, dispõe o art. 11 do Decreto Presidencial 8.420/15:

Art. 11. Da decisão administrativa sancionadora cabe pedido de reconsideração com efeito suspensivo, no prazo de dez dias, contado da data de publicação da decisão[69].

§ 1º A pessoa jurídica contra a qual foram impostas sanções no PAR e que não apresentar pedido de reconsideração deverá cumpri-las no prazo de trinta dias, contado do fim do prazo para interposição do pedido de reconsideração.

§ 2º A autoridade julgadora terá o prazo de trinta dias para decidir sobre a matéria alegada no pedido de reconsideração e publicar nova decisão.

§ 3º Mantida a decisão administrativa sancionadora, será concedido à pessoa jurídica novo prazo de trinta dias para cumprimento das sanções que lhe foram impostas, contado da data de publicação da nova decisão.

O desprovimento do apelo não impede que a empresa condenada, por meio de ação própria, pleiteie a reparação da alegada injustiça no âmbito do Judiciário.

Art. 13. A instauração de processo administrativo específico de reparação integral do dano não prejudica a aplicação imediata das sanções estabelecidas nesta Lei.

Parágrafo único. Concluído o processo e não havendo pagamento, o crédito apurado será inscrito em dívida ativa da fazenda pública.

A aplicação das sanções administrativas de multa e/ou publicação extraordinária não ficam prejudicadas no caso de a adminis-

69. Marcio Pestana (ob. cit. p. 124-5), diante do silêncio da Lei em matéria recursal, sugeria que a decisão do processo administrativo deveria submeter-se a recurso hierárquico, na esfera da Administração Pública direta, ou a juízo de reconsideração, na esfera da Administração Pública indireta. Percebendo que o Decreto Federal previu apenas a reconsideração, tece severas criticas: "a solução adotada no plano federal pelo Decreto presidência n. 8.420/2015, infelizmente, desprestigiou o princípio da revisibilidade, com isso colidindo frontalmente, a nosso ver, com outros princípios caros e consagrados no plano constitucional, sobretudo, no ponto, os da segurança jurídica, certeza do direito, razoabilidade, proporcionalidade, devido processo legal e princípio do amplo contraditório".

tração ter também instaurado processo administrativo específico de reparação do dano eventualmente causado. É que a partir do mesmo fato ilícito podem ser aplicadas cumulativamente sanções de natureza diversas (civil, administrativa e penal). Não há que se falar, nesse cenário, em bis in idem ou plural valoração do mesmo fato em prejuízo da pessoa implicada. Como bem explica Ronaldo Pinheiro de Queiroz (ob. cit. p. 287):

> "Sabe-se que uma mesma conduta, a partir do mesmo fato, pode caracterizar simultaneamente ilícitos de ordem civil, penal, administrativa e política, sendo certo que o agente da conduta poderá responder por todos eles sem afrontar o princípio de *ne bis in idem*. Isso porque cada norma jurídica violada que esteja vinculada a um subsistema sancionador específico pode gerar uma sanção autônoma relativa à respectiva esfera de responsabilidade. A esse fenômeno jurídico dá-se o nome de independência de instâncias, tendo cada uma delas autonomia para atuar repressivamente na conduta típica e ilícito do indivíduo.
>
> Desse modo, somente se pode falar em violação ao princípio-garantia do *ne bis in idem* quando o sujeito é punido mais de uma vez, pela mesma conduta, dentro da mesma esfera de responsabilidade".

Cabe ressaltar que, segundo entendeu o STF, a certidão da dívida ativa pode ser objeto de protesto que constitui mecanismo constitucional e legítimo por não restringir de forma desproporcional quaisquer direitos fundamentais garantidos aos contribuintes e, assim, não constituir sanção política. STF. Plenário. ADI 5135/DF, Rel. Min. Roberto Barroso, julgado em 3 e 9/11/2016 (Info 846).

Art. 14. **A personalidade jurídica poderá ser desconsiderada sempre que utilizada com abuso do direito para facilitar, encobrir ou dissimular a prática dos atos ilícitos previstos nesta Lei ou para provocar confusão patrimonial, sendo estendidos todos os efeitos das sanções aplicadas à pessoa jurídica aos seus administradores e sócios com poderes de administração, observados o contraditório e a ampla defesa.**

A pessoa jurídica é uma entidade abstrata com existência e responsabilidades jurídicas, uma realidade autônoma, sujeito de direitos e obrigações.

A personalidade de uma pessoa jurídica, incluindo seus direitos, deveres, obrigações, é separada de qualquer uma das outras pessoas físicas ou jurídicas que a compõem. Assim, a responsabilidade legal de uma pessoa jurídica não é necessariamente a responsabilidade legal de qualquer um de seus componentes.

Entretanto, com frequência a pessoa jurídica desvia de suas finalidades e utiliza de suas proteções legais para cometer fraudes, prejudicando assim terceiros.

Nesses casos, quando uma pessoa jurídica for utilizada para fugir de suas finalidades, para lesar terceiros, sua personalidade pode ser desconsiderada imputando a responsabilidade aos sócios e membros integrantes da pessoa jurídica.

A desconsideração da personalidade jurídica permite superar a separação entre os bens da empresa e dos seus sócios para efeito de determinar obrigações.

No Brasil, antes da criação de normas que versassem sobre o tema, os tribunais aplicavam a teoria aos casos de abuso de direito e fraude, perpetrados pela má utilização da personalidade jurídica, com fundamento na doutrina estrangeira e no art. 20 do CC/1916, que reconhecia a distinção entre a personalidade da sociedade e dos sócios.

A positivação do instituto em nosso país só ocorreu com o advento do Código de Defesa do Consumidor, em 1990, como pode ser visto em seu art. 28. Passou a ser utilizado em larga escala no Direito Tributário, através dos artigos. 134, VII e 135, III. A desconsideração encontra guarida, também, no Direito do Trabalho, na CLT, em seu § 2º art. 2º.

No Código Civil/02 a desconsideração da personalidade jurídica está prevista no art. 50:

> "Art. 50. Em caso de abuso da personalidade jurídica, caracterizado pelo desvio de finalidade, ou pela confusão patrimonial, pode o juiz decidir, a requerimento da parte, ou do Ministério Público quando lhe couber intervir no processo, que os efeitos de certas e determinadas relações de obrigações sejam estendidos aos bens particulares dos administradores ou sócio da pessoa jurídica".

Ocorrerá desvio de finalidade, sempre que a pessoa jurídica não cumprir a finalidade a que se destina, causando, com isso prejuízo a terceiros, considerando também como desvio de finalidade, ou melhor, desvio de função, o desrespeito ao princípio da função social da empresa.

A confusão patrimonial ocorrerá quando não for possível estabelecer claramente o que é da sociedade e o que é dos sócios e também quando ocorrer a dissolução irregular da pessoa jurídica, quando desaparecem os sócios e os bens e remanescem os débitos.

O instituto foi previsto na Lei 12.846/13, tendo como pressuposto a utilização abusiva da empresa para facilitar, encobrir ou dissimular a prática dos atos ilícitos previstos nesta Lei ou para provocar confusão patrimonial, sendo estendidos todos os efeitos das sanções aplicadas à pessoa jurídica aos seus administradores e sócios com poderes de administração, observados o contraditório e a ampla defesa.

Como bem menciona Silvio de Salvo Venosa (ob. cit. p. 184):

> "A teoria da desconsideração autoriza o juiz, quando a desvio de finalidade, a não considerar os efeitos da personificação, para que sejam atingidos bens particulares dos sócios ou até mesmo de outras pessoas jurídicas, mantidos incólumes, pelos fraudadores, justamente para propiciar ou facilitar fraude. Essa é a única forma eficaz de tolher abusos praticados por pessoa jurídica, por vezes constituída tão-só ou principalmente para o mascaramento de atividades dúbias, abusivas, ilícitas e fraudulentas".

Por fim, esclarece Paulo Roberto Galvão de Carvalho (ob. cit. p. 51):

> "De se ver, entretanto, que a previsão [da desconsideração da personalidade jurídica] não implica imputar diretamente aos dirigentes a prática das infrações previstas no art. 5º. O sujeito ativo continua sendo a pessoa jurídica, porém as sanções a ela impostas poderão ser estendidas aos administradores. Nesse caso, todo o processo de julgamento permanece regido pela lógica da responsabilização objetiva da pessoa jurídica em relação à infração em si. Para a responsabilização dos administradores, entretanto, será necessário demonstrar que se utilizavam da personalidade jurídica para provocar confusão patrimonial ou encobrir a prática dos ilícitos. De se notar que demonstrar que os administradores se utilizavam da empresa para provocar confusão patrimonial é diferente de demonstrar que os admi-

> nistradores tinham conhecimento de um determinado ato de corrupção. Assim, a desconsideração da personalidade jurídica não implica a necessidade de comprovar o dolo ou a culpa do administrador pela infração no caso concreto, permanecendo esta regida pela responsabilidade objetiva".

Observe-se que a desconsideração da personalidade jurídica está prevista no capítulo IV da Lei Anticorrupção, que trata da responsabilidade administrativa, sendo, portanto, cabível no processo administrativo, independentemente de decisão judicial. Neste sentido, em hipótese de fraude comprovada que se buscava aplicação de sanções previstas no art. 87 da Lei nº 8.666/1993, já decidiu o Tribunal de Contas da União no Acórdão nº 1.327/2012.

Art. 15. A comissão designada para apuração da responsabilidade de pessoa jurídica, após a conclusão do procedimento administrativo, dará conhecimento ao Ministério Público de sua existência, para apuração de eventuais delitos.

A providência contida no art. 15 (cientificar o Ministério Público da conclusão do procedimento administrativo por ato lesivo à administração pública) é de suma importância, considerando não apenas as implicações penais, mas também civis (improbidade administrativa) desses atos, perseguidas mediante ações em que o membro do Ministério Público figura como legitimado exclusivo (ação penal pública) ou concorrente (ação de improbidade administrativa). Logo, a comissão não apenas dará conhecimento ao *Parquet* da conclusão do procedimento, mas a ele encaminhará todo o processo administrativo. De posse do expediente, o Promotor/Procurador, no uso de suas atribuições:

a) percebendo que os fatos constantes do processo administrativo configuram também infração penal, mas necessitando de diligências imprescindíveis ao oferecimento da denúncia, deverá requisitar a instauração de inquérito policial ou instaurar procedimento investigatório criminal. Se o processo administrativo contiver lastro probatório mínimo (materialidade e autoria), poderá, desde logo, oferecer a denúncia-crime.

b) observando que os fatos descritos pela comissão caracterizam violação a interesses difusos ou coletivos que exigem sua atuação (improbidade, por exemplo), mas carecendo de informações indispensáveis, deverá instaurar inquérito civil. Se dispensáveis, poderá, desde logo, ajuizar a ação civil pública.

c) não enxergando qualquer infração (penal ou extrapenal) do expediente encaminhado ou, percebendo sua existência, conclui não haver interesse na sua persecução (prescrição, por exemplo), deverá arquivá-lo, fundamentando suas razões.

Em qualquer caso, no entanto, deve o Ministério Público retribuir o órgão comunicante, também o cientificando da sua decisão.

O dispositivo não impõe que a comissão dê conhecimento do fato apenas ao final do procedimento administrativo. Trata-se, em verdade, de disposição que serve de marco final para a autoridade pública se desincumbir do dever de comunicar o ilícito de que tomou conhecimento. Em outras palavras, a autoridade pode dar conhecimento do fato desde o início. Com percuciência sustenta Eduardo Gambi (Ob. Cit. p. 31):

> "Aliás, para que se evite a renovação da produção de provas, agilizando as investigações, a comissão processante não precisa comunicar o Ministério Público apenas após a conclusão do processo administrativo. Deve, a exemplo do que ocorre no artigo 15 da Lei de Improbidade Administrativa, comunicar o Ministério Público quanto a mera instauração do processo administrativo, para possibilitar que os membros do Ministério Público possam acompanhar a produção das provas no âmbito da administração. Isto poderá evitar omissões no processo administrativo, além de tornar mais ágil a apuração de delitos, atos de improbidade administrativa e até outros atos ilícitos conexos com os praticados pelos dirigentes ou administradores de pessoas jurídicas".

ATENÇÃO: Manda o § 5º do art. 9º do Decreto Presidencial 8.420/15:

Art. 9º.

(...)

§ 5º Caso seja verificada a ocorrência de eventuais ilícitos a serem apurados em outras instâncias, o relatório da comissão será encaminhado, pela autoridade julgadora:

I – ao Ministério Público;

II – à Advocacia-Geral da União e seus órgãos vinculados, no caso de órgãos da administração pública direta, autarquias e fundações públicas federais; ou

III – ao órgão de representação judicial ou equivalente no caso de órgãos ou entidades da administração pública não abrangidos pelo inciso II.

CAPÍTULO V
DO ACORDO DE LENIÊNCIA

Art. 16. **A autoridade máxima de cada órgão ou entidade pública poderá celebrar acordo de leniência com as pessoas jurídicas responsáveis pela prática dos atos previstos nesta Lei que colaborem efetivamente com as investigações e o processo administrativo, sendo que dessa colaboração resulte:**

I – a identificação dos demais envolvidos na infração, quando couber; e

II – a obtenção célere de informações e documentos que comprovem o ilícito sob apuração.

§ 1º O acordo de que trata o caput somente poderá ser celebrado se preenchidos, cumulativamente, os seguintes requisitos:

I – a pessoa jurídica seja a primeira a se manifestar sobre seu interesse em cooperar para a apuração do ato ilícito;

II – a pessoa jurídica cesse completamente seu envolvimento na infração investigada a partir da data de propositura do acordo;

III – a pessoa jurídica admita sua participação no ilícito e coopere plena e permanentemente com as investigações e o processo administrativo, comparecendo, sob suas expensas, sempre que solicitada, a todos os atos processuais, até seu encerramento.

§ 2º A celebração do acordo de leniência isentará a pessoa jurídica das sanções previstas no inciso II do art. 6º e no inciso IV do art. 19 e reduzirá em até 2/3 (dois terços) o valor da multa aplicável.

§ 3º O acordo de leniência não exime a pessoa jurídica da obrigação de reparar integralmente o dano causado.

§ 4º O acordo de leniência estipulará as condições necessárias para assegurar a efetividade da colaboração e o resultado útil do processo.

§ 5º Os efeitos do acordo de leniência serão estendidos às pessoas jurídicas que integram o mesmo grupo econômico, de fato e de direito, desde que firmem o acordo em conjunto, respeitadas as condições nele estabelecidas.

§ 6º A proposta de acordo de leniência somente se tornará pública após a efetivação do respectivo acordo, salvo no interesse das investigações e do processo administrativo.

§ 7º Não importará em reconhecimento da prática do ato ilícito investigado a proposta de acordo de leniência rejeitada.

§ 8º Em caso de descumprimento do acordo de leniência, a pessoa jurídica ficará impedida de celebrar novo acordo pelo prazo de 3 (três) anos contados do conhecimento pela administração pública do referido descumprimento.

§ 9º A celebração do acordo de leniência interrompe o prazo prescricional dos atos ilícitos previstos nesta Lei.

§ 10. A Controladoria-Geral da União – CGU é o órgão competente para celebrar os acordos de leniência no âmbito do Poder Executivo federal, bem como no caso de atos lesivos praticados contra a administração pública estrangeira.

O instituto da Leniência pode ser definido como a possibilidade que detém a empresa diretamente envolvida em ato lesivo à administração pública de temperar os rigores das penalidades legais, desde que, de forma eficaz, auxilie na identificação de eventuais outros envolvidos na infração e na obtenção célere de informações e documentos que comprovem o ilícito sob apuração.

O Acordo de leniência tem natureza jurídica de ato administrativo bilateral. Trata-se de poderoso instrumento de combate aos atos lesivos perpetrados em face do patrimônio (material e imaterial) da administração pública (nacional ou estrangeira), sobretudo quando, com sua concretização, se possa evitar que outras infrações se repitam e que cesse o curso daquelas que estão em marcha. Não se pode olvidar ainda que nos atos de corrupção em geral vigora a lei do silêncio e quase não há testemunhas presenciais, não sendo raro que as únicas pessoas que tem conhecimento do fato são os envolvidos no ilícito. Em muitos casos, considerando os obstáculos decorrentes da própria natureza das pessoas jurídicas e de estruturas empresariais cada vez mais complexas, sem esse acordo ficaria quase impossível entender com exatidão os fatos e identificar com precisão os responsáveis.

Trata-se de instituto com nítida feição instrumental, cuja eficácia está relacionada a obtenção de resultados socialmente úteis.

É a demonstração de que a atuação administrativa típica (imperativa/sancionadora) está cada vez mais coexistindo com a atuação consensual, representada no artigo em comento pelo acordo substantivo no recinto do processo administrativo sancionador.

O instituto, no entanto, não é novidade trazida pela Lei em comento, pois já previsto na Lei 8.884/94 (alterada pela Lei 12.529/11), atuando como importante instrumento no enfrentamento das infrações oriundas dos carteis. Antes de debruçarmos sobre o acordo na Lei Anticorrupção, vejamos, através de um quadro comparativo, as semelhanças e diferenças entre as duas Leis citadas:

Lei 12.529/11 – Capítulo IV	**Lei 12.846/13 – Capítulo V**
Estrutura o Sistema Brasileiro de Defesa da Concorrência e dispõe sobre a prevenção e repressão às infrações contra a ordem econômica.	Dispõe sobre a responsabilização objetiva administrativa e civil de pessoas jurídicas pela prática de atos contra a administração pública, nacional ou estrangeira.
O Cade, por intermédio da Superintendência-Geral, poderá celebrar acordo de leniência	A autoridade máxima de cada órgão ou entidade pública poderá celebrar acordo de leniência
O acordo mira as pessoas físicas e jurídicas que forem autoras de infração à ordem econômica, desde que colaborem efetivamente com as investigações e o processo administrativo	O acordo de leniência mira as pessoas jurídicas responsáveis pela prática dos atos previstos nesta Lei que colaborem efetivamente com as investigações e o processo administrativo.

Lei 12.529/11 – Capítulo IV	Lei 12.846/13 – Capítulo V
Da colaboração deve resultar: I – a identificação dos demais envolvidos na infração; e II – a obtenção de informações e documentos que comprovem a infração noticiada ou sob investigação.	Da colaboração deve resultar: I – a identificação dos demais envolvidos na infração, quando couber; e II – a obtenção célere de informações e documentos que comprovem o ilícito sob apuração.
O acordo somente poderá ser celebrado se preenchidos, cumulativamente, os seguintes requisitos: I – a empresa seja a primeira a se qualificar com respeito à infração noticiada ou sob investigação; II – a empresa cesse completamente seu envolvimento na infração noticiada ou sob investigação a partir da data de propositura do acordo; III – a Superintendência-Geral não disponha de provas suficientes para assegurar a condenação da empresa ou pessoa física por ocasião da propositura do acordo; e IV – a empresa confesse sua participação no ilícito e coopere plena e permanentemente com as investigações e o processo administrativo, comparecendo, sob suas expensas, sempre que solicitada, a todos os atos processuais, até seu encerramento. Com relação às pessoas físicas, elas poderão celebrar acordos de leniência desde que cumpridos os requisitos II, III e IV.	O acordo de que trata o caput somente poderá ser celebrado se preenchidos, cumulativamente, os seguintes requisitos: I – a pessoa jurídica seja a primeira a se manifestar sobre seu interesse em cooperar para a apuração do ato ilícito; II – a pessoa jurídica cesse completamente seu envolvimento na infração investigada a partir da data de propositura do acordo; III – a pessoa jurídica admita sua participação no ilícito e coopere plena e permanentemente com as investigações e o processo administrativo, comparecendo, sob suas expensas, sempre que solicitada, a todos os atos processuais, até seu encerramento.

Lei 12.529/11 - Capítulo IV	Lei 12.846/13 - Capítulo V
Verificado o cumprimento do acordo: I - decretar a extinção da ação punitiva da administração pública em favor do infrator, nas hipóteses em que a proposta de acordo tiver sido apresentada à Superintendência-Geral sem que essa tivesse conhecimento prévio da infração noticiada; ou II - nas demais hipóteses, reduzir de 1 (um) a 2/3 (dois terços) as penas aplicáveis, observado o disposto no art. 45 desta Lei, devendo ainda considerar na gradação da pena a efetividade da colaboração prestada e a boa-fé do infrator no cumprimento do acordo de leniência.	A celebração do acordo de leniência isentará a pessoa jurídica das sanções previstas no inciso II do art. 6º (publicação extraordinária da decisão condenatória) e no inciso IV do art. 19 (proibição de receber incentivos, subsídios, subvenções, doações ou empréstimos de órgãos ou entidades públicas e de instituições financeiras públicas ou controladas pelo poder público, pelo prazo mínimo de 1 (um) e máximo de 5 (cinco) anos) e reduzirá em até 2/3 (dois terços) o valor da multa aplicável.

Espera-se que a Leniência, na Lei Anticorrupção Empresarial, tenha a mesma eficiência que na Lei 12.529/11.

A Lei atribui à autoridade máxima de cada órgão ou entidade pública - ou à Controladoria-Geral da União - CGU no âmbito do Poder Executivo federal, bem como no caso de atos lesivos praticados contra a administração pública estrangeira - o poder de celebrar acordo de leniência com as pessoas jurídicas responsáveis pela prática dos atos nela previstos, desde que colaborem efetivamente com as investigações e o processo administrativo, sendo que dessa colaboração resulte:

I - a identificação dos demais envolvidos na infração, quando couber; e

II - a obtenção célere de informações e documentos que comprovem o ilícito sob apuração.

Percebe-se que o dispositivo em análise não se satisfaz com a mera identificação dos demais envolvidos na infração, quando couber, exigindo, também, que a empresa colaboradora forneça informações e documentos que comprovem o ilícito sob apuração. Ambas informações devem ser prestadas para que o Acordo de Leniência seja admitido.

Anote-se que o Acordo de Leniência tem sua eficácia condicionada à obtenção desses resultados de modo que não basta sejam prestadas as informações. Trata-se de verdadeira obrigação de resultado. Caso as informações sejam superficiais ou de pouca significância para identificação dos demais envolvidos e para obtenção célere de informações e documentos que comprovem o ilícito não haverá cumprimento do requisito legal e o Acordo de Leniência, ou não deve ser celebrado, ou, conforme o caso, tido como descumprido, o que resultará na negativa de aplicação dos efeitos proemiais.

O dispositivo parece referir-se exclusivamente a informações úteis para o fato em apuração, isto é, às provas destinadas ao conhecimento do fato objeto da investigação pela autoridade pública. Mas não é só neste caso. Caso a pessoa jurídica deseje fornecer informações relacionadas a outros ilícitos ainda desconhecidos da autoridade pública pode fazê-lo sem qualquer impedimento.

Neste caso, duas situações podem ocorrer: 1 – As informações dizem respeito a outro ato ilícito para o qual a pessoa jurídica participou; 2 – As informações dizem respeito a outro ato ilícito para a qual a pessoa jurídica não participou. Em ambos os casos, caberá a autoridade investigante instaurar novo procedimento investigatório dos novos ilícitos descobertos, sendo que os efeitos premiais do Acordo de Leniência ficam condicionados aos resultados processuais desta apuração.

Assim, por exemplo, caso uma empresa envolvida em determinado ato ilícito tenha conhecimento de outro esquema envolvendo fraudes à licitação em que não tenha participado mas tenha obtidos informações como convites para dela participar e queira experimentar os efeitos premias da Lei Anticorrupção, pode celebrar Acordo de Leniência para beneficiar-se no processo de responsabilidade em que figura como parte.

A Lei Anticorrupção, todavia, não prevê instituto semelhante aos *whistleblower*, conhecidos como "sopradores de apito"[70], que

70. Este nome faz alusão ao sujeito que tal qual um árbitro esportivo, sopra o apito para coibir as jogadas ilegais praticadas pelos jogadores, ao verificar quaisquer irregularidades ou

são os indivíduos que levam ao conhecimento das autoridades públicas informações relevantes de ilícitos em troca de recompensas vultuosas[71].

Interessante observar, ainda, que não será qualquer empresa que pode participar do acordo. O ajuste somente poderá ser celebrado se preenchidos, cumulativamente, os seguintes requisitos: *I – a pessoa jurídica seja a primeira a se manifestar sobre seu interesse em cooperar para a apuração do ato ilícito; II – a pessoa jurídica cesse completamente seu envolvimento na infração investigada a partir da data de propositura do acordo; III – a pessoa jurídica admita sua participação no ilícito e coopere plena e permanentemente com as investigações e o processo administrativo, comparecendo, sob suas expensas, sempre que solicitada, a todos os atos processuais, até seu encerramento.* Vejamos cada um, separadamente.

Todos os requisitos para a celebração do Acordo de Leniência também visam desestimular denúncias vazias e oportunistas das pessoas jurídicas que pretendem desviar ou retardar a apuração de atos ilícitos que tenham praticado. Ademais, a apresentação de proposta de leniência manifestamente fraudulenta que desnatura e desvirtua seu principal propósito. Justamente por conter a vontade de enganar a administração pública, leva à necessidade, no caso de uma condenação por ato de corrupção, de aplicação de sanção majorada diante a elevação inexorável da infração cometida (art. 5.º da Lei 12.846/13). Ademais, não é de se descartar a possibilidade de a pessoa jurídica ter que indenizar eventuais prejudicados pelos danos experimentados pela denunciação caluniosa, tudo sem prejuízo da apuração criminal dos responsáveis pela mentira.

Desses dispositivos verifica-se a necessidade do Acordo decorrer de voluntariedade da pessoa jurídica em celebrar o Acordo de Leniência, isto é, não seja fruto de coação.

---

mesmo infrações perpetradas no seio empresarial, os *whistleblowers* "soprariam o apito" divulgando tais práticas para apuração pelas autoridades públicas competentes.

71. Trata-se de mecanismo de investigação pouco conhecido no Brasil que foi, recentemente, fomentado pela ENCCLA, oportunidade que foi batizado como Reportante. Para mais detalhes: http://enccla.camara.leg.br/acoes/acoes-de-2016. Acessado em 25/01/2017. Há atualmente alguns projetos de leis que versam o tema: PLS 664/2011, PL 1.701/2011 e PL 3.506/2012.

I – a pessoa jurídica seja a primeira a se manifestar sobre seu interesse em cooperar para a apuração do ato ilícito.

A Lei Anticorrupção só permite seja celebrado Acordo de Leniência com uma pessoa jurídica. No caso de haver vários sujeitos ativos, o acordo só favorecerá a primeira pessoa jurídica que manifestar o interesse no Acordo. Segundo Thiago Marrara, a lei se refere:

> "à existência de vedação de leniência múltipla que, de modo geral, é indicada pela presença da regra "*first come, first serve*" em certas leis, ou seja, pela determinação de que a Administração Pública somente celebre a leniência com o primeiro infrator a se qualificar para colaborar no processo sancionatório, restando proibidas leniências com outros coautores da conduta ilícita" (Ob. Cit. p. 515).

O dispositivo é inspirado no dilema dos prisioneiros e pressupõe que a confissão por um dos cúmplices gere benefícios incabíveis aos demais autores do ilícito de modo que o estímulo para que um dos 'prisioneiros' coopere com a autoridade seja superior à pretensão de manter-se em silêncio cooperando com seus antigos aliados.

Assim, como o efeito proemial do acordo de Leniência só é dado à primeira pessoa jurídica que manifesta interesse, os antigos laços que a uniam com outros cúmplices são enfraquecidos a ponto de serem rompidos. Abre-se uma corrida em direção à cooperação com a autoridade pública que será vencida pela primeira empresa que romper com o silêncio sobre o ilícito.

Caso fosse permitida a celebração do Acordo de Leniência para todas as pessoas jurídicas que participaram do ato ilícito não haveria estímulo real para a quebra da cooperação existente entre elas e que as mantinha à margem da atuação da lei, afinal, bastaria que após a primeira colaboração, toda a rede de antigos cúmplices prestasse colaborações sucessivas para obterem, todos juntos, benesses legais.

A possibilidade de leniência múltipla, na verdade, teria o efeito contrário da finalidade do instituto porque suas vantagens potenciais passariam a ser consideradas como variáveis no cálculo de riscos e bônus dos negócios (ilícitos) das pessoas jurídicas.

Ademais, sob o ponto vista instrumental, acordos de leniências sucessivos produzirão poucos frutos processuais probatórios ou pouco relevantes para elucidação do que já se saiba.

A Procuradoria-Geral da República, no parecer emitido na Adin nº 5466/DF, sustentou com propriedade que:

> Nesse caso, haveria apenas benefício para o infrator (pessoa física ou jurídica), sem ganho para a coletividade. Isso inverte por completo a lógica do acordo de leniência, que também deve resultar em benefício para a sociedade, não apenas para a parte privada
>
> (...)
>
> A celebração de acordo de leniência seria admissível com mais de uma empresa, desde que a primeira seja a única apta a receber benefício maior (como redução ou remissão de multa e permissão para contratar e receber benefícios e incentivos do poder público) e a(s) outra(s), além de obter menor benefício (apenas redução da multa e não publicação extraordinária de decisão condenatória), deve(m) apresentar fatos novos, pois os primeiros fatos se pressupõem esclarecidos pela primeira empresa celebrante, salvo se o acordo tiver sido mal negociado ou se tiver havido má-fé dos representantes da pessoa jurídica participante. É indispensável que a contribuição da pessoa jurídica colaboradora propicie elementos inéditos para o estado, ainda não descobertos, não apenas para o órgão celebrante, que pode obter a prova com os outros órgãos por empréstimo ou cooperação e não por leniência.
>
> Admitir que uma empresa receba benefícios em acordo de leniência em troca de informações de que o estado já disponha gera radical incoerência no sistema e permite que o investigado subverta a ordem das coisas, em seu exclusivo benefício.

Isso não impede que eventuais confissões ou colaborações sejam levadas em conta pela autoridade julgadora na dosimetria da pena, conforme prevê, inclusive, o artigo 7º, VII, da mesma lei.

Nesse ponto, com razão alertam Carlos Henrique da Silva Ayres e Bruno Carneiro Maeda (ob. cit. p. 246):

> "Ademais, a redação desse dispositivo da lei permite a interpretação de que a proposta de acordo de leniência somente poderá ser apresentada pela pessoa jurídica antes do início de procedimentos para apuração da responsabilidade e aplicação de sanções. Essa interpretação, entretanto, não deve ser aceita e as pessoas jurídicas devem poder celebrar acordos de leniência, ainda que após a instauração de procedimento para investigá-la,

desde que os demais requisitos estejam preenchidos, a fim de que sejam beneficiadas pelo reporte e por sua cooperação com as autoridades públicas.

A possibilidade de celebração de acordos de leniência mesmo após a instauração de procedimentos pelas autoridades faz sentido, pois, muitas vezes, as pessoas jurídicas tomarão conhecimento de atos lesivos cometidos por seus empregados ou terceiros agindo em seu interesse ou benefício somente quando tomarem ciência do procedimento iniciado para investigá-las. Outra possibilidade que deve ser levada em consideração é a da pessoa jurídica que identifica a eventual ocorrência de um ato lesivo e, de forma diligente, inicia uma investigação interna para apurar os fatos. Dependendo da natureza e complexidade dos fatos, essa investigação interna pode demandar tempo para ser concluída. Posteriormente, uma vez concluída a investigação interna ou tendo esta elementos sólidos sobre a ocorrência de atos lesivos (afinal, a pessoa jurídica também precisará admitir sua participação no ilícito), aí sim poderá a pessoa jurídica, se for o caso, reportar para as autoridades, colaborando efetivamente com as investigações".

A presteza na proposta de colaboração (se antes ou depois de iniciada investigação), pode interferir nas consequências do acordo (maior ou menor redução da penalidade a ser imposta pela autoridade).

II – a pessoa jurídica cesse completamente seu envolvimento na infração investigada a partir da data de propositura do acordo.

O acordo exige, obviamente, a cessação da atividade criminosa da pessoa jurídica – e dos seus representantes.

III – a pessoa jurídica admita sua participação no ilícito e coopere plena e permanentemente com as investigações e o processo administrativo, comparecendo, sob suas expensas, sempre que solicitada, a todos os atos processuais, até seu encerramento.

Trata-se da regra do *guilty plea* (ou *plea of guilty*) que possui importante fator de mudança de cultura comportamental em que para corrigir um erro é necessário que o responsável o admita, independentemente de a falha ter sido perpetrada em escalões superiores ou inferiores da gestão.

Vê-se, nesse aspecto, que a leniência importa em verdadeira confissão, ou seja, a empresa colaboradora admite sua participação e delata os demais concorrentes, fornecendo informações e documentos que comprovem o ato lesivo sob investigação, comparecendo, sempre que solicitada, a todos os atos processuais, até seu encerramento.

A admissão de participação no ilícito opera os efeitos processuais da confissão que, no processo civil, à luz do que dispõe o artigo 389 do CPC, pode ser judicial ou extrajudicial, e significa que a parte admite a verdade de fato contrário ao seu interesse e favorável ao do adversário.

A assunção do compromisso com a verdade não viola o princípio da não autoincriminação uma vez que, neste caso, a opção do acusado pela intervenção ativa importa renúncia do direito de manter-se em silêncio.

ATENÇÃO: O Decreto Presidencial 8.420/15, no art. 30, vai além dos três requisitos, impondo, inclusive, prazo final para a celebração do acordo:

Art. 30. A pessoa jurídica que pretenda celebrar acordo de leniência deverá:

I – ser a primeira a manifestar interesse em cooperar para a apuração de ato lesivo específico, quando tal circunstância for relevante;

II – ter cessado completamente seu envolvimento no ato lesivo a partir da data da propositura do acordo;

III – admitir sua participação na infração administrativa

IV – cooperar plena e permanentemente com as investigações e o processo administrativo e comparecer, sob suas expensas e sempre que solicitada, aos atos processuais, até o seu encerramento; e

V – fornecer informações, documentos e elementos que comprovem a infração administrativa.

§ 1º O acordo de leniência de que trata o **caput** será proposto pela pessoa jurídica, por seus representantes, na forma de seu estatuto ou contrato social, ou por meio de procurador com poderes específicos para tal ato, observado o disposto no art. 26 da Lei nº 12.846, de 2013.

§ 2º A proposta do acordo de leniência poderá ser feita até a conclusão do relatório a ser elaborado no PAR.

A legitimidade para a celebração do Acordo de Leniência é da autoridade máxima de cada órgão ou entidade pública.

A Controladoria-Geral da União – CGU é o órgão competente para celebrar os acordos de leniência no âmbito do Poder Executivo federal, bem como no caso de atos lesivos praticados contra a administração pública estrangeira.

Lamentamos não ter o legislador previsto a participação do Ministério Público nos acordos de leniência (o que não significa que não possa ocorrer), especialmente nos casos em que o ato lesivo investigado se dá, por exemplo, no âmbito de uma organização criminosa, sendo viável aos seus autores, pessoas físicas, a colaboração premiada (Lei 12.850/13), cooperação mais ampla do que a de Leniência.

Além disso, a não participação do Ministério Público cria um relativo clima de incerteza quanto a validade ou a eficácia do Acordo. A participação do órgão daria ao acordo robustecimento e maior segurança jurídica, principalmente diante da possível responsabilização dos fatos nas outras esferas, cuja atuação do Ministério Público é decisiva. Sobre a questão, registrou a Procuradoria-Geral da República:

> *Em investigações, sobretudo as complexas, com possibilidade de emprego de instrumentos como a colaboração premiada (regida pela Lei 12.850, de 2 de agosto de 2013), é fundamental a participação do Ministério Público nos acordos de leniência, a fim de que possa aquilatar os efeitos globais do acordo sobre a responsabilidade de pessoas físicas e jurídicas, para além da esfera administrativa. Apenas o Ministério Público pode ter visão de conjunto dos fatos, por conhecer as investigações criminais, naturalmente mais amplas e com possibilidade de conterem elementos até então sigilosos. Os órgãos de controle interno e externo não têm condição de realizar tal avaliação, devido a seu raio de ação mais restrito do que o do Ministério Público, que deve atuar tanto no campo cível (por ações civis públicas e ações por improbidade administrativa, para defesa do patrimônio público e da moralidade administrativa) quanto no criminal. Não podem a Advocacia-Geral da União e a Controladoria-Geral da União, por exemplo, avaliar se determinada proposta de acordo de leniência contempla todos os elementos em poder do Ministério Público Federal e se traz informações inéditas e relevantes para esclarecimento dos fatos, devido à impossibilidade de acesso desses órgãos do Executivo a elementos sigilosos contidos em investigações criminais. Para isso, ademais, a Constituição da República atribuiu independência*

funcional aos membros do Ministério Público, precisamente a fim de que não se submetam a pressões políticas e de outras ordens, que os órgãos da intimidade do Executivo nem sempre logram evitar. É essencial que acordos de leniência tenham participação do Ministério Público, seja como parte, seja como fiscal da ordem jurídica (custos legis), a fim de que possa ter conhecimento de seus termos e impugnar judicialmente aqueles que se divorciarem da Constituição e das leis.

A possibilidade de acordos de leniência sem participação nem fiscalização do Ministério Público é contraproducente para a própria finalidade da Medida Provisória 703/2015. Se o MP constatar ilicitude em um desses acordos, decerto tomará medidas para invalidá-los. Essa possibilidade gera insegurança jurídica para as próprias empresas potencialmente interessadas, pois os benefícios acordados poderiam vir a ser suspensos ou cassados e seus dirigentes poderiam ser acusados criminalmente, a depender das circunstâncias. Essa, por sinal, é talvez uma das causas para não ter havido, até agora, nenhum acordo de leniência firmado com base na medida provisória. As empresas potencialmente interessadas percebem que o modelo da medida provisória é intrinsecamente precário e inseguro, ao alijar o Ministério Público das negociações. (Parecer na Adin nº 5.466/DF).

Cumpre registrar que, segundo a Instrução Normativa do TCU nº 74, de 11 de fevereiro de 2015, o Tribunal de Contas da União fiscalizará os procedimentos de celebração de acordos de leniência inseridos na sua competência.

O Acordo de Leniência deve ser celebrado por legítimo representante da empresa, assim indicados pelo estatuto da pessoa jurídica. Não pode ser celebrado por qualquer empregado da empresa sob pena de invalidade e ineficácia do ato.

Quanto aos efeitos, a celebração do acordo de leniência atua em duas penalidades administrativas, diminuindo a multa e isentando a pessoa jurídica da penalidade de publicação da sentença condenatória nos meios de comunicação (art. 6º, incs. I e II, respectivamente), e uma sanção judicial, qual seja, evitar a proibição de receber incentivos, subsídios, subvenções, doações ou empréstimos de órgãos ou entidades públicas e de instituições financeiras públicas ou controladas pelo poder público, pelo prazo mínimo de 1 (um) e máximo de 5 (cinco) anos (art. 19, inc. IV).

Diferentemente do modelo vigente noutros documentos nacionais e internacionais, a celebração de acordo de leniência não implica em imunidade absoluta.[72]

A obrigação de reparar o dano causado pelo ato lesivo permanece, pois imprescritível de acordo com a nossa CF.

Portanto, o rol de benefícios disponível para a empresa colaboradora se resume:

a) reduzir a multa administrativa em até 2/3

b) ficar isenta da penalidade administrativa de publicação da sentença condenatória nos meios de comunicação;

c) evitar a proibição de receber incentivos, subsídios, subvenções, doações ou empréstimos de órgãos ou entidades públicas e de instituições financeiras públicas ou controladas pelo poder público, pelo prazo mínimo de 1 (um) e máximo de 5 (cinco) anos.

Os benefícios serão aplicados gradativamente à eficácia e ao resultado obtido a partir da colaboração decorrente do Acordo de Leniência.

Como bem alerta Arthur Pinto de Lemos Júnior (ob. cit. p. 79):

> "A toda evidência, os efeitos do Acordo de Leniência são restritos ao processo administrativo. Não abrange e não vincula a esfera penal e civil.
>
> Porém, imaginemos a hipótese de estarmos diante de um importante esquema de corrupção numa dada Prefeitura. O mesmo fato lesivo à administração pública e que ensejou a instauração de um procedimento administrativo fundado na Lei 12.846/13, repercutirá na esfera cível, em razão da incidência da Lei de Improbidade Administrativa (Lei 8.429/92). Considerando que no termo de Acordo de Leniência, a pessoa jurídica assumirá o encargo de reparar o eventual dano causado, lamentamos que o legislador não tenha aproveitado a oportunidade para alterar o artigo 17, §1º da Lei de Improbidade Administrativa, que impede realização de transação, acordo ou conciliação nas ações de improbidade administrativa".

72. Em outras legislações, como a norte-americana, o benefício que as empresas podem ter por conta de reportarem condutas ilícitas para autoridades e cooperarem com as investigações é mais significativo, reduzindo penalidades ou até mesmo permitindo o perdão (eximindo-as de sanções em determinados casos), além de outras consequências importantes e favoráveis.

Essa restrição aos efeitos do Acordo de Leniência é coerente com o disposto no artigo 30 da Lei 12.846/13.

Apesar da restrição acima, cabe observar que a Lei Anticorrupção, por força do artigo 3º é aplicável às pessoas naturais, sejam dirigentes, administradores, autores, coautores ou partícipes do ato ilícito. Já dissemos anteriormente que quanto às pessoas naturais deverão ser aplicáveis as penas compatíveis com sua condição, tais como multa e perdimentos de bens, direitos ou valores que representem vantagem ou proveito direta ou indiretamente obtidos da infração. Neste caso, o Acordo de Leniência também poderá produzir efeitos favoráveis a pessoa física que seja responsável pelo ato ilícito, reduzindo a pena de multa a ela aplicável.

Verifica-se aqui, porém, algumas questões complexas.

Exige-se que a pessoa física, *de per si*, preste as informações e cumpra os requisitos para o acordo de Leniência ou pode valer-se, passivamente, da atuação da pessoa jurídica interessada em fazer o acordo?

Em regra, a colaboração da pessoa natural será simultânea à da pessoa jurídica uma vez que suas condutas ilícitas ocorreram no interesse ou benefício desta, razão pela qual, informações e documentos estarão sob a responsabilidade da corporação. Mas mesmo nos casos em que a atuação da pessoa natural tenha ocorrido fora das suas funções laborais típicas e à revelia da pessoa jurídica, embora lhe fosse exigível uma colaboração mais efetiva, sua participação será concorrente e simultânea à da pessoa jurídica, bastando que esta celebre o Acordo de Leniência para que a pessoa física dele se beneficie. Relembramos que mesmo nesses casos, a pessoa jurídica é legalmente responsável pelo ato ilícito desde que, nos termos do artigo 2º da Lei, praticados em seu interesse ou benefício, exclusivo ou não.

A redação conferida aos artigos 16 e 17 da Lei Anticorrupção exige, todavia, que o Acordo de Leniência seja celebrado pela pessoa jurídica responsável pelo ato ilícito, de modo que a pessoa natural, mesmo as descritas no artigo 3º da Lei, não pode, com vistas à redução da pena que lhe é cabível, individualmente, celebrar o Acordo de Leniência.

Esse empecilho pode gerar sérios conflitos de interesse entre pessoa jurídica e pessoa física que tenham praticados atos ilícitos, sobretudo se entre elas ocorrer superveniente rompimento de vínculos jurídicos existentes anteriormente, de modo que, *de lege ferenda*, entendemos salutar seja a Lei Anticorrupção alterada para permitir que o acordo de leniência seja celebrado pelas pessoas naturais descritas no artigo 3º.

Nos termos do que disposto no art. 16, §5º, os efeitos do acordo de leniência serão estendidos às pessoas jurídicas que integram o mesmo grupo econômico, de fato e de direito, desde que firmem o acordo em conjunto, respeitadas as condições nele estabelecidas. O artigo 265 da Lei n. 6.404/76 que versa sobre as sociedades por ações define grupo de sociedades como formado por sociedades vinculadas a um controlador que combinam recursos e esforços para participar de empreendimentos comuns.

Pode o acordo de leniência impor outras obrigações não previstas na Lei Anticorrupção, desde que conexas ao ato ilícito principal, como consequência dele ou como medida de reparação dos danos sociais[73] decorrentes deste tipo de lesão. A nova imposição pode constituir em obrigação de dar, fazer ou não fazer, como por exemplo, a reparação de dano moral coletivo ou adoção compulsória de um programa de integridade ou *Compliance*.

A proposta de acordo de leniência somente se tornará pública após a efetivação do respectivo acordo, salvo no interesse das investigações e do processo administrativo.

A redação do dispositivo é ambígua e permite interpretação em várias direções. Há dois momentos distintos nele mencionados: fase de proposta do acordo de leniência e fase depois da efetivação do acordo. Certo que a regra é o sigilo na fase de proposta de acordo, o que resguarda a pessoa jurídica proponente e discrição que deve nortear as investigações oficiais de atos ilícitos. Na fase depois da efetivação do acordo, a regra é a publicidade. Mas o dispositivo permite que, no interesse das investigações, a fase de proposta de acordo não seja sigilosa, hipótese incomum, mas admissível em determinados casos como, por exemplo, envolvendo dispersão de lesados em todo território nacional que devam ser alertados, *ab initio*,

73. O dano social é uma nova espécie de dano reparável, que não se confunde com os danos materiais, morais e estéticos, e que decorre de comportamentos socialmente reprováveis, que diminuem o nível social de tranquilidade. Na visão do STJ, a condenação por danos sociais somente pode ocorrer em demandas coletivas e, portanto, apenas os legitimados para a propositura de ações coletivas poderiam pleitear danos sociais (STJ. 2ª Seção. Rcl 12.062-GO, Rel. Ministro Raul Araújo, julgado em 12/11/2014 recurso repetitivo) (Info 552).

do caso. Por fim, o dispositivo também permite seja interpretado de modo a assegurar o sigilo após a efetivação do acordo, desde que seja necessário para o processo.

Como bem lembra Rogério Pacheco Alves, o sigilo é inoponível ao Ministério Público tendo em conta o disposto no artigo 26, p. 2º, da Lei 8.625/93 e 8º, p. 2º, da LC nº 75/93 (ob. cit. p. 872).

ATENÇÃO: Dispõe o art. 31 do Decreto Presidencial 8.420/15:

> Art. 31. A proposta de celebração de acordo de leniência poderá ser feita de forma oral ou escrita, oportunidade em que a pessoa jurídica proponente declarará expressamente que foi orientada a respeito de seus direitos, garantias e deveres legais e de que o não atendimento às determinações e solicitações da Controladoria-Geral da União durante a etapa de negociação importará a desistência da proposta.
>
> § 1º A proposta apresentada receberá tratamento sigiloso e o acesso ao seu conteúdo será restrito aos servidores especificamente designados pela Controladoria-Geral da União para participar da negociação do acordo de leniência, ressalvada a possibilidade de a proponente autorizar a divulgação ou compartilhamento da existência da proposta ou de seu conteúdo, desde que haja anuência da Controladoria-Geral da União.
>
> § 2º Poderá ser firmado memorando de entendimentos entre a pessoa jurídica proponente e a Controladoria-Geral da União para formalizar a proposta e definir os parâmetros do acordo de leniência.
>
> § 3º Uma vez proposto o acordo de leniência, a Controladoria-Geral da União poderá requisitar os autos de processos administrativos em curso em outros órgãos ou entidades da administração pública federal relacionados aos fatos objeto do acordo.

A proposta de acordo pode ser recusada, não importando em reconhecimento da prática do ato ilícito investigado.

A recusa da autoridade para a celebração de acordo é ato discricionário porque envolve decisão administrativa pautada por critérios de oportunidade e conveniência. É claro que os demais requisitos impostos pela lei acabam por regrar a discricionariedade do ato, mas a análise da qualidade das informações prestadas, bem como da eficácia da medida comportam relativa liberdade decisória.

Neste caso, os documentos prévios ou informações prestadas pela pessoa jurídica durante as tratativas do acordo não podem ser utilizados contra ela pela autoridade pública investigante pois foram utilizados para a formação deste juízo decisório. Trata-se de uma imunidade processual conhecida como "*queen for a day*". A utilização destes documentos apresentados nesta tratativa enseja a quebra de regra processual e qualifica a prova como ilegítima. Todavia, é de observar que outros documentos contendo as mesmas informações podem ser utilizados no processo investigatório dos atos de corrupção, ainda que obtidos depois da tentativa frustrada de leniência, caso reste demonstrado a sua fonte independente daquele ato inicial.

As informações contidas nos documentos apresentados nesta tratativa inicial podem ser utilizadas para deflagrar investigação de ilícitos envolvendo outras pessoas jurídicas que não a que os apresentou?

Quer parecer que sim. Com efeito, a redação do dispositivo impede que o acordo rejeitado importe em reconhecimento do ato ilícito em homenagem ao princípio do *nemo tenetur se detegere*. Todavia, face o princípio da autotutela que vige no direito administrativo, as informações e notícias de ilícitos devem ser apuradas de ofício pela administração pública, razão pela qual essas informações podem deflagrar investigação de outros atos ilícitos sem que possa inquinar de ilegal a custódia destas provas iniciais.

De outro lado, o dispositivo indica que a celebração de Acordo de Leniência não é direito público subjetivo da pessoa jurídica.

ATENÇÃO: Sobre recusa e desistência do acordo, o Decreto Presidencial 8.420/15, nos arts. 32, 33, 34 e 35 dispõe:

Art. 32. A negociação a respeito da proposta do acordo de leniência deverá ser concluída no prazo de cento e oitenta dias, contado da data de apresentação da proposta.

Parágrafo único. A critério da Controladoria-Geral da União, poderá ser prorrogado o prazo estabelecido no **caput**, caso presentes circunstâncias que o exijam.

Art. 33. Não importará em reconhecimento da prática do ato lesivo investigado a proposta de acordo de leniência rejeitada, da qual não se fará qualquer divulgação, ressalvado o disposto no § 1º do art. 31.

Art. 34. A pessoa jurídica proponente poderá desistir da proposta de acordo de leniência a qualquer momento que anteceda a assinatura do referido acordo.

> Art. 35. Caso o acordo não venha a ser celebrado, os documentos apresentados durante a negociação serão devolvidos, sem retenção de cópias, à pessoa jurídica proponente e será vedado seu uso para fins de responsabilização, exceto quando a administração pública federal tiver conhecimento deles independentemente da apresentação da proposta do acordo de leniência.

Em caso de descumprimento do acordo de leniência, a pessoa jurídica ficará impedida de celebrar novo acordo pelo prazo de 3 (três) anos contados do conhecimento pela administração pública do referido descumprimento. A ambiguidade do dispositivo é patente. O impedimento se irradia para outros fatos diferentes daquele contido no processo original em que o Acordo foi descumprido? Como inexiste vedação para a celebração de vários Acordos independentes e sucessivos, a interpretação mais sistemática é restringir o impedimento somente ao caso em que ocorreu o descumprimento. Ou seja, ainda que a pessoa jurídica tenha descumprido um acordo de leniência, pode celebrar outros, desde que, independentes do fato em que traiu a administração pública.

A Lei não previu sanções específicas em razão do descumprimento do Acordo de Leniência, exceto a prevista no artigo 22, § 4º.

A Lei 12.846/13, no §4º do art. 16, limita-se a anunciar que o acordo de leniência estipulará as condições necessárias para assegurar a efetividade da colaboração e o resultado útil do processo, sem detalhar seu conteúdo, deixando, ao que tudo indica, essa tarefa para a norma regulamentadora.

De todo modo, a redação do dispositivo indica a necessidade de formalização escrita do Acordo de Leniência, o que traz maior segurança para os envolvidos, estabelece maior clareza, explicita o consentimento informado da pessoa jurídica e dá transparência ao ato.

O Acordo de Leniência não necessita ser homologado judicialmente para produzir os efeitos previstos na Lei uma vez se constitui em título executivo extrajudicial.

Nada impede, entretanto, que o faça, situação que ensejará, pelo Judiciário, a análise de sua legalidade e voluntariedade. Neste caso deve ser adotado o rito disposto no artigo 725, III, do CPC.

Uma vez homologado, o Acordo de Leniência passa a ter natureza de título executivo judicial, *ex vi*, arts. 487, III, b, c.c. 515, III, CPC e só pode ser anulado via ação rescisória, conforme prevê art. 966, § 4º, do CPC.

ATENÇÃO: Os arts. 36 e 37 do Decreto Presidencial 8.420/15 pormenorizam as condições, disposições e clausulas necessárias:

Art. 36. O acordo de leniência estipulará as condições para assegurar a efetividade da colaboração e o resultado útil do processo, do qual constarão cláusulas e obrigações que, diante das circunstâncias do caso concreto, reputem-se necessárias.

Art. 37. O acordo de leniência conterá, entre outras disposições, cláusulas que versem sobre:

I – o compromisso de cumprimento dos requisitos previstos nos incisos II a V do **caput** do art. 30;

II – a perda dos benefícios pactuados, em caso de descumprimento do acordo;

III – a natureza de título executivo extrajudicial do instrumento do acordo, nos termos do inciso II do caput do art. 585 da Lei nº 5.869, de 11 de janeiro de 1973; e

IV – a adoção, aplicação ou aperfeiçoamento de programa de integridade, conforme os parâmetros estabelecidos no Capítulo IV.

O Acordo de Leniência pode, como qualquer ato administrativo, ser anulado, no prazo decadencial de 5 (cinco) anos, pela própria Administração Pública quando eivado de vício de legalidade, nos termos dos arts. 53 e 54 da Lei nº 9.784/99.

A anulação pode ser pretendida ainda em ação popular caso seja lesivo ao patrimônio público, conforme permite o art. 1º da Lei nº 4.717/65. Neste caso, será declarado nulo o ato que a) praticado por autoridade incompetente, b) não observar a forma prescrita em lei, c) comportar objeto ilícito, d) tiver por fundamento matéria de fato inexistente ou juridicamente inadequada ao resultado obtido, e) praticado com desvio de finalidade.

A celebração do acordo de leniência interrompe o prazo prescricional dos atos ilícitos previstos nesta Lei.

Art. 17. A administração pública poderá também celebrar acordo de leniência com a pessoa jurídica responsável pela prática de ilícitos previstos na Lei nº 8.666, de 21 de junho de 1993, com vistas à isenção ou atenuação das sanções administrativas estabelecidas em seus arts. 86 a 88.

A nossa Bíblia Política, no seu art. 37, XXI, ressalvados os casos especificados na legislação, manda observar na contratação de obras, serviços, compras e alienações prévio processo de licitação pública que assegure igualdade de condições a todos os concorrentes, com cláusulas que estabeleçam obrigações de pagamento, mantidas as condições efetivas da proposta, nos termos da lei, o qual somente permitirá as exigências de qualificação técnica e econômica indispensáveis à garantia do cumprimento das obrigações.

Buscando regulamentar esse mandamento constitucional, nasce a Lei 8.666/93, instituindo normas para licitações e contratos da Administração Pública.

Como vimos, a Lei Anticorrupção Empresarial (art. 5º, IV) elenca vários atos lesivos a licitações e contratos, destacando:

a) frustrar ou fraudar, mediante ajuste, combinação ou qualquer outro expediente, o caráter competitivo de procedimento licitatório público;

b) impedir, perturbar ou fraudar a realização de qualquer ato de procedimento licitatório público;

c) afastar ou procurar afastar licitante, por meio de fraude ou oferecimento de vantagem de qualquer tipo;

d) fraudar licitação pública ou contrato dela decorrente;

e) criar, de modo fraudulento ou irregular, pessoa jurídica para participar de licitação pública ou celebrar contrato administrativo;

f) obter vantagem ou benefício indevido, de modo fraudulento, de modificações ou prorrogações de contratos celebrados com a administração pública, sem autorização em lei, no ato convocatório da licitação pública ou nos respectivos instrumentos contratuais; ou

g) manipular ou fraudar o equilíbrio econômico-financeiro dos contratos celebrados com a administração pública.

Nesses casos, o art. 17 reconhece a possibilidade de a administração pública também celebrar acordo de leniência com a pessoa jurídica responsável pela prática de ilícitos previstos na Lei de Licitações, com vistas à isenção ou atenuação das sanções administrativas estabelecidas em seus arts. 86 a 88, assim resumidas:

I) multa

II) advertência;

III) suspensão temporária de participação em licitação e impedimento de contratar com a Administração, por prazo não superior a 2 (dois) anos;

IV) declaração de inidoneidade para licitar ou contratar com a Administração Pública enquanto perdurarem os motivos determinantes da punição ou até que seja promovida a reabilitação perante a própria autoridade que aplicou a penalidade, que será concedida sempre que o contratado ressarcir a Administração pelos prejuízos resultantes e após decorrido o prazo da sanção aplicada com base no inciso anterior.

Trata-se de disposição que excepciona o artigo 30, inciso II, da Lei Anticorrupção.

De todo modo, diante do silêncio eloquente contido neste dispositivo, resta claro que o acordo de leniência não produz efeitos automáticos sobre a Lei 8.429/92.

Embora a questão seja tratada mais detalhadamente nos comentários ao artigo 30, temos que a independência de instâncias impede que o acordo de leniência produza efeito isentor das penas da Lei 8.429/92, que inclusive é textual ao vedar as transações, acordos ou conciliação (art. 17, p. 1º). Observe-se que a especialidade da Lei de Improbidade frente a Lei Penal é suficiente para refutar, por exemplo, a incidência da delação premiada em suas sanções, conforme já se decidiu: "Ação Civil Pública. Improbidade Administrativa. Dano ao Erário. Art. 10, incisos I, VIII e XI, da Lei n.º 8.429/92. Dispensa Indevida de Licitação. Delação Premiada. Instituto Restrito à Esfera Penal. Multa Civil. Critérios para a fixação. Proporcionalidade. As penalidades decorrentes da Lei de Improbidade Administrativa independem das sanções penais, civis e administrativas previstas quando um mesmo ato puder, com fundamento legal, justificar suas aplicações, sendo, contudo, necessária a adequação das penas à gravidade do ato praticado. Em se tratando das sanções por atos de improbidade administrativa, não há como se aplicar, analogicamente, os benefícios da delação premiada, mesmo porque, no presente feito, a procedência do pedido decorreu da documentação oriunda do tribunal de contas do Distrito Federal. Mesmo que o instituto da delação premiada não se destine ao caso dos autos, a contribuição do recorrente à justiça, aliado à confissão firmada em juízo, além dos princípios da razoabilidade e da proporcionalidade levam à diminuição da multa civil de duas vezes para uma vez o valor do dano causado ao erário." (TJ/DF, Rel. Des. Carmelita Brasil, Ap. Cível n.º 20050110626076, 2ª CC, julgado em 11.09.2013). Assim também já decidiu o TRF – 1ª Reg., Rel. Juiz Fed. Conv. Clemência Maria Almada Lima de Ângelo, Ap. Cível n.º 20044200001738, 4ª T., *DJ* de 2.06.2014.

A questão é, entretanto, complexa e desafia ampla reflexão.

O Acordo de Leniência, assim como a colaboração premiada, é fruto da onda atual da justiça negocial e da conformação da legislação do Brasil às diretrizes internacionais que flexibilizam a obrigatoriedade da ação penal (SUXBERGER, 2016, p. 14/15).

Consistem, em suma, na redução das penas aplicáveis ao agente infrator em troca de informações que possibilitam o descobrimento completo do ilícito cometido, sua reparação e inibição, admitindo espécies de transação. São técnicas premiais (LIMA, 2010. p. 273) de forte impacto pragmático sobre a atuação do Estado frente ao ilícito investigado.

A vedação de transação, acordo ou conciliação contida no art. 17, § 1º, da Lei 8.429/92 gera uma aparente contradição normativa com os diplomas acima citados. A suposta contradição consiste em tratamento desigual (GUEDES, 2014) dado pela legislação brasileira para enfrentar e debelar atos ilícitos análogos de diferentes modos, quando, na essência, a defesa dos princípios e regras da administração pública deveriam fomentar uma única política pública de combate a corrupção, afinal, essa base constitucional funciona como uma "caixa de ferramentas" (COUTINHO, 2013. p. 99) que, para além das especificidades de cada um dos ramos de vigência dessas normas, instituem um autêntico microssistema constitucional de combate a corrupção. Embasa ainda esse microssistema a teoria do diálogo das fontes que preconiza que as normas jurídicas não se excluem – supostamente porque pertencentes a ramos jurídicos distintos –, mas se complementam de modo a compor a premissa de uma visão unitária do ordenamento jurídico com vistas a guardar coerência e integridade, preconizadas por Ronald Dworkin (Ob. Cit., p. 213). Segundo o autor, em resumo, a coerência proporciona garantia da isonômica aplicação principiológica. Já a integridade é duplamente composta: a) princípio legislativo, que pede aos legisladores que tentem tornar o conjunto de leis moralmente coerentes; b) princípio jurisdicional, que demanda que a lei, tanto quanto o possível, seja vista como coerente nesse sentido.

Por isso, em princípio, é cabível a compatibilização entre esses sistemas sancionadores, sendo que as instâncias devem guardar similitude e correspectividade entre si.

Todavia, a falta de parâmetros legais para a utilização de institutos da Lei Anticorrupção, dentre eles o Acordo de Leniência, na Lei de Improbidade se mostram perigosos para adoção indiscriminada dessa compatibilização.

Admitido uso irrestrito desses institutos – colaboração premiada e acordo de leniência – à Lei de Improbidade, verifica-se o descumprimento do mandamento ou dever de tutela constitucional da probidade administrativa contido no art. 37, § 4º, da Constituição Federal, o que leva a violação do princípio da proporcionalidade na vertente da proibição da proteção deficiente.

Dito de outro modo, deve ser evitada pura e simples revogação da vedação de transação da lei de Improbidade e impedir a banalização de suas penas.

Além disso, a incidência dos efeitos da Colaboração Premiada e do Acordo de Leniência sobre os atos de improbidade administrativa deverá ocorrer com critérios bem delineados a fim de evitar que o solipsismo e o oportunismo entre as partes resultem em descrédito no sistema brasileiro de combate à corrupção e à insegurança jurídica.

Os critérios devem cumprir adequadamente o mandamento constitucional de tutela da probidade administrativa e impedir a proibição da proteção deficiente[74].

74. Com semelhante argumentação a Procuradoria-Geral da República deduziu a inconstitucionalidade da MP 703 na Adin no. 5.466/DF: "Embora seja desejável haver acordo de leniência com efeitos na Lei 8.429/1992 (a Lei da Improbidade Administrativa), para dar coerência ao sistema de acordos como instrumentos de combate à corrupção, a mera previsão de efeitos do acordo de leniência na Lei 8.429/1992 e sobre outras ações de natureza civil, sem marco regulatório com requisitos bem definidos e sem controle sobre a formalização do acordo, pode gerar efeito perverso de arbitrariedade (já que não existem parâmetros), sensação

Sendo assim, parece-nos necessário estabelecer como parâmetros mínimos os seguintes:

1 – em razão da integridade e da coerência do microssistema de combate à corrupção constituir-se uma via de mão dupla, só é permitida a negociação das sanções da Lei de improbidade de atos que correspondam estritamente aos crimes/atos objeto da Colaboração Premiada/Acordo de Leniência;

2 – Os resultados úteis (informações ou documentos) advindos do Acordo de Leniência sejam relativamente decisivos e novos no processo coletivo em que se deduz as sanções por improbidade administrativa. Trata-se de dar ao acordo celebrado uma função instrumental à ação de improbidade afinal, os resultados úteis ordinários levados ao conhecimento da autoridade pública na instância de responsabilidade da Lei anticorrupção podem ser compartilhados àquela outra instância da Improbidade;

3 – a redução das penas deve pautar-se nos mesmos patamares e proporção da redução das penas criminais e da lei anticorrupção, a fim de resguardar o núcleo duro da proteção constitucional da probidade administrativa;

4 – não pode haver renúncia de todas as sanções da Lei de Improbidade, sob pena de violação do princípio da proibição deficiente.

De qualquer forma, a ponderação a ser exercida nestes casos deve ser feita sempre na defesa integral do interesse público, situação que somente será objetivamente prevista após edição de lei que institua os parâmetros necessários para que o Acordo de Leniência produza efeitos nos atos de improbidade administrativa[75].

---

de impunidade e esvaziamento completo da eficácia de Lei da Improbidade Administrativa, uma das mais importantes no combate à vasta corrupção que flagela o estado e a sociedade brasileira".

75. Sobre o assunto houve a edição da Medida Provisória n.º 703 de 18 de dezembro de 2015 que previa a revogação do § 1º do artigo 17 da Lei 8.429/92 com o propósito de permitir a negociação das penas da lei de Improbidade Administrativa nos Acordos de Leniência celebrados com a Administração Pública. Duramente criticada por agentes estatais e setores empresariais, a Medida Provisória em questão não foi reeditada e perdeu eficácia em 29 de maio de 2016. Há no parlamento brasileiro ao menos três projetos de lei que buscam alterar a Lei de Improbidade Administrativa e possibilitar, de um modo ou de outro, a negociação de suas sanções.

CAPÍTULO VI

DA RESPONSABILIZAÇÃO JUDICIAL[76]

Art. 18. Na esfera administrativa, a responsabilidade da pessoa jurídica não afasta a possibilidade de sua responsabilização na esfera judicial.

Como já alertado nos comentários aos artigos pretéritos, a aplicação das sanções administrativas previstas no art. 5º (multa e/ou publicação da condenação) não impede o processo judicial visando a responsabilização civil da empresa. É que a partir do mesmo fato ilícito podem ser aplicadas cumulativamente sanções de natureza diversas (civil, administrativa e penal). Não há que se falar, nesse cenário, em *bis in idem* ou plural valoração do mesmo fato em prejuízo da pessoa implicada. De forma bastante didática, explica Ronaldo Pinheiro de Queiroz (ob. cit. p. 295-6):

> "A Lei 12.846/2013 dedica o seu Capítulo VI ao tema da responsabilização judicial, a qual é uma das esferas de responsabilidade prevista na norma, ao lado da responsabilização administrativa, tratada no Capítulo III.

---

76. Reza o art. 22 da Lei:

"Fica criado no âmbito do Poder Executivo federal o Cadastro Nacional de Empresas Punidas – CNEP, que reunirá e dará publicidade às sanções aplicadas pelos órgãos ou entidades dos Poderes Executivo, Legislativo e Judiciário de todas as esferas de governo com base nesta Lei.

§ 1º Os órgãos e entidades referidos no caput deverão informar e manter atualizados, no CNEP, os dados relativos às sanções por eles aplicadas.

§ 2º O CNEP conterá, entre outras, as seguintes informações acerca das sanções aplicadas: I – razão social e número de inscrição da pessoa jurídica ou entidade no Cadastro Nacional da Pessoa Jurídica – CNPJ; II – tipo de sanção; e III – data de aplicação e data final da vigência do efeito limitador ou impeditivo da sanção, quando for o caso.

§ 3º As autoridades competentes, para celebrarem acordos de leniência previstos nesta Lei, também deverão prestar e manter atualizadas no CNEP, após a efetivação do respectivo acordo, as informações acerca do acordo de leniência celebrado, salvo se esse procedimento vier a causar prejuízo às investigações e ao processo administrativo.

§ 4º Caso a pessoa jurídica não cumpra os termos do acordo de leniência, além das informações previstas no § 3º, deverá ser incluída no CNEP referência ao respectivo descumprimento.

§ 5º Os registros das sanções e acordos de leniência serão excluídos depois de decorrido o prazo previamente estabelecido no ato sancionador ou do cumprimento integral do acordo de leniência e da reparação do eventual dano causado, mediante solicitação do órgão ou entidade sancionadora.

> As condutas típicas descritas na lei, as quais encerram o preceito primário deste subsistema punitivo, encontram-se no art. 5º e são chamadas de atos lesivos à administração pública nacional ou estrangeira. Já os preceitos secundários – sanções – situam-se no art. 6º (esfera administrativa) e no art. 19 (esfera judicial). A violação ao preceito primário (art. 5º) dá ensejo à deflagração concomitante de responsabilização administrativa e judicial, cada uma com autonomia, competência, procedimento e sanções próprias".

Trata-se de dispositivo que institui um sistema de independência das instâncias de responsabilidade, adotando como critério os tipos previstos na própria Lei 12.846/13, sistemática pouco usual na legislação brasileira.

Veremos nos comentários ao artigo que segue essa outra responsabilização, agora judicial, das pessoas jurídicas infratoras.

Trata-se de hipótese de sanção aplicável em jurisdição necessária.

Art. 19. Em razão da prática de atos previstos no art. 5º desta Lei, a União, os Estados, o Distrito Federal e os Municípios, por meio das respectivas Advocacias Públicas ou órgãos de representação judicial, ou equivalentes, e o Ministério Público, poderão ajuizar ação com vistas à aplicação das seguintes sanções às pessoas jurídicas infratoras:

I – perdimento dos bens, direitos ou valores que representem vantagem ou proveito direta ou indiretamente obtidos da infração, ressalvado o direito do lesado ou de terceiro de boa-fé;

II – suspensão ou interdição parcial de suas atividades;

III – dissolução compulsória da pessoa jurídica;

IV – proibição de receber incentivos, subsídios, subvenções, doações ou empréstimos de órgãos ou entidades públicas e de instituições financeiras públicas ou controladas pelo poder público, pelo prazo mínimo de 1 (um) e máximo de 5 (cinco) anos.

§ 1º A dissolução compulsória da pessoa jurídica será determinada quando comprovado:

I – ter sido a personalidade jurídica utilizada de forma habitual para facilitar ou promover a prática de atos ilícitos; ou

II – ter sido constituída para ocultar ou dissimular interesses ilícitos ou a identidade dos beneficiários dos atos praticados.

§ 2º (VETADO).

§ 3º As sanções poderão ser aplicadas de forma isolada ou cumulativa.

§ 4º O Ministério Público ou a Advocacia Pública ou órgão de representação judicial, ou equivalente, do ente público poderá requerer a indisponibilidade de bens, direitos ou valores necessários à garantia do pagamento da multa ou da reparação integral do dano causado, conforme previsto no art. 7º, ressalvado o direito do terceiro de boa-fé.

O art. 19 começa anunciando os possíveis autores da ação cível de responsabilização da pessoa jurídica por ato lesivo à administração pública (nacional ou estrangeiro), conferindo legitimidade ativa concorrente e disjuntiva à União, Estados, Distrito Federal e Municípios, por meio das respectivas Advocacias Públicas ou órgãos de representação judicial, ou equivalentes, e ao Ministério Público[77]. Explica Ronaldo Pinheiro de Queiroz (ob. cit. p. 301):

> "No âmbito da responsabilização judicial, a Lei Anticorrupção conferiu legitimidade ativa às pessoas jurídicas de direito público lesada (União, Estados, Distrito Federal e Municípios) e ao Ministério Público (art. 19). São esses os legitimados coletivos para o ajuizamento de ação cível de responsabilização da pessoa jurídica por ato lesivo à administração pública.
>
> Para o exercício da pretensão de aplicação das sanções do art. 19 (judiciais), a legitimação é concorrente e disjuntiva. É concorrente porque os co-legitimados podem agir na persecução judicial, sendo certo que, por ser disjuntiva, não precisam comparecer

77. Quando ajuizada por co-legitimado, considerando versar sobre interesse público primário, a ação de responsabilização da empresa infratora terá o Ministério Público intervindo como fiscal do direito, desdobramento lógico das suas atribuições constitucionais na tutela dos interesses e direitos coletivos indisponíveis.

em juízo em litisconsórcio, podendo fazê-lo isoladamente e sem a anuência do outro. Esse método de legitimação é importante porque aumenta a tutela do direito, tendo em conta que cada legitimado tem autonomia para agir".

Stefan Hartmann, defende que:

> "Mesmo nos casos em que os atos lesivos tenham sido praticados em detrimento de autarquias e/ou fundações públicas, as quais são pessoas jurídicas de direito público, a ação deverá ser ajuizada pelo ente federativo ao qual tais entidades estão vinculadas, ou pelo Ministério Público competente. Exemplificando, se o Banco Central do Brasil (autarquia federal) for vítima de algum ato lesivo previsto na LAC, a legitimidade ativa caberá somente à União e ao Ministério Público Federal. Sucede que, no caso, apesar de as autarquias e as fundações pública possuírem capacidade de ser parte – e, portanto, poderem perseguir seus direitos em processo judicial –, o legislador optou por conferir legitimidade somente às entidades federativas propriamente ditas".

Não nos parece ser a melhor interpretação uma vez que a personalidade civil e a legitimidade ativa desses órgãos decorrem do Código Civil e de Processo Civil, respectivamente. Além disso, face o que dispõe o artigo 21 da Lei Anticorrupção, eventual controle sobre a pertinência temática do autor da demanda pode ser exercido pelo Judiciário.

A referida ação seguirá o rito previsto na Lei 7.347/85, analisado com mais detalhes nos comentários ao art. 21.

Agora, vamos estudar as sanções cominadas no artigo em comento:

I – perdimento dos bens, direitos ou valores que representem vantagem ou proveito direta ou indiretamente obtidos da infração, ressalvado o direito do lesado ou de terceiro de boa-fé;

Trata-se de sanção que tem fundamento constitucional no artigo 5º, inciso XLVI, b e previsão em outras leis, como Código Penal (art. 91, I, b), Lei de Lavagens de Capital (art. 7º, inciso I) e Lei 8.429/92 (art. 12, I e II). A sanção tipificada no inciso inaugural recai sobre os bens, direitos ou valores correspondentes à vantagem ou proveito direta ou indiretamente obtidos com o ato lesivo. A finalidade óbvia é atingir o patrimônio da empresa infratora, fazendo com que volte ao estado preexistente ao ato lesivo. A sua imposição, portanto, pressupõe o enriquecimento indevido.

Por outro lado, a sanção é cabível ainda que inexista dano ao erário recaindo sobre todos os ganhos que a pessoa jurídica aferiu com a prática do ato ilícito, sejam coisas adquiridas diretamente com o ilícito, sejam as adquiridas a partir daquelas. Assim caso a empresa converta em outros bens ou valores o que auferiu por conta do ilícito, por exemplo, compra imóveis e carros, deve ter esses bens alcançados por esta pena.

A exemplo da multa, o art. 24 orienta que o perdimento de bens, direitos ou valores aplicados com fundamento nesta Lei serão destinados preferencialmente aos órgãos ou entidades públicas lesadas.

Como anota Mateus Bertoncini (Ob. Cit. p. 253), há imprecisão na ressalva final referente aos direitos do lesado ou terceiro de boa-fé, principalmente se considerarmos que o lesado é a própria administração pública, nacional ou estrangeira, que requererá a aplicação da medida.

II - suspensão ou interdição parcial de suas atividades;

Tem amparo constitucional no artigo 5º., inciso XLVI, "e". Igual sanção está prevista em outras legislações específicas, como a Lei de Proteção ao Meio Ambiente (Lei 9.605/98), Lei de Defesa da Ordem Econômica (Lei 12.529/11), Lei de Licitações (art. 87, III e IV, da Lei 8.666/93), Código Penal (art. 47) atingindo suas atividades ou certos ambientes, sem perturbar sua estrutura.

Suspende-se, por exemplo, determinada área de atuação da empresa responsabilizada, comprometida com a prática de atos de corrupção, preservando as demais. Suspende-se somente a área "contaminada". Se a corrupção ocorre numa determinada filial de uma grande multinacional, pode o magistrado interditar somente a filial comprometida.

A Lei não fixou o período de tempo da suspensão ou interdição, devendo o magistrado, aquilatando o caso concreto, decidir o período de paralisação das atividades da empresa punida com base, em especial, nas circunstâncias do art. 7º.

III - dissolução compulsória da pessoa jurídica;

Trata-se de sanção que tem amparo no artigo 5º, XIX, da CF e previsão no artigo 1033, V, do Código Civil, art. 206 da Lei 6.404/76 e como decorrência da falência (Lei nº 11.101/2005.

É a pena máxima, equivalente à pena de morte da pessoa física, reservada para os atos lesivos mais graves. Há conexão direta desta sanção com os atos ilícitos previstos no artigo 5º., III e IV 'e', da Lei Anticorrupção. De acordo com o § 1º, a dissolução compulsória da pessoa jurídica será determinada quando comprovado: I – ter sido a personalidade jurídica utilizada de forma habitual para facilitar ou promover a prática de atos ilícitos; ou II – ter sido constituída para ocultar ou dissimular interesses ilícitos ou a identidade dos beneficiários dos atos praticados.

Ronaldo Pinheiro de Queiroz, não sem razão, observa (ob. cit. p. 326):

> "A sentença que decreta a dissolução compulsória da pessoa jurídica tem natureza constitutiva negativa, já que extingue uma situação jurídica. Assim, para efeito de cumprimento, essa decisão prescinde de atividade executiva material, pois a sua natureza constitutiva certifica e efetiva um direito potestativo, cabendo ao juízo apenas oficiar ao respectivo Cartório de Registro de Pessoa Jurídica e Junta Comercial para promoverem a devida assentada da extinção da empresa".

A dissolução compulsória da pessoa jurídica não se confunde com a desconsideração da personalidade jurídica da pessoa jurídica. Aquela se destina a extinguir a própria existência da pessoa jurídica enquanto está, sem atingir a sua existência propriamente dita, busca permitir que o patrimônio dos sócios, antes inconfundíveis e inalcançáveis, venham a responder pelos atos da pessoa jurídica.

Embora a dissolução compulsória da pessoa jurídica resulte na paralisação de suas atividades, como bem observa Juliano Heinen, não a extingue imediatamente uma vez que sua existência continua operando efeitos até a fase de liquidação, conforme prevê o artigo 207 da Lei das Sociedades Anônimas e artigo 51, p. 3º, do Código Civil (Ob. Cit. p. 261). Na fase de liquidação são realizados os ativos, pagos os passivos e destinado a quem de direito o saldo que houver.

Como já sustentamos, essa sanção não pode ser aplicada para as estatais. Embora seja difícil a caracterização dos pressupostos para aplicação dessa pena, temos que a extinção dessas pessoas jurídicas é parte de uma decisão política direta dos Poderes Legislativo e Executivo, indevassável, portanto, ao Judiciário.

IV – proibição de receber incentivos, subsídios, subvenções, doações ou empréstimos de órgãos ou entidades públicas e de instituições financeiras públicas ou controladas pelo poder público, pelo prazo mínimo de 1 (um) e máximo de 5 (cinco) anos.

É sanção que tem amparo no artigo 5º., LXVI, 'e', da CF e semelhança parcial com a prevista no artigo 12 da Lei 8.429/92. Sobre esta sanção, Emerson Garcia leciona (ob. cit. p. 709):

> "À expressão Poder Público deve ser dispensada interpretação condizente com a teleologia da norma, alcançando a administração pública, direta e indireta, de qualquer dos Poderes da União, dos Estados, do Distrito Federal e dos Municípios, e não somente o sujeito passivo do ato de improbidade praticado pelo ímprobo. A aplicação dessa sanção resulta da incompatibilidade verificada entre a conduta do ímprobo e o vínculo a ser mantido com a administração pública, o que torna desinfluente qualquer especificidade em relação a esta, já que a sanção circunda a esfera subjetiva do ímprobo, a qual não é delimitada pelo ente que tenha sido lesado pelo ato de improbidade, tornando-se extensiva a todos os demais".

Ao impor as penas restritivas de direitos às pessoas jurídicas, procurou-se fazer cessar qualquer conduta lesiva à administração pública, pois com a suspensão ou interdição parcial de atividade, a negativa de subsídios e a proibição de contratação com o Poder Público, é certo que a pessoa jurídica condenada terá maior dificuldade para prosseguir seus projetos ilícitos.

Frise-se que de nada valeria a imposição de uma simples multa ou a aplicação de uma pena ao dirigente da pessoa jurídica que tivesse lesado o erário, se esta pudesse dar prosseguimento às suas atividades ilegais.

Das sanções judiciais anunciadas no presente artigo, a do inc. IV é a única que pode ser transacionada em eventual acordo de leniência (art. 16). Aqui merece uma crítica. Quanto maior o rol de incentivos oferecidos, maiores são as chances de a pessoa jurídica infratora "arrepender-se" e colaborar eficazmente com a administração lesada. Percebam que o acordo que vier ela eventualmente celebrar, por mais colaborativa que seja, não lhe garante sequer continuar em atividade, pois está sujeita à dissolução compulsória (art. 19, inc. III).

E se, constatada a prática do ato lesivo, a pessoa jurídica for dissolvida durante a apuração ou o processo administrativo?

Não vemos óbice à continuidade da apuração ou do processo, nem à aplicação da pena, desde que isso ocorra antes da liquidação. É que o art. 51 do Código Civil dispõe que "Nos casos de dissolução da pessoa jurídica ou cassada a autorização para seu funcionamento, ela subsistirá para os fins de liquidação, até que esta se conclua". Logo, até o momento em que se dê a liquidação, a pessoa jurídica deve responder por suas obrigações, embora nem todas as penas sejam compatíveis com a situação da pessoa jurídica em dissolução.

Também esta sanção não nos afigura possível de ser aplicável às estatais uma vez que sem a subvenção do Poder Público não há como essas pessoas jurídicas formarem capital social. A aplicação dessa pena na espécie levaria ao estrangulamento financeiro e a inviabilidade dessas pessoas jurídicas, situação que parece incompatível com a separação dos Poderes como dito acima.

Sobre a aplicação isolada ou cumulada das sanções, segundo o princípio da proporcionalidade, remetemos o estudo aos comentários ao artigo 6º.

Art. 20. Nas ações ajuizadas pelo Ministério Público, poderão ser aplicadas as sanções previstas no art. 6º, sem prejuízo daquelas previstas neste Capítulo, desde que constatada a omissão das autoridades competentes para promover a responsabilização administrativa.

A Lei, prevendo que as sanções administrativas cominadas no art. 6º (multa e publicação da sentença condenatória) podem não ser concretizadas por inércia ou mora da própria administração lesada pelo nefasto ato, autoriza o Ministério Público, como autor, requerer sua aplicação na ação civil de responsabilização da pessoa jurídica infratora. Cumulará os pedidos, requerendo ao juiz a aplicação das sanções do art. 6º cumuladas com as do art. 19.

É importante observar que o Ministério Público, nos casos de inação das autoridades competentes para promover a responsabilização administrativa, aparece como legitimado único para requerer as penalidades do art. 6º em concurso com as judicias. Nesse tanto, merece ser transcrita o pertinente alerta feito por Ronaldo Pinheiro de Queiroz (ob. cit. p. 296):

> "Essa ação especial de responsabilização total da pessoa jurídica tem caráter residual, de modo que o pedido de aplicação das sanções do art. 6º somente é juridicamente possível se o Ministério Público demonstrar ao juiz que essa condição da ação também está preenchida, ou seja, que de fato houve omissão da autoridade administrativa".

Essa omissão (inércia ou mora), nos termos do art. 27 da Lei, pode importar para a autoridade competente responsabilidades penal, civil e administrativa, nos termos da legislação específica aplicável.

Art. 21. Nas ações de responsabilização judicial, será adotado o rito previsto na Lei nº 7.347, de 24 de julho de 1985.

Parágrafo único. A condenação torna certa a obrigação de reparar, integralmente, o dano causado pelo ilícito, cujo valor será apurado em posterior liquidação, se não constar expressamente da sentença.

O dispositivo invoca a Lei de ação civil pública que é o diploma legal que regulamenta o processo coletivo no Brasil. A previsão é coerente com os interesses tutelados pela Lei Anticorrupção, essencialmente difusos. Neste sentido é a lição de Mateus Bertoncini (Ob. Cit. p. 262):

> "Ao se combater a corrupção protege-se para além do patrimônio público, pertencente à toda coletividade -portanto, interesse difuso-, outros interesses difusos de igual ou superior importância, como o respeito aos princípios constitucionais que informam a administração pública (legalidade, impessoalidade, moralidade, publicidade, eficiência, etc.), a justiça, a democracia e a ordem jurídica como um todo. Nesse sentido, aliás, esclarecedora é a leitura do preâmbulo da Convenção Interamericana contra a Corrupção".

O dispositivo insere, portanto, a Lei Anticorrupção no microssistema da tutela coletiva de modo que as regras e institutos processuais daquele sistema são aqui aplicáveis naquilo que forem compatíveis. Aplica-se então a regra de competência para processar e julgar ação civil pública que é absoluta e se dá em função do local onde ocorreu o dano (STJ. 1ª Seção. AgRg nos EDcl no CC 113.788-DF, Rel. Min. Arnaldo Esteves Lima, julgado em 14/11/2012).

Por força do artigo 3º da Lei 7.347/85 e art. 83 do CDC, de serem deduzidos nesta ação todos os tipos de provimentos jurisdicionais.

A segunda é quanto à possibilidade de serem cumulados pedidos que visem a tutela dos interesses difusos, ainda que diferentes das sanções previstas na Lei Anticorrupção.

Podem ser cumulados, numa mesma ação, pedidos referentes a outros interesses difusos, como uma ação ambiental, por exemplo, ou pedidos de condenação por danos morais coletivos ou sociais, ou de obrigação de fazer, como por exemplo, para compelir uma empresa adotar um programa de integridade ou *Compliance*, conforme exposto no comentário referente a este instituto[78].

Também parece admissível serem cumulados os pedidos de condenação às sanções da Lei de Improbidade Administrativa, desde que, óbvio, haja a necessária identificação do agente público responsável pelo ato[79].

O art. 21, parágrafo único, assegura que a condenação torna certa a obrigação de reparar, integralmente, o dano causado pelo ilícito, cujo valor será apurado em posterior liquidação, se não constar expressamente da sentença. Ronaldo Pinheiro de Queiroz pontifica (ob. cit. p. 328):

> "A obrigação de reparar o dano não pode ser considerada uma pena propriamente dita, estando situada no plano da responsabilidade civil, do dever jurídico de ressarcir o dano causado a outrem por ato ilícito (CC, art. 927; CRFB/88, art. 37, § 5º).
>
> Caso a sentença condenatória seja ilíquida, não tendo alcançado o montante integral do dano, caberá à parte requerer a apuração de seu valor em liquidação, a qual geralmente dar-se-á na modalidade por artigos, ante a necessidade de prova de fato novo. Isso porque geralmente o magistrado não alcança o valor exato

78. Mutatis mutantis, já se decidiu: Na hipótese de ação civil pública proposta em razão de dano ambiental, é possível que a sentença condenatória imponha ao responsável, cumulativamente, as obrigações de recompor o meio ambiente degradado e de pagar quantia em dinheiro a título de compensação por dano moral coletivo. STJ. 2ª Turma. REsp 1.328.753-MG, Rel. Min. Herman Benjamin, julgado em 28/5/2013 (Info 526).

79. Não é possível a propositura de ação de improbidade exclusivamente contra o particular, sem a concomitante presença de agente público no polo passivo da demanda. STJ. 1ª Turma. REsp 1.171.017-PA, Rel. Min. Sérgio Kukina, julgado em 25/2/2014.

do dano ao Erário durante a fase de conhecimento porque isso exigiria um esforço de instrução além do razoável, gastando-se energia do processo para uma questão lateral, uma vez que o ressarcimento é apenas um efeito secundário na sentença condenatória da Lei Anticorrupção".

Anote-se que a obrigação de reparar o dano pode decorrer tanto de instâncias administrativas, como judiciais, ainda que simultâneas. Nestes casos, como já decidiu o STJ, não configura *bis in idem* a coexistência de título executivo extrajudicial (acórdão do TCU) e sentença condenatória em ação civil pública de improbidade administrativa que determinam o ressarcimento ao erário e se referem ao mesmo fato, desde que seja observada a dedução do valor da obrigação que primeiramente foi executada no momento da execução do título remanescente. STJ. 1ª Turma. REsp 1.413.674-SE, Rel. Min. Olindo Menezes (Desembargador Convocado do TRF 1ª Região), Rel. para o acórdão Min. Benedito Gonçalves, julgado em 17/5/2016 (Info 584).

CAPÍTULO VII
DISPOSIÇÕES FINAIS

Art. 22. Fica criado no âmbito do Poder Executivo federal o Cadastro Nacional de Empresas Punidas - CNEP, que reunirá e dará publicidade às sanções aplicadas pelos órgãos ou entidades dos Poderes Executivo, Legislativo e Judiciário de todas as esferas de governo com base nesta Lei.

§ 1º Os órgãos e entidades referidos no caput deverão informar e manter atualizados, no Cnep, os dados relativos às sanções por eles aplicadas.

§ 2º O Cnep conterá, entre outras, as seguintes informações acerca das sanções aplicadas:

I - razão social e número de inscrição da pessoa jurídica ou entidade no Cadastro Nacional da Pessoa Jurídica - CNPJ;

II - tipo de sanção; e

III - data de aplicação e data final da vigência do efeito limitador ou impeditivo da sanção, quando for o caso.

§ 3º As autoridades competentes, para celebrarem acordos de leniência previstos nesta Lei, também deverão prestar e manter atualizadas no Cnep, após a efetivação do respectivo acordo, as informações acerca do acordo de leniência celebrado, salvo se esse procedimento vier a causar prejuízo às investigações e ao processo administrativo.

§ 4º Caso a pessoa jurídica não cumpra os termos do acordo de leniência, além das informações previstas no § 3º, deverá ser incluída no Cnep referência ao respectivo descumprimento.

§ 5º Os registros das sanções e acordos de leniência serão excluídos depois de decorrido o prazo previamente estabelecido no ato sancionador ou do cumprimento integral do acordo de leniência e da reparação do eventual dano causado, mediante solicitação do órgão ou entidade sancionadora.

Atuando com a mesma finalidade do Serviço de Proteção ao Crédito (SPC), o Cadastro Nacional de Empresas Punidas - CNEP (bem como o Cadastro Nacional de Empresas Inidôneas e Suspensas – CEIS, previsto no artigo seguinte), Cadastro Nacional de Condenações Cíveis por Atos de Improbidade Administrativa-CNCIAI, mantido pelo CNJ, aparece como importante instrumento para a administração e a sociedade fiscalizarem o correto cumprimento da lei, obedecendo, assim, um dos mandamentos constitucionais estampados no art. 37, *caput*, (dever de publicidade). Aliás, como bem lembra Bruno Calabrich (ob. cit. p. 340):

> "Os cadastros públicos também atendem aos compromissos firmados pelo Brasil por meio da Convenção Interamericana contra a Corrupção (decreto nº 4.410/2002), no sentido de "(...) criar, manter e fortalecer (...) mecanismos para estimular a participação da sociedade civil e de organizações não governamentais nos esforços para prevenir a corrupção" (art. 3, 11, da Convenção Interamericana contra a Corrupção), e pela Convenção das Nações Unidas contra a Corrupção (decreto nº 5.687/2003), de "(...) garantir o acesso eficaz do público à informação" (art. 3, 1, b, da Convenção das Nações Unidas contra a Corrupção)".

A obrigação de informar e manter atualizados os Cadastros é dos órgãos e entidades referidos no caput, e independe de instauração de novo processo administrativo, afinal, as garantias da ampla defesa e contraditório foram exercidas no processo (administrativo ou judicial) que antecedeu a condenação. Na verdade, trata-se de efeito automático da decisão condenatória.

> **ATENÇÃO**: O CNEP está previsto no art. 45 do Decreto Presidencial 8.420/15:
>
> Art. 45. O Cadastro Nacional de Empresas Punidas – CNEP conterá informações referentes:
>
> I – às sanções impostas com fundamento na Lei nº 12.846, de 2013; e
>
> II – ao descumprimento de acordo de leniência celebrado com fundamento na Lei nº 12.846, de 2013.
>
> Parágrafo único. As informações sobre os acordos de leniência celebrados com fundamento na Lei nº 12.846, de 2013, serão registradas no CNEP após a celebração do acordo, exceto se causar prejuízo às investigações ou ao processo administrativo.

De acordo com o §5º do art. 22, os registros das sanções e acordos de leniência serão excluídos depois de decorrido o prazo previamente estabelecido no ato sancionador ou do cumprimento integral do acordo de leniência e da reparação do eventual dano causado, mediante solicitação do órgão ou entidade sancionadora.

> **ATENÇÃO**: O Decreto Presidencial 8.420/15 regulamenta no art. 47 não apenas o procedimento de exclusão do CNEP, mas também do CEIS:
>
> Art. 47. A exclusão dos dados e informações constantes do CEIS ou do CNEP se dará:
>
> I – com fim do prazo do efeito limitador ou impeditivo da sanção; ou
>
> II -mediante requerimento da pessoa jurídica interessada, após cumpridos os seguintes requisitos, quando aplicáveis:
>
> a) publicação da decisão de reabilitação da pessoa jurídica sancionada, nas hipóteses dos incisos II e VI do **caput** do art. 43;
>
> b) cumprimento integral do acordo de leniência;
>
> c) reparação do dano causado; ou
>
> d) quitação da multa aplicada.

Art. 23. Os órgãos ou entidades dos Poderes Executivo, Legislativo e Judiciário de todas as esferas de governo deverão informar e manter atualizados, para fins de publicidade, no Cadastro Nacional de Empresas Inidôneas e Suspensas – CEIS, de caráter público, instituído no âmbito do Poder Executivo federal, os dados relativos às sanções por eles aplicadas, nos termos do disposto nos arts. 87 e 88 da Lei nº 8.666, de 21 de junho de 1993.

Art. 37. A empresa pública e a sociedade de economia mista deverão informar os dados relativos às sanções por elas aplicadas aos contratados, nos termos definidos no art. 83, de forma a manter atualizado o cadastro de empresas inidôneas de que trata o art. 23 da Lei nº 12.846, de 1º de agosto de 2013.

ATENÇÃO: O CEIS está regulamentado nos arts. 43 e 44, ambos do Decreto Presidencial 8.420/15:

Art. 43. O Cadastro Nacional de Empresas Inidôneas e Suspensas – CEIS conterá informações referentes às sanções administrativas impostas a pessoas físicas ou jurídicas que impliquem restrição ao direito de participar de licitações ou de celebrar contratos com a administração pública de qualquer esfera federativa, entre as quais:

I – suspensão temporária de participação em licitação e impedimento de contratar com a administração pública, conforme disposto no inciso III do caput do art. 87 da Lei nº 8.666, de 1993;

II – declaração de inidoneidade para licitar ou contratar com a administração pública, conforme disposto no inciso IV do caput do art. 87 da Lei nº 8.666, de 1993;

III – impedimento de licitar e contratar com União, Estados, Distrito Federal ou Municípios, conforme disposto no art. 7º da Lei nº 10.520, de 17 de julho de 2002;

IV – impedimento de licitar e contratar com a União, Estados, Distrito Federal ou Municípios, conforme disposto no art. 47 da Lei nº 12.462, de 4 de agosto de 2011;

V – suspensão temporária de participação em licitação e impedimento de contratar com a administração pública, conforme disposto no inciso IV do caput do art. 33 da Lei nº 12.527, de 18 de novembro de 2011; e

VI – declaração de inidoneidade para licitar ou contratar com a administração pública, conforme disposto no inciso V do caput do art. 33 da Lei nº 12.527, de 2011.

Art. 44. Poderão ser registradas no CEIS outras sanções que impliquem restrição ao direito de participar em licitações ou de celebrar contratos com a administração pública, ainda que não sejam de natureza administrativa.

Art. 24. A multa e o perdimento de bens, direitos ou valores aplicados com fundamento nesta Lei serão destinados preferencialmente aos órgãos ou entidades públicas lesadas.

Art. 25. Prescrevem em 5 (cinco) anos as infrações previstas nesta Lei, contados da data da ciência da infração ou, no caso de infração permanente ou continuada, do dia em que tiver cessado.

Parágrafo único. Na esfera administrativa ou judicial, a prescrição será interrompida com a instauração de processo que tenha por objeto a apuração da infração.

Prescrição é o limite temporal ao direito de punir ou executar punição imposta, impedindo a eternização do poder punitivo estatal. É resultado da inércia do Poder Público na apuração do ato ilícito ou execução da sanção aplicada.

Prescrevem em 5 (cinco) anos as infrações previstas nesta Lei, contados da data da ciência da infração ou, no caso de infração permanente ou continuada, do dia em que tiver cessado. Foi mantido o mesmo prazo prescricional quinquenal da Lei nº 9.873/1999 que é o prazo para a ação punitiva da Administração Pública federal no exercício do poder de polícia (art. 1º).

No que concerne ao termo inicial da prescrição, interessante a posição levantada por Bruno Calabrich (ob. cit. p. 344):

> "Ainda no que toca ao início do curso do prazo prescricional, cremos que há espaço para avanço na jurisprudência quando se tratar de fato 'notório', a exemplo de fatos divulgados amplamente pela imprensa. Nesses casos, talvez devesse ser considerado o

> dia da publicação, desde que seja possível delimitar claramente a conduta em questão (i.e., o fato tem que ser precisamente identificado; não são suficientes meras 'suspeitas' nem acusações 'genéricas' a respeito de infrações supostamente perpetradas). Em situações em que não houver uma comunicação formal ao órgão, entender que o curso da prescrição ainda dependeria de um ato do administrador declarando sua ciência – ou seja, que a ciência da autoridade acontecerá apenas quando a for 'documentada' em ato de ofício – acarretaria a injustiça de deixar ao alvedrio do agente público fixar, a seu talante, o início do curso do prazo de prescrição. A prescrição, é importante lembrar, não é somente uma sanção para o Estado, quando se queda inerte; é, antes disso, um direito do administrado, que não pode conviver indefinidamente com a ameaça de uma punição".

No caso de infração permanente ou continuada, a prescrição começa a correr do dia em que tiver cessado. A Lei não conceitua essas espécies de infrações (continuada e permanente), obrigando a doutrina a socorrer-se do Direito Penal. Vejamos.

Tem-se crime permanente nos casos em que a sua consumação se protrai no tempo, prolongando-se até que o agente cesse a conduta delituosa. Aplicando-se esse conceito à Lei 12.846/13, teremos infração permanente quando a sua consumação se prolongar no tempo, isto é, até que a empresa infratora cesse o ato lesivo. Imaginemos a *criação, de modo fraudulento ou irregular, pessoa jurídica para participar de licitação pública ou celebrar contrato administrativo.* Esse ato traz evidente e concreto perigo aos interesses da administração pública (art. 5º, inc. IV, "e"). A prescrição da pretensão punitiva, nesse caso, começa a correr do dia em que for extinta a empresa de "fachada" ou "laranja".

Verifica-se a continuidade delitiva (ou crime continuado), estampada no art. 71 do CP, quando o sujeito, guiado pela mesma unidade de propósito, mediante pluralidade de condutas, realiza uma série de crimes da mesma espécie, guardando entre si um elo de continuidade (em especial, as mesmas condições de tempo, lugar e maneira de execução). Transportando essa lição para a Lei em comento, teremos infração administrativa continuada quando a empresa infratora, guiada pela mesma unidade de propósito, mediante pluralidade de condutas, realizar uma série de atos lesivos à administração (nacional ou estrangeira), atos da mesma espécie, guardando entre si um elo de continuidade.

Os requisitos exigidos pelo Direito Penal para configurar o crime continuado – e que devem ser observados pela Lei 12.846/13 – são:

a) pluralidade de condutas

b) pluralidade de crimes [atos lesivos] da mesma espécie. Por atos lesivos da mesma espécie devemos entender aqueles previstos no mesmo inciso típico do art. 5º da Lei 12.846/13.

c) elo de continuidade. As infrações parcelares devem ser cometidas:

   c1) nas mesmas condições de tempo. Apesar de no Direito Penal prevalecer o entendimento (regra) de que o instituto jurídico do crime continuado é afastado quando os crimes são praticados em lapso superior a 30 dias, a própria jurisprudência ressalva esse limite em se tratando de crimes tributários, admitindo, a depender do tributo e a periodicidade do fato gerador, hiato temporal de até 7 (sete) anos[80]. Considerando a natureza dos atos lesivos previstos no art. 5º, esse lapso excepcional admitido para os crimes tributários deve nortear a Lei 12.846/13, sob pena de ser inviabilizar o instituto da continuidade delitiva.

   c2) nas mesmas condições de lugar. Para a jurisprudência penal, haverá as mesmas condições de lugar quando os crimes são praticados na mesma comarca (ou em comarcas vizinhas). Também aqui sugerimos um temperamento no rigorismo do requisito. É sabido que a mesma empresa raramente atua na mesma cidade, mas em várias, celebrando contratos com poderes públicos variados, de todas as esferas. Logo, sugerimos presente essa condição de lugar como mesma unidade da federação.

   c3) com o mesmo modo de execução. A semelhança na maneira de execução se traduz no *modus operandi* de realizar a conduta lesiva. Maneira de execução é o modo, a forma, o estilo de praticar o ato, que, na verdade, é apenas mais um dos requisitos objetivos da continuidade.

80. Cf. STF – Tribunal Pleno – AP 516 – Rel. Min. Ayres Britto – DJe 20/09/2011.

d) por fim, no crime continuado é indispensável a homogeneidade subjetiva, isto é, que os vários crimes [atos lesivos] resultem de plano previamente elaborado pelo agente. Deve existir um dolo unitário ou global, que torne coesas todas as infrações cometidas, permitindo, assim, distinguir com segurança a continuidade do da habitualidade criminosa [81].

Na esfera administrativa ou judicial, a prescrição será interrompida com a instauração de processo que tenha por objeto a apuração da infração (art. 25, parágrafo único). Como bem observa Bruno Calabrich (ob. cit. p. 345):

> "Note-se que, para um mesmo fato, podem incidir sucessivamente esses dois marcos interruptivos: como a lei não excepciona, a prescrição será interrompida tanto com a instauração de um processo administrativo quanto com a instauração de um processo judicial sobre uma mesma infração.
>
> Embora não mencionado no art. 25 da lei, é importante observar que o curso do prazo de prescrição também é interrompido com a celebração do acordo de leniência, nos termos do art. 16, § 9º, do mesmo diploma".

Por fim, dessa prescrição deve ser ressalvada a obrigação de ressarcimento de dano ao erário, que, por não ser pena no sentido retributivo (mas reparador), é imprescritível nos termos do art. 37, §5º, da CF/88. Neste sentido defende Eduardo Cambi (Ob. Cit. p. 20):

> "Logo, o artigo 25 da Lei Anticorrupção não pode ser aplicado para impedir a reparação integral dos danos causados, fazendo incidir a prescrição, tão-somente, sobre as demais sanções às pessoas jurídicas infratoras, contidas no artigo 19 (suspensão ou interdição parcial de suas atividades, dissolução compulsória e proibição de receber incentivos, subsídios, subvenções, doações ou empréstimos de órgãos ou entidades públicas e instituições

81. Nesse sentido decidiu o **STJ**: *"A jurisprudência desta Corte consolidou-se no sentido da aplicação da teoria objetiva-subjetiva, pela qual o reconhecimento da continuidade delitiva dependente tanto do preenchimento dos requisitos objetivos (tempo, modus operandi, lugar, etc.), **como do elemento subjetivo, qual seja, a unidade de desígnios*** (HC 240.457/SP, Rel. Min. Alderita Ramos de Oliveira – DJe 01/07/2013). O STF possui o mesmo entendimento: *"Para a caracterização do crime continuado faz-se necessária a presença tanto dos elementos objetivos quanto **subjetivos**"* (HC 101049 – Rel. Min. Ellen Gracie – DJe 21/05/2010).

financeiras públicas ou controladas pelo poder público, pelo prazo mínimo de um e máximo de cinco anos)".

Art. 26. A pessoa jurídica será representada no processo administrativo na forma do seu estatuto ou contrato social.

§ 1º As sociedades sem personalidade jurídica serão representadas pela pessoa a quem couber a administração de seus bens.

§ 2º A pessoa jurídica estrangeira será representada pelo gerente, representante ou administrador de sua filial, agência ou sucursal aberta ou instalada no Brasil.

Art. 27. A autoridade competente que, tendo conhecimento das infrações previstas nesta Lei, não adotar providências para a apuração dos fatos será responsabilizada penal, civil e administrativamente nos termos da legislação específica aplicável.

É dever indisponível da autoridade competente, ao tomar conhecimento da prática de ato lesivo à administração pública (nacional ou estrangeira), adotar as medidas necessárias para a cabal apuração dos fatos. Sua omissão (inação ou morosidade) pode gerar responsabilidades civil (improbidade administrativa), administrativa (infração disciplinar) e penal (crime ou contravenção penal).

O crime mais comum em casos tais certamente é o de prevaricação, tipificado no art. 319 do CP[82], que procura proteger a administração contra os comportamentos de servidores desidiosos, que ignoram cumprir o seu dever, preferindo satisfazer interesse próprio em detrimento da coletividade[83].

---

82. A prevaricação não se confunde com a corrupção passiva privilegiada (§ 2º do art. 317). Nesta, o funcionário atende a pedido ou influência de outrem. Naquela (prevaricação) não há tal pedido ou influência. O agente busca satisfazer interesse ou sentimento pessoal. Difere da Condescendência criminosa (art. 320) na medida em que neste delito inexiste o elemento normativo do tipo.

83. A Lei 1.079/50 (art. 9º) traz algumas figuras específicas de prevaricação, aplicadas ao Presidente da República, Ministros de Estado, Ministros do STF e Procurador-Geral da República. Tratando-se de Prefeitos, não somente o Decreto-lei 201/67 regula hipóteses especiais do crime em estudo (art. 1º, V a XXIII), mas também a Lei 6.766/79 (art. 52). Lembramos, ainda,

A prevaricação "consiste essencialmente no fato de espontaneamente o funcionário se desgarrar do sentido de finalidade pública que deve ser a de toda a sua vida funcional, para, no caso, em vez disto, ter a sua ação norteada para o que se lhe afigure o seu interesse ou lhe pareça condizente com sentimento seu, pessoal" [84].

Trata-se de uma espécie de "autocorrupção", no sentido de que o funcionário se deixa levar por alguma vantagem indevida que pretende obter para si, violando, por isso, seus próprios deveres funcionais. Três são as formas de praticar o crime: retardando (atrasar, procrastinar) ato de ofício; deixando de praticá-lo (omissão); e, por fim, praticando-o de forma ilegal. Em qualquer caso, porém, é necessário que o ato retardado, omitido ou praticado se revele contra disposição expressa de lei (norma penal em branco).

Havendo certa discricionariedade na conduta escolhida, não há que se falar em crime [85].

É necessário, ainda, que o funcionário tenha atribuição para a prática do ato, vez que, se o ato praticado, omitido ou retardado não era da sua competência, não se pode considerar violação ao dever funcional. Nem pode haver prevaricação se o ato praticado, omitido ou retardado não está entre as atribuições/competência do agente público. O delito caracteriza-se pela infidelidade ao dever funcional e pela parcialidade em seu desempenho.

O crime exige dolo, ou seja, vontade consciente de o agente retardar, omitir ou praticar ilegalmente ato de ofício, acrescido do intuito de satisfazer interesse ou sentimento pessoal (elemento subjetivo do tipo) [86], colocando o seu interesse particular acima do interesse público. O interesse, porém, não deve ser de natureza material, pois, nesse caso incide no campo da corrupção passiva, e não no campo da prevaricação, - delito menos grave, ao qual se destinam penas reduzidas.

---

que as autoridades administrativas que tiverem conhecimento de crime de sonegação fiscal remeterão ao Ministério Público os elementos comprobatórios da infração, para instrução do procedimento criminal cabível, sob pena de responsabilidade penal pela prática do crime de prevaricação, se assim agirem para satisfazer interesse ou sentimento pessoal (art. 7º da Lei 4.729/65).

84. Magalhães Drumond (ob. cit. p. 302

85. Nesse sentido: TJSP, 4.ª C., HC 180.871-3-0, rel. Des. Emeric Levai, j. 13.03.1995.

86. 'Sentimento pessoal' são palavras que abrangem enorme variedade de motivos, como ódio, a inveja, amor e a simples amizade. É possível prevaricar visando-se prejudicar e visando-se favorecer a alguém.

Não se pune a forma culposa, podendo acarretar responsabilidade civil ou sanção administrativa.

Consuma-se o crime com o retardamento, a omissão ou a prática do ato, sendo dispensável a satisfação do interesse visado pelo servidor. Quanto à possibilidade da tentativa, parece possível apenas nas formas comissivas, hipótese em que o delito permite o fracionamento da sua execução.

O ato de improbidade decorrente deste comportamento desidioso está previsto no artigo 11, II, da Lei 8.429/92. Neste sentido já decidiu o STJ:

> Se o relatório da sindicância administrativa instaurada contra servidor público federal concluir que a infração funcional em tese praticada está capitulada como ilícito penal, a autoridade competente deverá encaminhar cópia dos autos ao Ministério Público, independentemente da imediata instauração do processo disciplinar (art. 154, parágrafo único, da Lei nº 8.112/90). A autoridade que deixa de fazer esse encaminhamento incorre na prática de ato de improbidade administrativa prevista no art. 11, II, da Lei nº 8.429/92 ("retardar ou deixar de praticar, indevidamente, ato de ofício") (1ª Turma. REsp 1312090/DF, Rel. Min. Ari Pargendler, julgado em 08/04/2014).

Art. 28. Esta Lei aplica-se aos atos lesivos praticados por pessoa jurídica brasileira contra a administração pública estrangeira, ainda que cometidos no exterior.

Ao contrário da legislação similar de outros países (EUA e Reino Unido), a Lei Anticorrupção nacional somente terá aplicação extraterritorial se os atos forem praticados por pessoa jurídica brasileira.

Nesse tanto, percebendo que a nossa Lei não traz em si o conceito de pessoa jurídica brasileira, como o faz, por exemplo, o UKBA em relação aos termos nele utilizados, Paulo Roberto Galvão de Carvalho (ob. cit. p. 59) se pergunta – e logo responde: "uma empresa americana que tenha filial e CNPJ no país não poderia também ser considerada uma pessoa jurídica brasileira, já que certamente se trata de uma entidade cadastrada e registrada no país, e sujeita às leis nacionais? Parece-nos que a resposta é negativa, em razão do que dispõe o artigo 1.126 do Código Civil: 'É nacional a sociedade organizada de conformidade com a lei brasileira e que tenha no País a sede de sua administração'. Portanto, a Lei Anticorrupção somente tem aplicação extraterritorial se os atos praticados no exterior forem imputáveis a pessoas jurídicas brasileiras. A multinacional estrangeira, ainda que tenha filial e operações ativas no país, também está sujeita às punições da Lei Anticorrupção (como consta, aliás, do artigo 1ª, parágrafo único), porém somente em relação aos atos praticados contra a administração pública e o patrimônio público nacionais".

Art. 29. **O disposto nesta Lei não exclui as competências do Conselho Administrativo de Defesa Econômica, do Ministério da Justiça e do Ministério da Fazenda para processar e julgar fato que constitua infração à ordem econômica.**

Art. 30. **A aplicação das sanções previstas nesta Lei não afeta os processos de responsabilização e aplicação de penalidades decorrentes de:**

I – ato de improbidade administrativa nos termos da Lei nº 8.429, de 2 de junho de 1992; e

II – atos ilícitos alcançados pela Lei nº 8.666, de 21 de junho de 1993, ou outras normas de licitações e contratos da administração pública, inclusive no tocante ao Regime Diferenciado de Contratações Públicas – RDC instituído pela Lei nº 12.462, de 4 de agosto de 2011.

A Lei Anticorrupção ressalvou textualmente a independência de instâncias de responsabilidade apoiando-se no critério da norma sancionadora aplicável. Admite, expressamente, a cumulação de suas sanções com as penas previstas nas Leis nº 8.429/1992 (improbidade administrativa), nº 8.666/1993 (licitações e contratos) e nº 12.462/2011 (RDC), caso o ato praticado represente ilícito tipificado em mais de uma norma.

O dispositivo, em princípio, impede que institutos da Lei 12.846/13 como *Compliance* e acordo de leniência produzam efeitos automáticos na Lei 8.429/92 e na Lei 8.666/93, exceto quanto à última lei naquilo que prevê o art. 17 da Lei 12.846/13.

O sistema de independência de instâncias decorre da própria Constituição Federal de modo que dela decorre que um mesmo fato pode ser punido em diferentes esferas de responsabilidade sem que possa falar em *bis in idem*. Embora as Leis 12.846/13 e 8.429/92 sejam cíveis, há entre elas elementos normativos distintos, o que leva concluir tratarem-se de esferas de responsabilidade distintas. No mesmo sentido entende Modesto Carvalhosa (Ob. Cit. p. 424).

Por isso não vemos como possa restar automaticamente afastada a incidência de uma lei em razão da aplicação da outra. Não há propriamente conflito de normas neste caso.

O fato de ambas normas tutelarem o direito fundamental à probidade administrativa não pode resultar na interpenetração indiscriminada de um sistema legal no outro. Esse tipo de sobreposição normativa é comum e legítimo, sendo que ao legislador ordinário é legítimo incrementar a proteção a determinados bens jurídicos de diferentes maneiras. Por isso que mesmo firmado um termo de ajustamento de conduta em que o poluidor repare integralmente o dano ambiental, não há que se falar em extinção da punibilidade do crime correlato, exceto nas situações expressamente autorizadas pela lei (art. 60 da Lei no. 12.652/12). Do mesmo modo, existem crimes de menor potencial ofensivo contra a administração pública que, embora tutelem valores ligados à probidade, não transmitem, automaticamente, a possibilidade de transação penal para a esfera da Lei de Improbidade. É inerente à independência de instâncias a diferença de tratamento legal de um mesmo ato ilícito.

O fato de algumas sanções previstas em ambos diplomas legais serem comuns também não justifica, a nosso ver, o afastamento de uma das leis sob a tese de violação da proibição do *bis in idem*. Várias sanções são comuns aos vários diplomas legais que são aplicáveis simultaneamente diante de uma mesma unidade factual sem que cogite de violação ao referido princípio. Para ficar apenas com um exemplo, anote-se que a multa é pena prevista pela Lei Penal, Lei Concorrencial, Código De Defesa do Consumidor, Leis Ambientais, Lei da CVM (Lei nº 6.385/76), à Lei das Sociedades por Ação (Lei nº 6.404/76) etc. e todas podem ensejar a aplicação de multas simultâneas a partir de um mesmo ato ilícito.

Isso não quer dizer que alguns efeitos não possam ser transmitidos de uma instância à outra, conforme anotamos anteriormente quando comentamos os eventuais efeitos do Acordo de Leniência nos Atos de Improbidade, os quais serão mais uma vez registrados a seguir.

A questão é complexa e desafia ampla reflexão.

O Acordo de Leniência, assim como a colaboração premiada, é fruto da onda atual da justiça negocial e da conformação da legislação do Brasil às diretrizes internacionais que flexibilizam a obrigatoriedade da ação penal (SUXBERGER, 2016, p. 14/15).

Consistem, em suma, na redução das penas aplicáveis ao agente infrator em troca de informações que possibilitam o descobrimento completo do ilícito cometido, sua reparação e inibição, admitindo espécies de transação. São técnicas premiais (LIMA, 2010. p. 273) de forte impacto pragmático sobre a atuação do Estado frente ao ilícito investigado.

A vedação de transação, acordo ou conciliação contida no art. 17, § 1º, da Lei 8.429/92 gera uma aparente contradição normativa com os diplomas acima citados. A suposta contradição consiste em tratamento desigual (GUEDES, 2014) dado pela legislação brasileira para enfrentar e debelar atos ilícitos análogos de diferentes modos, quando, na essência, a defesa dos princípios e regras da administração pública deveriam fomentar uma única política pública de combate a corrupção, afinal, essa base constitucional funciona como uma "caixa de ferramentas" (COUTINHO, 2013. p. 99) que, para além das especificidades de cada um dos ramos de vigência dessas normas, instituem um autêntico microssistema constitucional de combate a corrupção. Embasa ainda esse microssistema a teoria do diálogo das fontes que preconiza que as normas jurídicas não se excluem – supostamente porque pertencentes a ramos jurídicos distintos –, mas se complementam de modo a compor a premissa de uma visão unitária do ordenamento jurídico com vistas a guardar coerência e integridade, preconizadas por Ronald Dworkin (Ob. Cit., p. 213). Segundo o autor, em resumo, a coerência proporciona garantia da isonômica aplicação principiológica. Já a integridade é duplamente composta: a) princípio legislativo, que pede aos legisladores que tentem tornar o conjunto de leis moralmente coerentes; b) princípio jurisdicional, que demanda que a lei, tanto quanto o possível, seja vista como coerente nesse sentido.

Por isso, em princípio, é cabível a compatibilização entre esses sistemas sancionadores, sendo que as instâncias devem guardar similitude e correspectividade entre si.

Todavia, a falta de parâmetros legais para a utilização de institutos da Lei Anticorrupção, dentre eles o Acordo de Leniência, na Lei de Improbidade se mostram perigosos para adoção indiscriminada dessa compatibilização.

Admitido uso irrestrito desses institutos – colaboração premiada e acordo de leniência – à Lei de Improbidade, verifica-se o descumprimento do mandamento ou dever de tutela constitucional da probidade administrativa contido no art. 37, § 4º, da Constituição Federal, o que leva a violação do princípio da proporcionalidade na vertente da proibição da proteção deficiente.

Dito de outro modo, deve ser evitada pura e simples revogação da vedação de transação da lei de Improbidade e impedir a banalização de suas penas.

Além disso, a incidência dos efeitos da Colaboração Premiada e do Acordo de Leniência sobre os atos de improbidade administrativa deverá ocorrer com critérios bem delineados a fim de evitar que o solipsismo e o oportunismo entre as partes resultem em descrédito no sistema brasileiro de combate à corrupção e à insegurança jurídica.

Os critérios devem cumprir adequadamente o mandamento constitucional de tutela da probidade administrativa e impedir a proibição da proteção deficiente[87].

Sobre a possível aplicação em *bis in idem* das sanções da Lei 12.846/13 e da Lei 8.666/93, são precisas as observações de João Marcelo Rego Magalhães (Ob. Cit. p. 41/42):

> "Não é preciso maior esforço interpretativo para se verificar que as condutas descritas no inciso IV do art. 5º da Lei nº 12.846/2013, amoldam-se às hipóteses previstas nos incisos II e III do art. 88 da Lei nº 8.666/1993.

87. Com semelhante argumentação a Procuradoria-Geral da República deduziu a inconstitucionalidade da MP 703 na Adin no. 5.466/DF: "Embora seja desejável haver acordo de leniência com efeitos na Lei 8.429/1992 (a Lei da Improbidade Administrativa), para dar coerência ao sistema de acordos como instrumentos de combate à corrupção, a mera previsão de efeitos do acordo de leniência na Lei 8.429/1992 e sobre outras ações de natureza civil, sem marco regulatório com requisitos bem definidos e sem controle sobre a formalização do acordo, pode gerar efeito perverso de arbitrariedade (já que não existem parâmetros), sensação de impunidade e esvaziamento completo da eficácia de Lei da Improbidade Administrativa, uma das mais importantes no combate à vasta corrupção que flagela o estado e a sociedade brasileira".

Todavia, o aparente conflito de normas não resiste a uma observação simples: o âmbito de incidência e os destinatários da Lei nº 12.846/2013, no tocante às fraudes em licitações e contratos, são diversos daqueles descritos na Lei nº 8.666/1993. Enquanto aquele diploma legal trata de responsabilidade objetiva de pessoas jurídicas que, conforme o inciso IV de seu art. 5º, fraudaram procedimento licitatório ou contrato firmado com o poder público, a Lei de Licitações e Contratos, em seus arts. 87 e 88, cuida de responsabilidade contratual daqueles que já pactuaram avença com a Administração Pública (pessoas físicas ou jurídicas) e que, por esta razão, detém com este vínculo administrativo especial, ou relação especial de sujeição, nas palavras de Celso Antônio Bandeira de Mello (2008, p. 811-816). No caso das sanções motivadas pelas condutas do inciso IV do art. 5º da Lei nº 12.846/2013, a empresa não precisa sequer ter sido escolhida como vencedora no certame licitatório, ou seja, não precisa possuir qualquer vínculo especial com o poder público, tendo em conta que a punição não decorre de sua sujeição especial pela condição de contratada – o que exigiria ao menos culpa –, mas de uma conduta típica, apenada de forma objetiva, sem que se precise demonstrar qualquer grau de culpa. Assim, mesmo que certa conduta atenda cumulativamente à tipificação feita nas duas normas em exame (Lei nº 12.846/2013 e Lei nº 8.666/1993), mostra-se possível a cumulação de sanções, tendo em conta a diversidade das naturezas jurídicas, sendo uma delas motivada por responsabilidade objetiva e outra por responsabilidade contratual por vínculo especial com a Administração Pública. Em conclusão, não há que se falar em conflito de normas quando seu escopo de aplicação é diverso".

Art. 31. Esta Lei entra em vigor 180 (cento e oitenta) dias após a data de sua publicação.

Lei de Improbidade Administrativa (LIA)	Lei Anticorrupção Empresarial (LAE)
Lei 8.429/92	Lei 12.846/13
Finalidade Repressão de atos ímprobos, praticados por agentes públicos e eventuais particulares contra a Administração Pública nacional	**Finalidade** Combate atos lesivos à Administração Pública (nacional ou estrangeira) praticados por particulares ou particulares e agentes públicos
Sujeitos ativos Quaisquer agentes públicos, associados ou não com particulares.	**Sujeitos ativos** Quaisquer pessoas físicas ou jurídicas.
ATENÇÃO: a configuração do ato de improbidade depende da presença de, pelo menos, um agente público como autor, coautor ou partícipe.	**ATENÇÃO:** não exige a presença de agente público como autor, coautor ou partícipe.
Sujeitos passivos Quaisquer órgãos da Administração Pública direta ou indireta *nacionais*. Igualmente podem ser vítimas as entidades privadas para cuja criação ou custeio o erário haja concorrido ou concorra com mais de 50% do patrimônio ou da receita anual.	**Sujeitos passivos** Os mesmos órgãos da Administração Pública, direta ou indireta, nacionais ou *estrangeiras*. Embora não previstas expressamente em lei, também podem ser vítimas as organizações internacionais financiadas ou mantidas com recursos públicos, como o MERCOSUL, Banco Mundial, ONU etc.

Lei de Improbidade Administrativa (LIA)	Lei Anticorrupção Empresarial (LAE)
Lei 8.429/92	Lei 12.846/13
Condutas O art. 9° anuncia uma série de atos de improbidade administrativa que importem enriquecimento ilícito, isto é, auferir qualquer tipo de vantagem patrimonial indevida em razão do exercício de cargo, mandato, função, emprego atividade nas entidades mencionadas no art. 1° desta lei. O art. 10, por sua vez, elenca rol de atos de improbidade administrativa que causam lesão ao erário, isto é, qualquer ação ou omissão, dolosa ou culposa, que enseje perda patrimonial, desvio, apropriação, malbaratamento ou dilapidação dos bens ou haveres das entidades referidas no art. 1º desta lei. O art. 11 rotula como ato de improbidade administrativa aquele que atenta contra os princípios da administração pública, isto é, qualquer ação ou omissão que viole os deveres de honestidade, imparcialidade, legalidade, e lealdade às instituições.	**Condutas** Reza o art. 5º constituírem atos lesivos à administração pública, nacional ou estrangeira, para os fins desta Lei, todos aqueles praticados pelas pessoas jurídicas mencionadas no parágrafo único do art. 1º, que atentem contra o patrimônio público nacional ou estrangeiro, contra princípios da administração pública ou contra os compromissos internacionais assumidos pelo Brasil, assim definidos: I – prometer, oferecer ou dar, direta ou indiretamente, vantagem indevida a agente público, ou a terceira pessoa a ele relacionada; II – comprovadamente, financiar, custear, patrocinar ou de qualquer modo subvencionar a prática dos atos ilícitos previstos nesta Lei; III – comprovadamente, utilizar-se de interposta pessoa física ou jurídica para ocultar ou dissimular seus reais interesses ou a identidade dos beneficiários dos atos praticados; IV – no tocante a licitações e contratos: a) frustrar ou fraudar, mediante ajuste, combinação ou qualquer outro expediente, o caráter competitivo de procedimento licitatório público;

Lei de Improbidade Administrativa (LIA)	**Lei Anticorrupção Empresarial (LAE)**
Lei 8.429/92	Lei 12.846/13
	b) impedir, perturbar ou fraudar a realização de qualquer ato de procedimento licitatório público; c) afastar ou procurar afastar licitante, por meio de fraude ou oferecimento de vantagem de qualquer tipo; d) fraudar licitação pública ou contrato dela decorrente; e) criar, de modo fraudulento ou irregular, pessoa jurídica para participar de licitação pública ou celebrar contrato administrativo; f) obter vantagem ou benefício indevido, de modo fraudulento, de modificações ou prorrogações de contratos celebrados com a administração pública, sem autorização em lei, no ato convocatório da licitação pública ou nos respectivos instrumentos contratuais; ou g) manipular ou fraudar o equilíbrio econômico-financeiro dos contratos celebrados com a administração pública; V – dificultar atividade de investigação ou fiscalização de órgãos, entidades ou agentes públicos, ou intervir em sua atuação, inclusive no âmbito das agências reguladoras e dos órgãos de fiscalização do sistema financeiro nacional.

Lei de Improbidade Administrativa (LIA)	**Lei Anticorrupção Empresarial (LAE)**
Lei 8.429/92	Lei 12.846/13
Sanções I – nas hipóteses do art. 9º da Lei, perda dos bens ou valores acrescidos ilicitamente ao patrimônio, ressarcimento integral do dano, quando houver, perda da função pública, suspensão dos direitos políticos de oito a dez anos, pagamento de multa civil de até três vezes o valor do acréscimo patrimonial e proibição de contratar com o Poder Público ou receber benefícios ou incentivos fiscais ou creditícios, direta ou indiretamente, ainda que por intermédio de pessoa jurídica da qual seja sócio majoritário, pelo prazo de dez anos; II – nas hipóteses do art. 10, ressarcimento integral do dano, perda dos bens ou valores acrescidos ilicitamente ao patrimônio, se concorrer esta circunstância, perda da função pública, suspensão dos direitos políticos de cinco a oito anos, pagamento de multa civil de até duas vezes o valor do dano e proibição de contratar com o Poder Público ou receber benefícios ou incentivos fiscais ou creditícios, direta ou indiretamente, ainda que por intermédio de pessoa jurídica da qual seja sócio majoritário, pelo prazo de cinco anos;	**Sanções** Presentes os atos lesivos do art. 5º, cabem sanções administrativas e civis. As sanções **administrativas** são: I – multa, no valor de 0,1% (um décimo por cento) a 20% (vinte por cento) do faturamento bruto do último exercício anterior ao da instauração do processo administrativo, excluídos os tributos, a qual nunca será inferior à vantagem auferida, quando for possível sua estimação; e II – publicação extraordinária da decisão condenatória. Estas sanções podem ser aplicadas administrativa (respeito o devido processo legal) ou judicialmente (em caso de inércia do órgão administrativo). As sanções **civis** são: I – perdimento dos bens, direitos ou valores que representem vantagem ou proveito direta ou indiretamente obtidos da infração, ressalvado o direito do lesado ou de terceiro de boa-fé; II – suspensão ou interdição parcial de suas atividades; III – dissolução compulsória da pessoa jurídica;

Lei de Improbidade Administrativa (LIA)	**Lei Anticorrupção Empresarial (LAE)**
Lei 8.429/92	Lei 12.846/13
III – nas hipóteses do art. 11, ressarcimento integral do dano, se houver, perda da função pública, suspensão dos direitos políticos de três a cinco anos, pagamento de multa civil de até cem vezes o valor da remuneração percebida pelo agente e proibição de contratar com o Poder Público ou receber benefícios ou incentivos fiscais ou creditícios, direta ou indiretamente, ainda que por intermédio de pessoa jurídica da qual seja sócio majoritário, pelo prazo de três anos.	IV – proibição de receber incentivos, subsídios, subvenções, doações ou empréstimos de órgãos ou entidades públicas e de instituições financeiras públicas ou controladas pelo poder público, pelo prazo mínimo de 1 (um) e máximo de 5 (cinco) anos. Estas só podem ser aplicadas judicialmente.
ATENÇÃO: As sanções pressupõem dolo ou culpa do agente, não admitindo responsabilidade objetiva.	**ATENÇÃO:** A responsabilidade civil e administrativa da empresa é objetiva, dispensando análise de dolo ou culpa. Já a dos empresários (ou outras pessoas físicas que concorrem para o ato), a responsabilidade é subjetiva (art. 3º.)

BIBLIOGRAFIA

ALENCAR, Leandro Zannoni Apolinário. *Guidance* no contexto do estado regulador: subsídios para uma nova compreensão da função administrativa (reguladora) nas sociedades complexas. 2014. Trabalho apresentado como dissertação de mestrado em Direito na Universidade de Coimbra. Disponível em **http://hdl.handle.net/10316/28479**.

ALEXY, Robert. SILVA, Luis Virgilio Afonso da. (Trad.). ***Teoria dos Direitos Fundamentais*. Tradução Virgílio Afonso da Silva, 2ª ed. São Paulo: Malheiros, 2015**

ALVES JR., Luís Carlos Martins, Constituição, Política & Retórica: O Devido Processo Legal na Jurisprudência do Supremo Tribunal Federal, à luz do Realismo Jurídico de Alf Ross. Uniceub: Brasília, 2014.

ARAÚJO, Kleber Martins de. **Responsabilização administrativa da pessoa jurídica na lei anticorrupção. Lei Anticorrupção** (*organizadores*: Jorge Munhos Sousa e Ronaldo Pinheiro de Queiroz). Salvador, Editora Juspodivm, 2015.

ÁVILA, Humberto Bergmann. A Distinção entre Princípios e Regras e a Redefinição do dever de proporcionalidade. Revista de direito administrativo, v. 215, 1999.

AYRES, Carlos Henrique da Silva; MAEDA, Bruno Carneiro. **O acordo de leniência como ferramenta de combate à corrupção. Lei Anticorrupção** (*organizadores*: Jorge Munhos Sousa e Ronaldo Pinheiro de Queiroz). Salvador, Editora Juspodivm, 2015.

BARROSO, Luís Roberto. *Curso de Direito Constitucional Contemporâneo:* Os Conceitos Fundamentais e a Construção do Novo Modelo. 2016.

BOBBIO, Norberto. Da estrutura à função: novos estudos de teoria do direito. Tradução de Daniela Beccaccia Versiani. São Paulo: Manole, 2007.

BOBBIO, Norberto. O positivismo jurídico: lições de filosofia do direito. Ícone, 1995.

BOCK, Ana Mercês Bahia. FURTADO, Odair. TEIXEIRA, Maria de Lourdes Trassi. Psicologias: Uma introdução ao estudo de psicologia. São Paulo: Saraiva. 2008.

BUCCI, Maria Paula Dallari. Políticas Públicas-Reflexões sobre Conceito Jurídico. São Paulo: saraiva. 2006.

CALABRICH, Bruno. **Disposições finais da lei anticorrupção: prescrição, cadastros, responsabilização de autoridades omissas e outras questões relevantes. Lei Anticorrupção** (*organizadores*: Jorge Munhos Sousa e Ronaldo Pinheiro de Queiroz). Salvador, Editora Juspodivm, 2015.

CAMBI, Eduardo. A Atuação Do Ministério Público No Combate À Corrupção Na Lei 12.846/2013. Revista do Conselho Nacional do Ministério Público. Brasília. CNMP, n. 4, 2014.

CANARIS, Claus-Wilhelm. *Direitos fundamentais e direito privado.* Trad. Ingo Wolfgang Sarlet e Paulo Mota Pinto. Coimbra: Almedina, 2012.

CANDELORO, Ana Paula P.; RIZZO, Maria Balbina Martins de; PINHO, Vinícius. Compliance 360º: riscos, estratégias, conflitos e vaidades no mundo corporativo. São Paulo: Trevisan Editora Universitária, 2012.

CARVALHO, Marina Amaral Egydio Carvalho; SILVEIRA, Luciana Dutra de Oliveira. Corrupção e Direito Internacional: o combate internacional à corrupção e a regulação do lobby praticado por empresas transnacionais. In: LAUFER, Daniel (Coord.). *Corrupção: uma perspectiva entre as diversas áreas do Direito.* Curitiba: Juruá, 2013.

CARVALHO, Paulo Roberto Galvão de. **Legislação anticorrupção no mundo: análise comparativa entre a lei anticorrupção brasileira, o *foreign corrupt practices act* norte-americano e o *bribery act* do Reino Unido. Lei Anticorrupção** (*organizadores*: Jorge Munhos Sousa e Ronaldo Pinheiro de Queiroz). Salvador, Editora Juspodivm, 2015.

CARVALHO FILHO, José dos Santos. Manual de Direito Administrativo, 27ª ed. Saraiva: São Paulo, 2014.

CARVALHOSA, Modesto. Considerações sobre a Lei anticorrupção das pessoas jurídicas: Lei n. 12.846/13. São Paulo: RT, 2015.

COUTINHO, Diogo Rosenthal. Direito, desigualdade e desenvolvimento. São Paulo: Saraiva, 2013.

DI PIETRO, Maria Sylvia Zanella, **Direito Administrativo**. 20ª edição, São Paulo, Atlas, 2007.

DIAS, Jefferson Aparecido. **Atos de corrupção relacionados com licitações e contratos. Lei Anticorrupção** (*organizadores*: Jorge Munhos Sousa e Ronaldo Pinheiro de Queiroz). Salvador, Editora Juspodivm, 2015.

DRUMOND, Magalhães. ***Comentários ao Código Penal***. Rio de Janeiro: Forense, 1944. v. 9.

DWORKIN, Ronald. O Império do Direito. São Paulo, Quatier Latim, 2008.

FILHO, André Pimentel. **Comentários aos artigos 1º ao 4º da lei anticorrupção. lei anticorrupção** (*organizadores*: Jorge Munhos Sousa e Ronaldo Pinheiro de Queiroz). Salvador, Editora Juspodivm, 2015.

FILHO, Clovis de Barros; PRAÇA, Sérgio. *Corrupção, parceria degenerativa.*, Campinas: ed. Papirus 7 Mares. 2014.

GARCIA, Emerson. ALVES, Rogério Pacheco. **Improbidade administrativa**. 8ª ed., São Paulo: Saraiva. 2014.

GASPARINI, Diógenes. **Direito Administrativo**. 3ª ed., São Paulo: Saraiva, 1993.

GUEDES, Jefferson Carús. Igualdade e desigualdade: introdução conceitual, normativa e histórica dos princípios. São Paulo: Revista dos Tribunais, 2014.

GRECO FILHO. Vicente. **Dos crimes da** lei de licitações. 2ª ed., São Paulo: Saraiva, 2007.

GRECO FILHO, Vicente. RASSI, João Daniel. O combate à corrupção e comentários à lei de responsabilidade de Pessoas Jurídicas. São Paulo: Saraiva. 2015.

HAGE SOBRINHO, Jorge. Lei 12.846/2013: Lei da Empresa Limpa. Revista dos Tribunais. Ano 103, v. 947, set/2014.

HARFORD, Tim. A Lógica da vida. Rio de Janeiro: Record. 2009.

HARTMANN, Stefan Espirito Santo. Comentários à Lei Anticorrupção – Lei nº 12.846, de 1º de agosto de 2013. Breves reflexões acerca das consequências da entrada em vigor da nova legislação no âmbito do Direito Administrativo. **Revista de Doutrina da 4ª Região**, Porto Alegre, n.67, ago. 2015. Disponível em: <http://www.revistadoutrina.trf4.jus.br/artigos/edicao067/ Stefan_Hartmann.html>. Acesso em: 02 mar. 2017.

HEINEN, Juliano. Comentários à Lei Anticorrupção – Lei n.º 12.846/2013. Belo Horizonte: Fórum, 2015.

JUSTEN FILHO, Marçal. Comentários à lei de licitações e contratos administrativos. 16ª ed. São Paulo: RT, 2014.

Magalhães, João Marcelo Rego. "Aspectos relevantes da lei anticorrupção empresarial brasileira (Lei nº 12.846/2013)." *Revista Controle (Online)* 11.2 (2016): 24-46.

MARRARA, Thiago. "Acordos de leniência no processo administrativo brasileiro: modalidades, regime jurídico e problemas emergentes." *Revista Digital de Direito Administrativo* 2.2 (2015): 509-527.

LEMOS JÚNIOR, Arthur Pinto de. **O Instituo da Leniência na Lei 12.846/13.** São Paulo: Ministério Público do Estado de São Paulo, 2015.

MELLO, Celso Antônio Bandeira de. **Curso de Direito Administrativo Brasileiro.** 15.ed. São Paulo: Malheiros, 2002.

MENDES, Gilmar Ferreira. **Curso de direito constitucional**. 4ª ed.,São Paulo,Saraiva, 2009.

NETO, Diogo de Figueiredo Moreira; FREITAS, Rafael Véras de. A juridicidade da Lei Anticorrupção–Reflexões e interpretações prospectivas. **Fórum Administrativo [recurso eletrônico]: Direito Público**, 2014.

NETTO, Felipe P. Braga. **Uma nova hipótese de responsabilidade objetiva na ordem jurídica brasileira? O estado como vítima de atos lesivos. Lei Anticorrupção** (*organizadores*: Jorge Munhos Sousa e Ronaldo Pinheiro de Queiroz). Salvador, Editora Juspodivm, 2015.

OSÓRIO. Fábio Medina. **Direito Administrativo Sancionador**, 2ª edição. São Paulo. Revista dos Tribunais, 2005.

PALMA, Juliana Bonacorsi de. **Sanção e acordo na Administração Pública.** São Paulo: Malheiros Editores, 2015.

PESTANA, Marcio. **Lei Anticorrupção** - Exame Sistematizado da Lei 12.846/2013. São Paulo: Editora Manole, 2016.

PETRELUZZI, Marco Vinício; RIZEK JÚNIOR, Rubens Naman. Lei Anticorrupção: origens, comentários e análise da legislação correlata. São Paulo: Saraiva, 2014.

PLATES, Josué Rubens. Direito Fundamental ao Governo Honesto. Boletim Científico ESMPU, Brasília, a. 10 - n. 36, p. 79-100 - Edição Especial 2011.

QUEIROZ, Ronaldo Pinheiro de. **Responsabilização judicial da pessoa jurídica na lei anticorrupção. Lei Anticorrupção** (*organizadores*: Jorge Munhos Sousa e Ronaldo Pinheiro de Queiroz). Salvador, Editora Juspodivm, 2015.

RIBEIRO, Márcia Carla Pereira. DINIZ, Patrícia Dittrich Ferreira. *Compliance* e a lei anticorrupção nas empresas. **Id/507401**, 2015.

ROSENVALD, Nelson. As funções da responsabilidade civil : a reparação e a pena civil. São Paulo: Atlas, 2013.

SANDEL, Michael J. Justiça - O que é fazer a coisa certa. Tradução Heloisa Matias e Maria Alice Máximo. 4ª ed. Rio de Janeiro: Civilização Brasileira. 2011.

SANTIAGO NINO, Carlos. Introdução à análise do direito. São Paulo: WMF Martins Fontes, 2010.

SANTOS, José Anacleto Abduch; BERTONCINI, Mateus; COSTÓDIO FILHO, Ubirajara. Comentários à Lei 12.846/2013: Lei Anticorrupção. São Paulo: RT. 2014.

SARLET, Ingo Wolfgang. Constituição e proporcionalidade: o direito penal e os direitos fundamentais entre proibição de excesso e de insuficiência. Disponível na Internet: http://www.mundojuridico.adv.br. Acesso em 08 de set de 2016.

SARMENTO, Daniel. O neoconstitucionalismo no Brasil: riscos e possibilidade. Filosofia e Teoria Constitucional Contemporânea. Rio de Janeiro: Lumen Juris, 2009.

SEN, Amartya. Sobre ética e economia. São Paulo: Companhia das Letras, 1999.

SKINNER, B. F., Sobre o Behaviorismo. Tradução Maria da Penha Villalobos. São Paulo: Cultrix.7 ed.

SILVA, Virgílio Afonso da. O razoável e o proporcional. Revista dos Tribunais, 2002.

SOUZA, Jorge Munhós. **Responsabilização administrativa na lei anticorrupção. Lei Anticorrupção** (*organizadores*: Jorge Munhos Sousa e Ronaldo Pinheiro de Queiroz). Salvador, Editora Juspodivm, 2015.

SUXBERGER, Antonio Henrique Graciano. A Colaboração Premiada e a Adoção da Oportunidade no exercício da ação Penal Pública. A Delação/Colaboração Premiada em perspectiva. Brasília: IDP, 2016.

VENOSA, Sílvio de Salvo. **Direito Civil: Parte Geral**, 6ª edição, São Paulo, Atlas, 2006.

ANEXOS

ANEXO 1

LEI Nº 8.429, DE 2 DE JUNHO DE 1992

Dispõe sobre as sanções aplicáveis aos agentes públicos nos casos de enriquecimento ilícito no exercício de mandato, cargo, emprego ou função na administração pública direta, indireta ou fundacional e dá outras providências.

O PRESIDENTE DA REPÚBLICA, Faço saber que o Congresso Nacional decreta e eu sanciono a seguinte lei:

CAPÍTULO I.
DAS DISPOSIÇÕES GERAIS

Art. 1º. Os atos de improbidade praticados por qualquer agente público, servidor ou não, contra a administração direta, indireta ou fundacional de qualquer dos Poderes da União, dos Estados, do Distrito Federal, dos Municípios, de Território, de empresa incorporada ao patrimônio público ou de entidade para cuja criação ou custeio o erário haja concorrido ou concorra com mais de cinquenta por cento do patrimônio ou da receita anual, serão punidos na forma desta lei.

Parágrafo único. Estão também sujeitos às penalidades desta lei os atos de improbidade praticados contra o patrimônio de entidade que receba subvenção, benefício ou incentivo, fiscal ou creditício, de órgão público bem como daquelas para cuja criação ou custeio o erário haja concorrido ou concorra com menos de cinquenta por cento do patrimônio ou da receita anual, limitando-se, nestes casos, a sanção patrimonial à repercussão do ilícito sobre a contribuição dos cofres públicos.

Art. 2º. Reputa-se agente público, para os efeitos desta lei, todo aquele que exerce, ainda que transitoriamente ou sem remuneração, por eleição, nomeação, designação, contratação ou qualquer outra forma de investidura ou vínculo, mandato, cargo, emprego ou função nas entidades mencionadas no artigo anterior.

Art. 3º. As disposições desta lei são aplicáveis, no que couber, àquele que, mesmo não sendo agente público, induza ou concorra para a prática do ato de improbidade ou dele se beneficie sob qualquer forma direta ou indireta.

Art. 4º. Os agentes públicos de qualquer nível ou hierarquia são obrigados a velar pela estrita observância dos princípios de legalidade, impessoalidade, moralidade e publicidade no trato dos assuntos que lhe são afetos.

Art. 5º. Ocorrendo lesão ao patrimônio público por ação ou omissão, dolosa ou culposa, do agente ou de terceiros, dar-se-á o integral ressarcimento do dano.

Art. 6º. No caso de enriquecimento ilícito, perderá o agente público ou terceiro beneficiário os bens ou valores acrescidos ao seu patrimônio.

Art. 7º. Quando o ato de improbidade causar lesão ao patrimônio público ou ensejar enriquecimento ilícito, caberá a autoridade administrativa responsável pelo inquérito representar ao Ministério Público, para a indisponibilidade dos bens do indiciado.

Parágrafo único. A indisponibilidade a que se refere o *caput* deste artigo recairá sobre bens que assegurem o integral ressarcimento do dano, ou sobre o acréscimo patrimonial resultante do enriquecimento ilícito.

Art. 8º. O sucessor daquele que causar lesão ao patrimônio público ou se enriquecer ilicitamente está sujeito às cominações desta lei até o limite do valor da herança.

CAPÍTULO II.
DOS ATOS DE IMPROBIDADE ADMINISTRATIVA

SEÇÃO I.
DOS ATOS DE IMPROBIDADE ADMINISTRATIVA QUE IMPORTAM ENRIQUECIMENTO ILÍCITO

Art. 9º. Constitui ato de improbidade administrativa importando enriquecimento ilícito auferir qualquer tipo de vantagem patrimonial indevida em razão do exercício de cargo, mandato, função, emprego ou atividade nas entidades mencionadas no Art. 1º desta lei, e notadamente:

I – receber, para si ou para outrem, dinheiro, bem móvel ou imóvel, ou qualquer outra vantagem econômica, direta ou indireta, a título de comissão, percentagem, gratificação ou presente de quem tenha interesse, direto ou indireto, que possa ser atingido ou amparado por ação ou omissão decorrente das atribuições do agente público;

II – perceber vantagem econômica, direta ou indireta, para facilitar a aquisição, permuta ou locação de bem móvel ou imóvel, ou a contratação de serviços pelas entidades referidas no art. 1º por preço superior ao valor de mercado;

III – perceber vantagem econômica, direta ou indireta, para facilitar a alienação, permuta ou locação de bem público ou o fornecimento de serviço por ente estatal por preço inferior ao valor de mercado;

IV – utilizar, em obra ou serviço particular, veículos, máquinas, equipamentos ou material de qualquer natureza, de propriedade ou à disposição de qualquer das entidades mencionadas no art. 1º desta lei, bem como o trabalho de servidores públicos, empregados ou terceiros contratados por essas entidades;

V – receber vantagem econômica de qualquer natureza, direta ou indireta, para tolerar a exploração ou a prática de jogos de azar, de lenocínio, de narcotráfico, de contrabando, de usura ou de qualquer outra atividade ilícita, ou aceitar promessa de tal vantagem;

VI – receber vantagem econômica de qualquer natureza, direta ou indireta, para fazer declaração falsa sobre medição ou avaliação em obras públicas ou qualquer outro serviço, ou sobre quantidade, peso, medida, qualidade ou característica de mercadorias ou bens fornecidos a qualquer das entidades mencionadas no art. 1º desta lei;

VII – adquirir, para si ou para outrem, no exercício de mandato, cargo, emprego ou função pública, bens de qualquer natureza cujo valor seja desproporcional à evolução do patrimônio ou à renda do agente público;

VIII – aceitar emprego, comissão ou exercer atividade de consultoria ou assessoramento para pessoa física ou jurídica que tenha interesse suscetível de ser atingido ou amparado por ação ou omissão decorrente das atribuições do agente público, durante a atividade;

IX – perceber vantagem econômica para intermediar a liberação ou aplicação de verba pública de qualquer natureza;

X – receber vantagem econômica de qualquer natureza, direta ou indiretamente, para omitir ato de ofício, providência ou declaração a que esteja obrigado;

XI – incorporar, por qualquer forma, ao seu patrimônio bens, rendas, verbas ou valores integrantes do acervo patrimonial das entidades mencionadas no art. 1º desta lei;

XII – usar, em proveito próprio, bens, rendas, verbas ou valores integrantes do acervo patrimonial das entidades mencionadas no art. 1º desta lei.

SEÇÃO II.
DOS ATOS DE IMPROBIDADE ADMINISTRATIVA QUE CAUSAM PREJUÍZO AO ERÁRIO

Art. 10. Constitui ato de improbidade administrativa que causa lesão ao erário qualquer ação ou omissão, dolosa ou culposa, que enseje perda patrimonial, desvio, apropriação, malbaratamento ou dilapidação dos bens ou haveres das entidades referidas no art. 1º desta lei, e notadamente:

I – facilitar ou concorrer por qualquer forma para a incorporação ao patrimônio particular, de pessoa física ou jurídica, de bens, rendas, verbas ou valores integrantes do acervo patrimonial das entidades mencionadas no art. 1º desta lei;

II – permitir ou concorrer para que pessoa física ou jurídica privada utilize bens, rendas, verbas ou valores integrantes do acervo patrimonial das entidades mencionadas no art. 1º desta lei, sem a observância das formalidades legais ou regulamentares aplicáveis à espécie;

III – doar à pessoa física ou jurídica bem como ao ente despersonalizado, ainda que de fins educativos ou assistências, bens, rendas, verbas ou valores do patrimônio de qualquer das entidades mencionadas no art. 1º desta lei, sem observância das formalidades legais e regulamentares aplicáveis à espécie;

IV – permitir ou facilitar a alienação, permuta ou locação de bem integrante do patrimônio de qualquer das entidades referidas no art. 1º desta lei, ou ainda a prestação de serviço por parte delas, por preço inferior ao de mercado;

V – permitir ou facilitar a aquisição, permuta ou locação de bem ou serviço por preço superior ao de mercado;

VI – realizar operação financeira sem observância das normas legais e regulamentares ou aceitar garantia insuficiente ou inidônea;

VII – conceder benefício administrativo ou fiscal sem a observância das formalidades legais ou regulamentares aplicáveis à espécie;

VIII – frustrar a licitude de processo licitatório ou de processo seletivo para celebração de parcerias com entidades sem fins lucrativos, ou dispensá-los indevidamente; (Redação dada pela Lei nº 13.019, de 2014)

IX – ordenar ou permitir a realização de despesas não autorizadas em lei ou regulamento;

X – agir negligentemente na arrecadação de tributo ou renda, bem como no que diz respeito à conservação do patrimônio público;

XI – liberar verba pública sem a estrita observância das normas pertinentes ou influir de qualquer forma para a sua aplicação irregular;

XII – permitir, facilitar ou concorrer para que terceiro se enriqueça ilicitamente;

XIII – permitir que se utilize, em obra ou serviço particular, veículos, máquinas, equipamentos ou material de qualquer natureza, de propriedade ou à disposição de qualquer das entidades mencionadas no art. 1º desta lei, bem como o trabalho de servidor público, empregados ou terceiros contratados por essas entidades.

Esta Lei: art. 12, II.

XIV – celebrar contrato ou outro instrumento que tenha por objeto a prestação de serviços públicos por meio da gestão associada sem observar as formalidades previstas na lei; (Incluído pela Lei nº 11.107, de 2005)

XV – celebrar contrato de rateio de consórcio público sem suficiente e prévia dotação orçamentária, ou sem observar as formalidades previstas na lei. (Incluído pela Lei nº 11.107, de 2005)

XVI – facilitar ou concorrer, por qualquer forma, para a incorporação, ao patrimônio particular de pessoa física ou jurídica, de bens, rendas, verbas ou valores públicos transferidos pela administração pública a entidades privadas mediante celebração de parcerias, sem a observância das formalidades legais ou regulamentares aplicáveis à espécie; (Redação dada pela Lei nº 13.019, de 31-07-2014)

XVII – permitir ou concorrer para que pessoa física ou jurídica privada utilize bens, rendas, verbas ou valores públicos transferidos pela administração pública a entidade privada mediante celebração de parcerias, sem a observância das formalidades legais ou regulamentares aplicáveis à espécie; (Redação dada pela Lei nº 13.019, de 31-07-2014)

XVIII – celebrar parcerias da administração pública com entidades privadas sem a observância das formalidades legais ou regulamentares aplicáveis à espécie; (Redação dada pela Lei nº 13.019, de 31-07-2014)

XIX – frustrar a licitude de processo seletivo para celebração de parcerias da administração pública com entidades privadas ou dispensá-lo indevidamente; (Redação dada pela Lei nº 13.019, de 31-07-2014)

XX – agir negligentemente na celebração, fiscalização e análise das prestações de contas de parcerias firmadas pela administração pública com entidades privadas; (Redação dada pela Lei nº 13.019, de 31-07-2014)

XXI – liberar recursos de parcerias firmadas pela administração pública com entidades privadas sem a estrita observância das normas pertinentes ou influir de qualquer forma para a sua aplicação irregular. (Redação dada pela Lei nº 13.019, de 31-07-2014)

SEÇÃO II-A.
DOS ATOS DE IMPROBIDADE ADMINISTRATIVA DECORRENTES DE CONCESSÃO OU APLICAÇÃO INDEVIDA DE BENEFÍCIO FINANCEIRO OU TRIBUTÁRIO

(Incluído pela Lei Complementar nº 157, de 2016, em vigor na data de sua publicação, somente produzindo efeitos após o decurso do prazo referido no art. 6º Lei Complementar 157, de 2016.)

Art. 10-A. Constitui ato de improbidade administrativa qualquer ação ou omissão para conceder, aplicar ou manter benefício financeiro ou tributário contrário ao que dispõem o *caput* e o § 1º do art. 8º-A da Lei Complementar nº 116, de 31 de julho de 2003. (Incluído pela Lei Complementar nº 157, de 2016, em vigor na data de sua publicação, somente produzindo efeitos após o decurso do prazo referido no art. 6º Lei Complementar 157, de 2016.)

SEÇÃO III.
DOS ATOS DE IMPROBIDADE ADMINISTRATIVA QUE ATENTAM CONTRA OS PRINCÍPIOS DA ADMINISTRAÇÃO PÚBLICA

Art. 11. Constitui ato de improbidade administrativa que atenta contra os princípios da administração pública qualquer ação ou omissão que viole os deveres de honestidade, imparcialidade, legalidade, e lealdade às instituições, e notadamente:

I – praticar ato visando fim proibido em lei ou regulamento ou diverso daquele previsto, na regra de competência;

II – retardar ou deixar de praticar, indevidamente, ato de ofício;

III – revelar fato ou circunstância de que tem ciência em razão das atribuições e que deva permanecer em segredo;

IV – negar publicidade aos atos oficiais;

V – frustrar a licitude de concurso público;

VI – deixar de prestar contas quando esteja obrigado a fazê-lo;

VII – revelar ou permitir que chegue ao conhecimento de terceiro, antes da respectiva divulgação oficial, teor de medida política ou econômica capaz de afetar o preço de mercadoria, bem ou serviço.

VIII – descumprir as normas relativas à celebração, fiscalização e aprovação de contas de parcerias firmadas pela administração pública com entidades privadas. (Redação dada pela Lei nº 13.019, de 31-07-2014)

IX – deixar de cumprir a exigência de requisitos de acessibilidade previstos na legislação. (Incluído pela Lei nº 13.146, de 2015)

Capítulo III. DAS PENAS

Art. 12. Independentemente das sanções penais, civis e administrativas previstas na legislação específica, está o responsável pelo ato de improbidade sujeito às seguintes cominações, que podem ser aplicadas isolada ou cumulativamente, de acordo com a gravidade do fato: (Redação dada pela Lei nº 12.120, de 2009).

I – na hipótese do art. 9º, perda dos bens ou valores acrescidos ilicitamente ao patrimônio, ressarcimento integral do dano, quando houver, perda da função pública, suspensão dos direitos políticos de oito a dez anos, pagamento de multa civil de até três vezes o valor do acréscimo patrimonial e proibição de contratar com o Poder Público ou receber benefícios ou incentivos fiscais ou creditícios, direta ou indiretamente, ainda que por intermédio de pessoa jurídica da qual seja sócio majoritário, pelo prazo de dez anos;

II – na hipótese do art. 10, ressarcimento integral do dano, perda dos bens ou valores acrescidos ilicitamente ao patrimônio, se concorrer esta circunstância, perda da função pública, suspensão dos direitos políticos de cinco a oito anos, pagamento de multa civil de até duas vezes o valor do dano e proibição de contratar com o Poder Público ou receber benefícios ou incentivos fiscais ou creditícios, direta ou indiretamente, ainda que por intermédio de pessoa jurídica da qual seja sócio majoritário, pelo prazo de cinco anos;

III – na hipótese do art. 11, ressarcimento integral do dano, se houver, perda da função pública, suspensão dos direitos políticos de três a cinco anos, pagamento de multa civil de até cem vezes o valor da remuneração percebida pelo agente e proibição de contratar com o Poder Público ou receber benefícios ou incentivos fiscais ou creditícios, direta ou indiretamente, ainda que por intermédio de pessoa jurídica da qual seja sócio majoritário, pelo prazo de três anos.

IV – na hipótese prevista no art. 10-A, perda da função pública, suspensão dos direitos políticos de 5 (cinco) a 8 (oito) anos e multa civil de até 3 (três) vezes o valor do benefício financeiro ou tributário concedido. (Incluído pela Lei Complementar nº 157, de 2016, em vigor na data de sua publicação, somente produzindo efeitos após o decurso do prazo referido no art. 6º Lei Complementar 157, de 2016.)

Parágrafo único. Na fixação das penas previstas nesta lei o juiz levará em conta a extensão do dano causado, assim como o proveito patrimonial obtido pelo agente.

CAPÍTULO IV.
DA DECLARAÇÃO DE BENS

Art. 13. A posse e o exercício de agente público ficam condicionados à apresentação de declaração dos bens e valores que compõem o seu patrimônio privado, a fim de ser arquivada no serviço de pessoal competente.

§ 1º. A declaração compreenderá imóveis, móveis, semoventes, dinheiro, títulos, ações, e qualquer outra espécie de bens e valores patrimoniais, localizado no País ou no exterior, e, quando for o caso, abrangerá os bens e valores patrimoniais do cônjuge ou companheiro, dos filhos e de outras pessoas que vivam sob a dependência econômica do declarante, excluídos apenas os objetos e utensílios de uso doméstico.

§ 2º. A declaração de bens será anualmente atualizada e na data em que o agente público deixar o exercício do mandato, cargo, emprego ou função.

§ 3º. Será punido com a pena de demissão, a bem do serviço público, sem prejuízo de outras sanções cabíveis, o agente público que se recusar a prestar declaração dos bens, dentro do prazo determinado, ou que a prestar falsa.

§ 4º. O declarante, a seu critério, poderá entregar cópia da declaração anual de bens apresentada à Delegacia da Receita Federal na conformidade da legislação do Imposto sobre a Renda e proventos de qualquer natureza, com as necessárias atualizações, para suprir a exigência contida no *caput* e no § 2º deste artigo.

CAPÍTULO V.
DO PROCEDIMENTO ADMINISTRATIVO E DO PROCESSO JUDICIAL

Art. 14. Qualquer pessoa poderá representar à autoridade administrativa competente para que seja instaurada investigação destinada a apurar a prática de ato de improbidade.

§ 1º. A representação, que será escrita ou reduzida a termo e assinada, conterá a qualificação do representante, as informações sobre o fato e sua autoria e a indicação das provas de que tenha conhecimento.

§ 2º. A autoridade administrativa rejeitará a representação, em despacho fundamentado, se esta não contiver as formalidades estabelecidas no § 1º deste artigo. A rejeição não impede a representação ao Ministério Público, nos termos do art. 22 desta lei.

§ 3º. Atendidos os requisitos da representação, a autoridade determinará a imediata apuração dos fatos que, em se tratando de servidores federais, será processada na forma prevista nos arts. 148 a 182 da Lei nº 8.112, de 11 de dezembro de 1990 e, em se tratando de servidor militar, de acordo com os respectivos regulamentos disciplinares.

Art. 15. A comissão processante dará conhecimento ao Ministério Público e ao Tribunal ou Conselho de Contas da existência de procedimento administrativo para apurar a prática de ato de improbidade.

Parágrafo único. O Ministério Público ou Tribunal ou Conselho de Contas poderá, a requerimento, designar representante para acompanhar o procedimento administrativo.

Art. 16. Havendo fundados indícios de responsabilidade, a comissão representará ao Ministério Público ou à procuradoria do órgão para que requeira ao juízo competente a decretação do sequestro dos bens do agente ou terceiro que tenha enriquecido ilicitamente ou causado dano ao patrimônio público.

§ 1º. O pedido de sequestro será processado de acordo com o disposto nos arts. 822 e 825 do Código de Processo Civil.

§ 2º. Quando for o caso, o pedido incluirá a investigação, o exame e o bloqueio de bens, contas bancárias e aplicações financeiras mantidas pelo indiciado no exterior, nos termos da lei e dos tratados internacionais.

Art. 17. A ação principal, que terá o rito ordinário, será proposta pelo Ministério Público ou pela pessoa jurídica interessada, dentro de trinta dias da efetivação da medida cautelar.

§ 1º. É vedada a transação, acordo ou conciliação nas ações de que trata o *caput*.

§ 2º. A Fazenda Pública, quando for o caso, promoverá as ações necessárias à complementação do ressarcimento do patrimônio público.

§ 3º. No caso de a ação principal ter sido proposta pelo Ministério Público, aplica-se, no que couber, o disposto no § 3º do art. 6º da Lei nº 4.717, de 29 de junho de 1965. (Redação dada pela Lei nº 9.366, de 1996)

§ 4º. O Ministério Público, se não intervir no processo como parte, atuará obrigatoriamente, como fiscal da lei, sob pena de nulidade.

§ 5º. A propositura da ação prevenirá a jurisdição do juízo para todas as ações posteriormente intentadas que possuam a mesma causa de pedir ou o mesmo objeto. (Incluído pela Medida provisória nº 2.180-35, de 2001)

§ 6º. A ação será instruída com documentos ou justificação que contenham indícios suficientes da existência do ato de improbidade ou com razões fundamentadas da impossibilidade de apresentação de qualquer dessas provas, observada a legislação vigente, inclusive as disposições inscritas nos arts. 16 a 18 do Código de Processo Civil. (Incluído pela Medida Provisória nº 2.225-45, de 2001)

§ 7º. Estando a inicial em devida forma, o juiz mandará autuá-la e ordenará a notificação do requerido, para oferecer manifestação por escrito, que poderá ser instruída com documentos e justificações, dentro do prazo de quinze dias. (Incluído pela Medida Provisória nº 2.225-45, de 2001)

§ 8º. Recebida a manifestação, o juiz, no prazo de trinta dias, em decisão fundamentada, rejeitará a ação, se convencido da inexistência do ato de improbidade, da improcedência da ação ou da inadequação da via eleita. (Incluído pela Medida Provisória nº 2.225-45, de 2001)

§ 9º. Recebida a petição inicial, será o réu citado para apresentar contestação. (Incluído pela Medida Provisória nº 2.225-45, de 2001)

§ 10. Da decisão que receber a petição inicial, caberá agravo de instrumento. (Incluído pela Medida Provisória nº 2.225-45, de 2001)

§ 11. Em qualquer fase do processo, reconhecida a inadequação da ação de improbidade, o juiz extinguirá o processo sem julgamento do mérito. (Incluído pela Medida Provisória nº 2.225-45, de 2001)

§ 12. Aplica-se aos depoimentos ou inquirições realizadas nos processos regidos por esta Lei o disposto no art. 221, *caput* e § 1º, do Código de Processo Penal. (Incluído pela Medida Provisória nº 2.225-45, de 2001)

§ 13. Para os efeitos deste artigo, também se considera pessoa jurídica interessada o ente tributante que figurar no polo ativo da obrigação tributária de que tratam o § 4º do art. 3º e o art. 8º-A da Lei Complementar nº 116, de 31 de julho de 2003. (Incluído pela Lei Complementar nº 157, de 2016, em vigor na data de sua publicação, somente produzindo efeitos após o decurso do prazo referido no art. 6º Lei Complementar 157, de 2016.)

Art. 18. A sentença que julgar procedente ação civil de reparação de dano ou decretar a perda dos bens havidos ilicitamente determinará o pagamento ou a reversão dos bens, conforme o caso, em favor da pessoa jurídica prejudicada pelo ilícito.

CAPÍTULO VI.
DAS DISPOSIÇÕES PENAIS

Art. 19. Constitui crime a representação por ato de improbidade contra agente público ou terceiro beneficiário, quando o autor da denúncia o sabe inocente.

Pena: detenção de seis a dez meses e multa.

Parágrafo único. Além da sanção penal, o denunciante está sujeito a indenizar o denunciado pelos danos materiais, morais ou à imagem que houver provocado.

Art. 20. A perda da função pública e a suspensão dos direitos políticos só se efetivam com o trânsito em julgado da sentença condenatória.

Parágrafo único. A autoridade judicial ou administrativa competente poderá determinar o afastamento do agente público do exercício do cargo, emprego ou função, sem prejuízo da remuneração, quando a medida se fizer necessária à instrução processual.

Art. 21. A aplicação das sanções previstas nesta lei independe:

I – da efetiva ocorrência de dano ao patrimônio público, salvo quanto à pena de ressarcimento; (Redação dada pela Lei nº 12.120, de 2009).

II – da aprovação ou rejeição das contas pelo órgão de controle interno ou pelo Tribunal ou Conselho de Contas.

Art. 22. Para apurar qualquer ilícito previsto nesta lei, o Ministério Público, de ofício, a requerimento de autoridade administrativa ou mediante representação formulada de acordo com o disposto no art. 14, poderá requisitar a instauração de inquérito policial ou procedimento administrativo.

Capítulo VII.
DA PRESCRIÇÃO

Art. 23. As ações destinadas a levar a efeitos as sanções previstas nesta lei podem ser propostas:

I – até cinco anos após o término do exercício de mandato, de cargo em comissão ou de função de confiança;

II – dentro do prazo prescricional previsto em lei específica para faltas disciplinares puníveis com demissão a bem do serviço público, nos casos de exercício de cargo efetivo ou emprego.

III – até cinco anos da data da apresentação à administração pública da prestação de contas final pelas entidades referidas no parágrafo único do art. 1º desta Lei. (Incluído pela Lei nº 13.019, de 2014)

Capítulo VIII.
DAS DISPOSIÇÕES FINAIS

Art. 24. Esta lei entra em vigor na data de sua publicação.

Art. 25. Ficam revogadas as Leis nºs 3.164, de 1º de junho de 1957, e 3.502, de 21 de dezembro de 1958 e demais disposições em contrário.

Rio de Janeiro, 2 de junho de 1992,
171° da Independência e 104° da República.

FERNANDO COLLOR

ANEXO 2

LEI Nº 12.529, DE 30 DE NOVEMBRO DE 2011

Estrutura o Sistema Brasileiro de Defesa da Concorrência; dispõe sobre a prevenção e repressão às infrações contra a ordem econômica; altera a Lei nº 8.137, de 27 de dezembro de 1990, o Decreto-Lei nº 3.689, de 3 de outubro de 1941 – Código de Processo Penal, e a Lei nº 7.347, de 24 de julho de 1985; revoga dispositivos da Lei nº 8.884, de 11 de junho de 1994, e a Lei nº 9.781, de 19 de janeiro de 1999; e dá outras providências.

TÍTULO I.
DISPOSIÇÕES GERAIS

CAPÍTULO I.
DA FINALIDADE

Art. 1º. Esta Lei estrutura o Sistema Brasileiro de Defesa da Concorrência – SBDC e dispõe sobre a prevenção e a repressão às infrações contra a ordem econômica, orientada pelos ditames constitucionais de liberdade de iniciativa, livre concorrência, função social da propriedade, defesa dos consumidores e repressão ao abuso do poder econômico.

Parágrafo único. A coletividade é a titular dos bens jurídicos protegidos por esta Lei.

CAPÍTULO II.
DA TERRITORIALIDADE

Art. 2º. Aplica-se esta Lei, sem prejuízo de convenções e tratados de que seja signatário o Brasil, às práticas cometidas no todo ou em parte no território nacional ou que nele produzam ou possam produzir efeitos.

§ 1º. Reputa-se domiciliada no território nacional a empresa estrangeira que opere ou tenha no Brasil filial, agência, sucursal, escritório, estabelecimento, agente ou representante.

§ 2º. A empresa estrangeira será notificada e intimada de todos os atos processuais previstos nesta Lei, independentemente de procuração ou de disposição contratual ou estatutária, na pessoa do agente ou representante ou pessoa responsável por sua filial, agência, sucursal, estabelecimento ou escritório instalado no Brasil.

TÍTULO II.
DO SISTEMA BRASILEIRO DE DEFESA DA CONCORRÊNCIA

CAPÍTULO I.
DA COMPOSIÇÃO

Art. 3º. O SBDC é formado pelo Conselho Administrativo de Defesa Econômica – CADE e pela Secretaria de Acompanhamento Econômico do Ministério da Fazenda, com as atribuições previstas nesta Lei.

CAPÍTULO II.
DO CONSELHO ADMINISTRATIVO DE DEFESA ECONÔMICA – CADE

Art. 4º. O Cade é entidade judicante com jurisdição em todo o território nacional, que se constitui em autarquia federal, vinculada ao Ministério da Justiça, com sede e foro no Distrito Federal, e competências previstas nesta Lei.

SEÇÃO I.
DA ESTRUTURA ORGANIZACIONAL DO CADE

Art. 5º. O Cade é constituído pelos seguintes órgãos:

I – Tribunal Administrativo de Defesa Econômica;

II – Superintendência-Geral; e

III – Departamento de Estudos Econômicos.

SEÇÃO II.
DO TRIBUNAL ADMINISTRATIVO DE DEFESA ECONÔMICA

Art. 6º. O Tribunal Administrativo, órgão judicante, tem como membros um Presidente e seis Conselheiros escolhidos dentre cidadãos com mais de 30 (trinta) anos de idade, de notório saber jurídico ou econômico e reputação ilibada, nomeados pelo Presidente da República, depois de aprovados pelo Senado Federal.

§ 1º. O mandato do Presidente e dos Conselheiros é de 4 (quatro) anos, não coincidentes, vedada a recondução.

§ 2º. Os cargos de Presidente e de Conselheiro são de dedicação exclusiva, não se admitindo qualquer acumulação, salvo as constitucionalmente permitidas.

§ 3º. No caso de renúncia, morte, impedimento, falta ou perda de mandato do Presidente do Tribunal, assumirá o Conselheiro mais antigo no cargo ou o mais idoso, nessa ordem, até nova nomeação, sem prejuízo de suas atribuições.

§ 4º. No caso de renúncia, morte ou perda de mandato de Conselheiro, proceder-se-á a nova nomeação, para completar o mandato do substituído.

§ 5º. Se, nas hipóteses previstas no § 4º deste artigo, ou no caso de encerramento de mandato dos Conselheiros, a composição do Tribunal ficar reduzida a número inferior ao estabelecido no § 1º do art. 9º desta Lei, considerar-se-ão automaticamente suspensos os prazos previstos nesta Lei, e suspensa a tramitação de processos, continuando-se a contagem imediatamente após a recomposição do quorum.

Art. 7º. A perda de mandato do Presidente ou dos Conselheiros do Cade só poderá ocorrer em virtude de decisão do Senado Federal, por provocação do Presidente da República, ou em razão de condenação penal irrecorrível por crime doloso, ou de processo disciplinar de conformidade com o que prevê a Lei nº 8.112, de 11 de dezembro de 1990 e a Lei nº 8.429, de 2 de junho de 1992, e por infringência de quaisquer das vedações previstas no art. 8º desta Lei.

Parágrafo único. Também perderá o mandato, automaticamente, o membro do Tribunal que faltar a 3 (três) reuniões ordinárias consecutivas, ou 20 (vinte) intercaladas, ressalvados os afastamentos temporários autorizados pelo Plenário.

Art. 8º. Ao Presidente e aos Conselheiros é vedado:

I – receber, a qualquer título, e sob qualquer pretexto, honorários, percentagens ou custas;

II – exercer profissão liberal;

III – participar, na forma de controlador, diretor, administrador, gerente, preposto ou mandatário, de sociedade civil, comercial ou empresas de qualquer espécie;

IV – emitir parecer sobre matéria de sua especialização, ainda que em tese, ou funcionar como consultor de qualquer tipo de empresa;

V – manifestar, por qualquer meio de comunicação, opinião sobre processo pendente de julgamento, ou juízo depreciativo sobre despachos, votos ou sentenças de órgãos judiciais, ressalvada a crítica nos autos, em obras técnicas ou no exercício do magistério; e

VI – exercer atividade político-partidária.

§ 1º. É vedado ao Presidente e aos Conselheiros, por um período de 120 (cento e vinte) dias, contado da data em que deixar o cargo, representar qualquer pessoa, física ou jurídica, ou interesse perante o SBDC, ressalvada a defesa de direito próprio.

§ 2º. Durante o período mencionado no § 1º deste artigo, o Presidente e os Conselheiros receberão a mesma remuneração do cargo que ocupavam.

§ 3º. Incorre na prática de advocacia administrativa, sujeitando-se à pena prevista no art. 321 do Decreto-Lei nº 2.848, de 7 de dezembro de 1940 –

Código Penal, o ex-presidente ou ex-conselheiro que violar o impedimento previsto no § 1º deste artigo.

§ 4º. É vedado, a qualquer tempo, ao Presidente e aos Conselheiros utilizar informações privilegiadas obtidas em decorrência do cargo exercido.

Subseção I.
DA COMPETÊNCIA DO PLENÁRIO DO TRIBUNAL

Art. 9º. Compete ao Plenário do Tribunal, dentre outras atribuições previstas nesta Lei:

I – zelar pela observância desta Lei e seu regulamento e do regimento interno;

II – decidir sobre a existência de infração à ordem econômica e aplicar as penalidades previstas em lei;

III – decidir os processos administrativos para imposição de sanções administrativas por infrações à ordem econômica instaurados pela Superintendência-Geral;

IV – ordenar providências que conduzam à cessação de infração à ordem econômica, dentro do prazo que determinar;

V – aprovar os termos do compromisso de cessação de prática e do acordo em controle de concentrações, bem como determinar à Superintendência-Geral que fiscalize seu cumprimento;

VI – apreciar, em grau de recurso, as medidas preventivas adotadas pelo Conselheiro-Relator ou pela Superintendência-Geral;

VII – intimar os interessados de suas decisões;

VIII – requisitar dos órgãos e entidades da administração pública federal e requerer às autoridades dos Estados, Municípios, do Distrito Federal e dos Territórios as medidas necessárias ao cumprimento desta Lei;

IX – contratar a realização de exames, vistorias e estudos, aprovando, em cada caso, os respectivos honorários profissionais e demais despesas de processo, que deverão ser pagas pela empresa, se vier a ser punida nos termos desta Lei;

X – apreciar processos administrativos de atos de concentração econômica, na forma desta Lei, fixando, quando entender conveniente e oportuno, acordos em controle de atos de concentração;

XI – determinar à Superintendência-Geral que adote as medidas administrativas necessárias à execução e fiel cumprimento de suas decisões;

XII – requisitar serviços e pessoal de quaisquer órgãos e entidades do Poder Público Federal;

XIII – requerer à Procuradoria Federal junto ao Cade a adoção de providências administrativas e judiciais;

XIV – instruir o público sobre as formas de infração da ordem econômica;

XV – elaborar e aprovar regimento interno do Cade, dispondo sobre seu funcionamento, forma das deliberações, normas de procedimento e organização de seus serviços internos;

XVI – propor a estrutura do quadro de pessoal do Cade, observado o disposto no inciso II do *caput* do art. 37 da Constituição Federal;

XVII – elaborar proposta orçamentária nos termos desta Lei;

XVIII – requisitar informações de quaisquer pessoas, órgãos, autoridades e entidades públicas ou privadas, respeitando e mantendo o sigilo legal quando for o caso, bem como determinar as diligências que se fizerem necessárias ao exercício das suas funções; e

XIX – decidir pelo cumprimento das decisões, compromissos e acordos.

§ 1º. As decisões do Tribunal serão tomadas por maioria, com a presença mínima de 4 (quatro) membros, sendo o quorum de deliberação mínimo de 3 (três) membros.

§ 2º. As decisões do Tribunal não comportam revisão no âmbito do Poder Executivo, promovendo-se, de imediato, sua execução e comunicando-se, em seguida, ao Ministério Público, para as demais medidas legais cabíveis no âmbito de suas atribuições.

§ 3º. As autoridades federais, os diretores de autarquia, fundação, empresa pública e sociedade de economia mista federais e agências reguladoras são obrigados a prestar, sob pena de responsabilidade, toda a assistência e colaboração que lhes for solicitada pelo Cade, inclusive elaborando pareceres técnicos sobre as matérias de sua competência.

§ 4º. O Tribunal poderá responder consultas sobre condutas em andamento, mediante pagamento de taxa e acompanhadas dos respectivos documentos.

§ 5º. O Cade definirá, em resolução, normas complementares sobre o procedimento de consultas previsto no § 4º deste artigo.

Subseção II.
DA COMPETÊNCIA DO PRESIDENTE DO TRIBUNAL

Art. 10. Compete ao Presidente do Tribunal:

I – representar legalmente o Cade no Brasil ou no exterior, em juízo ou fora dele;

II – presidir, com direito a voto, inclusive o de qualidade, as reuniões do Plenário;

III – distribuir, por sorteio, os processos aos Conselheiros;

IV – convocar as sessões e determinar a organização da respectiva pauta;

V – solicitar, a seu critério, que a Superintendência-Geral auxilie o Tribunal na tomada de providências extrajudiciais para o cumprimento das decisões do Tribunal;

VI – fiscalizar a Superintendência-Geral na tomada de providências para execução das decisões e julgados do Tribunal;

VII – assinar os compromissos e acordos aprovados pelo Plenário;

VIII – submeter à aprovação do Plenário a proposta orçamentária e a lotação ideal do pessoal que prestará serviço ao Cade;

IX – orientar, coordenar e supervisionar as atividades administrativas do Cade;

X – ordenar as despesas atinentes ao Cade, ressalvadas as despesas da unidade gestora da Superintendência-Geral;

XI – firmar contratos e convênios com órgãos ou entidades nacionais e submeter, previamente, ao Ministro de Estado da Justiça os que devam ser celebrados com organismos estrangeiros ou internacionais; e

XII – determinar à Procuradoria Federal junto ao Cade as providências judiciais determinadas pelo Tribunal.

Subseção III. Da competência dos Conselheiros do Tribunal

Art. 11. Compete aos Conselheiros do Tribunal:

I – emitir voto nos processos e questões submetidas ao Tribunal;

II – proferir despachos e lavrar as decisões nos processos em que forem relatores;

III – requisitar informações e documentos de quaisquer pessoas, órgãos, autoridades e entidades públicas ou privadas, a serem mantidos sob sigilo legal, quando for o caso, bem como determinar as diligências que se fizerem necessárias;

IV – adotar medidas preventivas, fixando o valor da multa diária pelo seu descumprimento;

V – solicitar, a seu critério, que a Superintendência-Geral realize as diligências e a produção das provas que entenderem pertinentes nos autos do processo administrativo, na forma desta Lei;

VI – requerer à Procuradoria Federal junto ao Cade emissão de parecer jurídico nos processos em que forem relatores, quando entenderem necessário e em despacho fundamentado, na forma prevista no inciso VII do art. 15 desta Lei;

VII – determinar ao Economista-Chefe, quando necessário, a elaboração de pareceres nos processos em que forem relatores, sem prejuízo da tramitação normal do processo e sem que tal determinação implique a suspensão do prazo de análise ou prejuízo à tramitação normal do processo;

VIII – desincumbir-se das demais tarefas que lhes forem cometidas pelo regimento;

IX – propor termo de compromisso de cessação e acordos para aprovação do Tribunal;

X – prestar ao Poder Judiciário, sempre que solicitado, todas as informações sobre andamento dos processos, podendo, inclusive, fornecer cópias dos autos para instruir ações judiciais.

SEÇÃO III.
DA SUPERINTENDÊNCIA-GERAL

Art. 12. O Cade terá em sua estrutura uma Superintendência-Geral, com 1 (um) Superintendente-Geral e 2 (dois) Superintendentes-Adjuntos, cujas atribuições específicas serão definidas em Resolução.

§ 1º. O Superintendente-Geral será escolhido dentre cidadãos com mais de 30 (trinta) anos de idade, notório saber jurídico ou econômico e reputação ilibada, nomeado pelo Presidente da República, depois de aprovado pelo Senado Federal.

§ 2º. O Superintendente-Geral terá mandato de 2 (dois) anos, permitida a recondução para um único período subsequente.

§ 3º. Aplicam-se ao Superintendente-Geral as mesmas normas de impedimentos, perda de mandato, substituição e as vedações do art. 8º desta Lei, incluindo o disposto no § 2º do art. 8º desta Lei, aplicáveis ao Presidente e aos Conselheiros do Tribunal.

§ 4º. Os cargos de Superintendente-Geral e de Superintendentes-Adjuntos são de dedicação exclusiva, não se admitindo qualquer acumulação, salvo as constitucionalmente permitidas.

§ 5º. Durante o período de vacância que anteceder à nomeação de novo Superintendente-Geral, assumirá interinamente o cargo um dos superintendentes adjuntos, indicado pelo Presidente do Tribunal, o qual permanecerá no cargo até a posse do novo Superintendente-Geral, escolhido na forma do § 1º deste artigo.

§ 6º. Se, no caso da vacância prevista no § 5º deste artigo, não houver nenhum Superintendente Adjunto nomeado na Superintendência do Cade, o Presidente do Tribunal indicará servidor em exercício no Cade, com conhecimento jurídico ou econômico na área de defesa da concorrência e reputação ilibada, para assumir interinamente o cargo, permanecendo neste até a posse do novo Superinten-dente-Geral, escolhido na forma do § 1º deste artigo.

§ 7º. Os Superintendentes-Adjuntos serão indicados pelo Superintendente-Geral.

Art. 13. Compete à Superintendência-Geral:

I – zelar pelo cumprimento desta Lei, monitorando e acompanhando as práticas de mercado;

II – acompanhar, permanentemente, as atividades e práticas comerciais de pessoas físicas ou jurídicas que detiverem posição dominante em mercado relevante de bens ou serviços, para prevenir infrações da ordem econômica, podendo, para tanto, requisitar as informações e documentos necessários, mantendo o sigilo legal, quando for o caso;

III – promover, em face de indícios de infração da ordem econômica, procedimento preparatório de inquérito administrativo e inquérito administrativo para apuração de infrações à ordem econômica;

IV – decidir pela insubsistência dos indícios, arquivando os autos do inquérito administrativo ou de seu procedimento preparatório;

V – instaurar e instruir processo administrativo para imposição de sanções administrativas por infrações à ordem econômica, procedimento para apuração de ato de concentração, processo administrativo para análise de ato de concentração econômica e processo administrativo para imposição de sanções processuais incidentais instaurados para prevenção, apuração ou repressão de infrações à ordem econômica;

VI – no interesse da instrução dos tipos processuais referidos nesta Lei:

a) requisitar informações e documentos de quaisquer pessoas, físicas ou jurídicas, órgãos, autoridades e entidades, públicas ou privadas, mantendo o sigilo legal, quando for o caso, bem como determinar as diligências que se fizerem necessárias ao exercício de suas funções;

b) requisitar esclarecimentos orais de quaisquer pessoas, físicas ou jurídicas, órgãos, autoridades e entidades, públicas ou privadas, na forma desta Lei;

c) realizar inspeção na sede social, estabelecimento, escritório, filial ou sucursal de empresa investigada, de estoques, objetos, papéis de qualquer natureza, assim como livros comerciais, computadores e arquivos eletrônicos, podendo-se extrair ou requisitar cópias de quaisquer documentos ou dados eletrônicos;

d) requerer ao Poder Judiciário, por meio da Procuradoria Federal junto ao Cade, mandado de busca e apreensão de objetos, papéis de qualquer natureza, assim como de livros comerciais, computadores e arquivos magnéticos de empresa ou pessoa física, no interesse de inquérito administrativo ou de processo administrativo para imposição de sanções administrativas por infrações à ordem econômica, aplicando-se, no que couber, o disposto no art. 839 e seguintes da Lei nº 5.869, de 11 de janeiro de 1973 – Código de Processo Civil, sendo inexigível a propositura de ação principal;

e) requisitar vista e cópia de documentos e objetos constantes de inquéritos e processos administrativos instaurados por órgãos ou entidades da administração pública federal;

f) requerer vista e cópia de inquéritos policiais, ações judiciais de quaisquer natureza, bem como de inquéritos e processos administrativos instaurados por outros entes da federação, devendo o Conselho observar as mesmas restrições de sigilo eventualmente estabelecidas nos procedimentos de origem;

VII – recorrer de ofício ao Tribunal quando decidir pelo arquivamento de processo administrativo para imposição de sanções administrativas por infrações à ordem econômica;

VIII – remeter ao Tribunal, para julgamento, os processos administrativos que instaurar, quando entender configurada infração da ordem econômica;

IX – propor termo de compromisso de cessação de prática por infração à ordem econômica, submetendo-o à aprovação do Tribunal, e fiscalizar o seu cumprimento;

X – sugerir ao Tribunal condições para a celebração de acordo em controle de concentrações e fiscalizar o seu cumprimento;

XI – adotar medidas preventivas que conduzam à cessação de prática que constitua infração da ordem econômica, fixando prazo para seu cumprimento e o valor da multa diária a ser aplicada, no caso de descumprimento;

XII – receber, instruir e aprovar ou impugnar perante o Tribunal os processos administrativos para análise de ato de concentração econômica;

XIII – orientar os órgãos e entidades da administração pública quanto à adoção de medidas necessárias ao cumprimento desta Lei;

XIV – desenvolver estudos e pesquisas objetivando orientar a política de prevenção de infrações da ordem econômica;

XV – instruir o público sobre as diversas formas de infração da ordem econômica e os modos de sua prevenção e repressão;

XVI – exercer outras atribuições previstas em lei;

XVII – prestar ao Poder Judiciário, sempre que solicitado, todas as informações sobre andamento das investigações, podendo, inclusive, fornecer cópias dos autos para instruir ações judiciais; e

XVIII – adotar as medidas administrativas necessárias à execução e ao cumprimento das decisões do Plenário.

Art. 14. São atribuições do Superintendente-Geral:

I – participar, quando entender necessário, sem direito a voto, das reuniões do Tribunal e proferir sustentação oral, na forma do regimento interno;

II – cumprir e fazer cumprir as decisões do Tribunal na forma determinada pelo seu Presidente;

III – requerer à Procuradoria Federal junto ao Cade as providências judiciais relativas ao exercício das competências da Superintendência-Geral;

IV – determinar ao Economista-Chefe a elaboração de estudos e pareceres;

V – ordenar despesas referentes à unidade gestora da Superintendência-Geral; e

VI – exercer outras atribuições previstas em lei.

Seção IV.
DA PROCURADORIA FEDERAL JUNTO AO CADE

Art. 15. Funcionará junto ao Cade Procuradoria Federal Especializada, competindo-lhe:

I – prestar consultoria e assessoramento jurídico ao Cade;

II – representar o Cade judicial e extrajudicialmente;

III – promover a execução judicial das decisões e julgados do Cade;

IV – proceder à apuração da liquidez dos créditos do Cade, inscrevendo-os em dívida ativa para fins de cobrança administrativa ou judicial;

V – tomar as medidas judiciais solicitadas pelo Tribunal ou pela Superintendência-Geral, necessárias à cessação de infrações da ordem econômica ou à obtenção de documentos para a instrução de processos administrativos de qualquer natureza;

VI – promover acordos judiciais nos processos relativos a infrações contra a ordem econômica, mediante autorização do Tribunal;

VII – emitir, sempre que solicitado expressamente por Conselheiro ou pelo Superintendente-Geral, parecer nos processos de competência do Cade, sem que tal determinação implique a suspensão do prazo de análise ou prejuízo à tramitação normal do processo;

VIII – zelar pelo cumprimento desta Lei; e

IX – desincumbir-se das demais tarefas que lhe sejam atribuídas pelo regimento interno.

Parágrafo único. Compete à Procuradoria Federal junto ao Cade, ao dar execução judicial às decisões da Superintendência-Geral e do Tribunal, manter o Presidente do Tribunal, os Conselheiros e o Superintendente-Geral informados sobre o andamento das ações e medidas judiciais.

Art. 16. O Procurador-Chefe será nomeado pelo Presidente da República, depois de aprovado pelo Senado Federal, dentre cidadãos brasileiros com mais de 30 (trinta) anos de idade, de notório conhecimento jurídico e reputação ilibada.

§ 1º. O Procurador-Chefe terá mandato de 2 (dois) anos, permitida sua recondução para um único período.

§ 2º. O Procurador-Chefe poderá participar, sem direito a voto, das reuniões do Tribunal, prestando assistência e esclarecimentos, quando requisitado pelos Conselheiros, na forma do Regimento Interno do Tribunal.

§ 3º. Aplicam-se ao Procurador-Chefe as mesmas normas de impedimento aplicáveis aos Conselheiros do Tribunal, exceto quanto ao comparecimento às sessões.

§ 4º. Nos casos de faltas, afastamento temporário ou impedimento do Procurador-Chefe, o Plenário indicará e o Presidente do Tribunal designará o substituto eventual dentre os integrantes da Procuradoria Federal Especializada.

SEÇÃO V.
DO DEPARTAMENTO DE ESTUDOS ECONÔMICOS

Art. 17. O Cade terá um Departamento de Estudos Econômicos, dirigido por um Economista-Chefe, a quem incumbirá elaborar estudos e pareceres econômicos, de ofício ou por solicitação do Plenário, do Presidente, do Conselheiro-Relator ou do Superintendente-Geral, zelando pelo rigor e atualização técnica e científica das decisões do órgão.

Art. 18. O Economista-Chefe será nomeado, conjuntamente, pelo Superinten-dente-Geral e pelo Presidente do Tribunal, dentre brasileiros de ilibada reputação e notório conhecimento econômico.

§ 1º. O Economista-Chefe poderá participar das reuniões do Tribunal, sem direito a voto.

§ 2º. Aplicam-se ao Economista-Chefe as mesmas normas de impedimento aplicáveis aos Conselheiros do Tribunal, exceto quanto ao comparecimento às sessões.

CAPÍTULO III.
DA SECRETARIA DE ACOMPANHAMENTO ECONÔMICO

Art. 19. Compete à Secretaria de Acompanhamento Econômico promover a concorrência em órgãos de governo e perante a sociedade cabendo-lhe, especialmente, o seguinte:

I – opinar, nos aspectos referentes à promoção da concorrência, sobre propostas de alterações de atos normativos de interesse geral dos agentes econômicos, de consumidores ou usuários dos serviços prestados submetidos a consulta pública pelas agências reguladoras e, quando entender pertinente, sobre os pedidos de revisão de tarifas e as minutas;

II – opinar, quando considerar pertinente, sobre minutas de atos normativos elaborados por qualquer entidade pública ou privada submetidos à consulta pública, nos aspectos referentes à promoção da concorrência;

III – opinar, quando considerar pertinente, sobre proposições legislativas em tramitação no Congresso Nacional, nos aspectos referentes à promoção da concorrência;

IV – elaborar estudos avaliando a situação concorrencial de setores específicos da atividade econômica nacional, de ofício ou quando solicitada pelo Cade, pela Câmara de Comércio Exterior ou pelo Departamento de Proteção e Defesa do Consumidor do Ministério da Justiça ou órgão que vier a sucedê-lo;

V – elaborar estudos setoriais que sirvam de insumo para a participação do Ministério da Fazenda na formulação de políticas públicas setoriais nos fóruns em que este Ministério tem assento;

VI – propor a revisão de leis, regulamentos e outros atos normativos da administração pública federal, estadual, municipal e do Distrito Federal que afetem ou possam afetar a concorrência nos diversos setores econômicos do País;

VII – manifestar-se, de ofício ou quando solicitada, a respeito do impacto concorrencial de medidas em discussão no âmbito de fóruns negociadores relativos às atividades de alteração tarifária, ao acesso a mercados e à defesa comercial, ressalvadas as competências dos órgãos envolvidos;

VIII – encaminhar ao órgão competente representação para que este, a seu critério, adote as medidas legais cabíveis, sempre que for identificado ato normativo que tenha caráter anticompetitivo.

§ 1º. Para o cumprimento de suas atribuições, a Secretaria de Acompanhamento Econômico poderá:

I – requisitar informações e documentos de quaisquer pessoas, órgãos, autoridades e entidades, públicas ou privadas, mantendo o sigilo legal quando for o caso;

II – celebrar acordos e convênios com órgãos ou entidades públicas ou privadas, federais, estaduais, municipais, do Distrito Federal e dos Territórios para avaliar e/ou sugerir medidas relacionadas à promoção da concorrência.

§ 2º. A Secretaria de Acompanhamento Econômico divulgará anualmente relatório de suas ações voltadas para a promoção da concorrência.

TÍTULO III.
DO MINISTÉRIO PÚBLICO FEDERAL PERANTE O CADE

Art. 20. O Procurador-Geral da República, ouvido o Conselho Superior, designará membro do Ministério Público Federal para, nesta qualidade, emitir parecer, nos processos administrativos para imposição de sanções administrativas por infrações à ordem econômica, de ofício ou a requerimento do Conselheiro-Relator.

TÍTULO IV.
DO PATRIMÔNIO, DAS RECEITAS E DA GESTÃO ADMINISTRATIVA, ORÇAMENTÁRIA E FINANCEIRA

Art. 21. Compete ao Presidente do Tribunal orientar, coordenar e supervisionar as atividades administrativas do Cade, respeitadas as atribuições dos dirigentes dos demais órgãos previstos no art. 5º desta Lei.

§ 1º. A Superintendência-Geral constituirá unidade gestora, para fins administrativos e financeiros, competindo ao seu Superintendente-Geral ordenar as despesas pertinentes às respectivas ações orçamentárias.

§ 2º. Para fins administrativos e financeiros, o Departamento de Estudos Econômicos estará ligado ao Tribunal.

Art. 22. Anualmente, o Presidente do Tribunal, ouvido o Superintendente-Geral, encaminhará ao Poder Executivo a proposta de orçamento do Cade e a lotação ideal do pessoal que prestará serviço àquela autarquia.

Art. 23. Instituem-se taxas processuais sobre os processos de competência do Cade, no valor de R$ 85.000,00 (oitenta e cinco mil reais), para os processos que têm como fato gerador a apresentação dos atos previstos no art. 88 desta Lei, e no valor de R$ 15.000,00 (quinze mil reais), para os processos que têm como fato gerador a apresentação das consultas referidas no § 4º do art. 9º desta Lei. (Redação dada pela Lei nº 13.196, de 2015)

Parágrafo único. A taxa processual de que trata o *caput* deste artigo poderá ser atualizada por ato do Poder Executivo, após autorização do Congresso Nacional.

Art. 24. São contribuintes da taxa processual que tem como fato gerador a apresentação dos atos previstos no art. 88 desta Lei qualquer das requerentes.

Art. 25. O recolhimento da taxa processual que tem como fato gerador a apresentação dos atos previstos no art. 88 desta Lei deverá ser comprovado no momento da protocolização do ato.

§ 1º. A taxa processual não recolhida no momento fixado no *caput* deste artigo será cobrada com os seguintes acréscimos:

I – juros de mora, contados do mês seguinte ao do vencimento, à razão de 1% (um por cento), calculados na forma da legislação aplicável aos tributos federais;

II – multa de mora de 20% (vinte por cento). § 2º. Os juros de mora não incidem sobre o valor da multa de mora.

Art. 26. Vetado.

Art. 27. As taxas de que tratam os arts. 23 e 26 desta Lei serão recolhidas ao Tesouro Nacional na forma regulamentada pelo Poder Executivo.

Art. 28. Constituem receitas próprias do Cade:

I – o produto resultante da arrecadação das taxas previstas nos arts. 23 e 26 desta Lei;

II – a retribuição por serviços de qualquer natureza prestados a terceiros;

III – as dotações consignadas no Orçamento Geral da União, créditos especiais, créditos adicionais, transferências e repasses que lhe forem conferidos;

IV – os recursos provenientes de convênios, acordos ou contratos celebrados com entidades ou organismos nacionais e internacionais;

V – as doações, legados, subvenções e outros recursos que lhe forem destinados;

VI – os valores apurados na venda ou aluguel de bens móveis e imóveis de sua propriedade;

VII – o produto da venda de publicações, material técnico, dados e informações;

VIII – os valores apurados em aplicações no mercado financeiro das receitas previstas neste artigo, na forma definida pelo Poder Executivo; e

IX – quaisquer outras receitas, afetas às suas atividades, não especificadas nos incisos I a VIII do *caput* deste artigo.

§ 1º. Vetado.

§ 2º. Vetado.

§ 3º. O produto da arrecadação das multas aplicadas pelo Cade, inscritas ou não em dívida ativa, será destinado ao Fundo de Defesa de Direitos Difusos de que trata o art. 13 da Lei nº 7.347, de 24 de julho de 1985, e a Lei nº 9.008, de 21 de março de 1995.

§ 4º. As multas arrecadadas na forma desta Lei serão recolhidas ao Tesouro Nacional na forma regulamentada pelo Poder Executivo.

Art. 29. O Cade submeterá anualmente ao Ministério da Justiça a sua proposta de orçamento, que será encaminhada ao Ministério do Planejamento, Orçamento e Gestão para inclusão na lei orçamentária anual, a que se refere o § 5º do art. 165 da Constituição Federal.

§ 1º. O Cade fará acompanhar as propostas orçamentárias de quadro demonstrativo do planejamento plurianual das receitas e despesas, visando ao seu equilíbrio orçamentário e financeiro nos 5 (cinco) exercícios subsequentes.

§ 2º. A lei orçamentária anual consignará as dotações para as despesas de custeio e capital do Cade, relativas ao exercício a que ela se referir.

Art. 30. Somam-se ao atual patrimônio do Cade os bens e direitos pertencentes ao Ministério da Justiça atualmente afetados às atividades do Departamento de Proteção e Defesa Econômica da Secretaria de Direito Econômico.

TÍTULO V.
DAS INFRAÇÕES DA ORDEM ECONÔMICA

CAPÍTULO I.
DISPOSIÇÕES GERAIS

Art. 31. Esta Lei aplica-se às pessoas físicas ou jurídicas de direito público ou privado, bem como a quaisquer associações de entidades ou pessoas, constituídas de fato ou de direito, ainda que temporariamente, com ou sem personalidade jurídica, mesmo que exerçam atividade sob regime de monopólio legal.

Art. 32. As diversas formas de infração da ordem econômica implicam a responsabilidade da empresa e a responsabilidade individual de seus dirigentes ou administradores, solidariamente.

Art. 33. Serão solidariamente responsáveis as empresas ou entidades integrantes de grupo econômico, de fato ou de direito, quando pelo menos uma delas praticar infração à ordem econômica.

Art. 34. A personalidade jurídica do responsável por infração da ordem econômica poderá ser desconsiderada quando houver da parte deste abuso de direito, excesso de poder, infração da lei, fato ou ato ilícito ou violação dos estatutos ou contrato social.

Parágrafo único. A desconsideração também será efetivada quando houver falência, estado de insolvência, encerramento ou inatividade da pessoa jurídica provocados por má administração.

Art. 35. A repressão das infrações da ordem econômica não exclui a punição de outros ilícitos previstos em lei.

CAPÍTULO II.
DAS INFRAÇÕES

Art. 36. Constituem infração da ordem econômica, independentemente de culpa, os atos sob qualquer forma manifestados, que tenham por objeto ou possam produzir os seguintes efeitos, ainda que não sejam alcançados:

I – limitar, falsear ou de qualquer forma prejudicar a livre concorrência ou a livre iniciativa;

II – dominar mercado relevante de bens ou serviços;

III – aumentar arbitrariamente os lucros; e

IV – exercer de forma abusiva posição dominante.

§ 1º. A conquista de mercado resultante de processo natural fundado na maior eficiência de agente econômico em relação a seus competidores não caracteriza o ilícito previsto no inciso II do *caput* deste artigo.

§ 2º. Presume-se posição dominante sempre que uma empresa ou grupo de empresas for capaz de alterar unilateral ou coordenadamente as condições de mercado ou quando controlar 20% (vinte por cento) ou mais do mercado relevante, podendo este percentual ser alterado pelo Cade para setores específicos da economia.

§ 3º. As seguintes condutas, além de outras, na medida em que configurem hipótese prevista no *caput* deste artigo e seus incisos, caracterizam infração da ordem econômica:

I – acordar, combinar, manipular ou ajustar com concorrente, sob qualquer forma:

a) os preços de bens ou serviços ofertados individualmente;

b) a produção ou a comercialização de uma quantidade restrita ou limitada de bens ou a prestação de um número, volume ou frequência restrita ou limitada de serviços;

c) a divisão de partes ou segmentos de um mercado atual ou potencial de bens ou serviços, mediante, dentre outros, a distribuição de clientes, fornecedores, regiões ou períodos;

d) preços, condições, vantagens ou abstenção em licitação pública;

II – promover, obter ou influenciar a adoção de conduta comercial uniforme ou concertada entre concorrentes;

III – limitar ou impedir o acesso de novas empresas ao mercado;

IV – criar dificuldades à constituição, ao funcionamento ou ao desenvolvimento de empresa concorrente ou de fornecedor, adquirente ou financiador de bens ou serviços;

V – impedir o acesso de concorrente às fontes de insumo, matérias-primas, equipamentos ou tecnologia, bem como aos canais de distribuição;

VI – exigir ou conceder exclusividade para divulgação de publicidade nos meios de comunicação de massa;

VII – utilizar meios enganosos para provocar a oscilação de preços de terceiros;

VIII – regular mercados de bens ou serviços, estabelecendo acordos para limitar ou controlar a pesquisa e o desenvolvimento tecnológico, a produção de bens ou prestação de serviços, ou para dificultar investimentos destinados à produção de bens ou serviços ou à sua distribuição;

IX – impor, no comércio de bens ou serviços, a distribuidores, varejistas e representantes preços de revenda, descontos, condições de pagamento, quantidades mínimas ou máximas, margem de lucro ou quaisquer outras condições de comercialização relativos a negócios destes com terceiros;

X – discriminar adquirentes ou fornecedores de bens ou serviços por meio da fixação diferenciada de preços, ou de condições operacionais de venda ou prestação de serviços;

XI – recusar a venda de bens ou a prestação de serviços, dentro das condições de pagamento normais aos usos e costumes comerciais;

XII – dificultar ou romper a continuidade ou desenvolvimento de relações comerciais de prazo indeterminado em razão de recusa da outra parte em submeter-se a cláusulas e condições comerciais injustificáveis ou anticoncorrenciais;

XIII – destruir, inutilizar ou açambarcar matérias-primas, produtos intermediários ou acabados, assim como destruir, inutilizar ou dificultar a operação de equipamentos destinados a produzi-los, distribuí-los ou transportá-los;

XIV – açambarcar ou impedir a exploração de direitos de propriedade industrial ou intelectual ou de tecnologia;

XV – vender mercadoria ou prestar serviços injustificadamente abaixo do preço de custo;

XVI – reter bens de produção ou de con-sumo, exceto para garantir a cobertura dos custos de produção;

XVII – cessar parcial ou totalmente as atividades da empresa sem justa causa comprovada;

XVIII – subordinar a venda de um bem à aquisição de outro ou à utilização de um serviço, ou subordinar a prestação de um serviço à utilização de outro ou à aquisição de um bem; e

XIX – exercer ou explorar abusivamente direitos de propriedade industrial, intelectual, tecnologia ou marca.

CAPÍTULO III. DAS PENAS

Art. 37. A prática de infração da ordem econômica sujeita os responsáveis às seguintes penas:

I – no caso de empresa, multa de 0,1% (um décimo por cento) a 20% (vinte por cento) do valor do faturamento bruto da empresa, grupo ou conglomerado obtido, no último exercício anterior à instauração do processo administrativo, no ramo de atividade empresarial em que ocorreu a infração, a qual nunca será inferior à vantagem auferida, quando for possível sua estimação;

II – no caso das demais pessoas físicas ou jurídicas de direito público ou privado, bem como quaisquer associações de entidades ou pessoas constituídas de fato ou de direito, ainda que temporariamente, com ou sem personalidade jurídica, que não exerçam atividade empresarial, não sendo possível utilizar-se o critério do valor do faturamento bruto, a multa será entre R$ 50.000,00 (cinquenta mil reais) e R$ 2.000.000.000,00 (dois bilhões de reais);

III – no caso de administrador, direta ou indiretamente responsável pela infração cometida, quando comprovada a sua culpa ou dolo, multa de 1% (um por cento) a 20% (vinte por cento) daquela aplicada à empresa, no caso previsto no inciso I do *caput* deste artigo, ou às pessoas jurídicas ou entidades, nos casos previstos no inciso II do *caput* deste artigo.

§ 1º. Em caso de reincidência, as multas cominadas serão aplicadas em dobro.

§ 2º. No cálculo do valor da multa de que trata o inciso I do *caput* deste artigo, o Cade poderá considerar o faturamento total da empresa ou grupo de empresas, quando não dispuser do valor do faturamento no ramo de atividade empresarial em que ocorreu a infração, definido pelo Cade, ou quando este for apresentado de forma incompleta e/ou não demonstrado de forma inequívoca e idônea.

Art. 38. Sem prejuízo das penas cominadas no art. 37 desta Lei, quando assim exigir a gravidade dos fatos ou o interesse público geral, poderão ser impostas as seguintes penas, isolada ou cumulativamente:

I – a publicação, em meia página e a expensas do infrator, em jornal indicado na decisão, de extrato da decisão condenatória, por 2 (dois) dias seguidos, de 1 (uma) a 3 (três) semanas consecutivas;

II – a proibição de contratar com instituições financeiras oficiais e participar de licitação tendo por objeto aquisições, alienações, realização de obras e serviços, concessão de serviços públicos, na administração pública federal, estadual, municipal e do Distrito Federal, bem como em entidades da administração indireta, por prazo não inferior a 5 (cinco) anos;

III – a inscrição do infrator no Cadastro Nacional de Defesa do Consumidor;

IV – a recomendação aos órgãos públicos competentes para que:

a) seja concedida licença compulsória de direito de propriedade intelectual de titularidade do infrator, quando a infração estiver relacionada ao uso desse direito;

b) não seja concedido ao infrator parcelamento de tributos federais por ele devidos ou para que sejam cancelados, no todo ou em parte, incentivos fiscais ou subsídios públicos;

V – a cisão de sociedade, transferência de controle societário, venda de ativos ou cessação parcial de atividade;

VI – a proibição de exercer o comércio em nome próprio ou como representante de pessoa jurídica, pelo prazo de até 5 (cinco) anos; e

VII – qualquer outro ato ou providência necessários para a eliminação dos efeitos nocivos à ordem econômica.

Art. 39. Pela continuidade de atos ou situações que configurem infração da ordem econômica, após decisão do Tribunal determinando sua cessação, bem como pelo não cumprimento de obrigações de fazer ou não fazer impostas, ou pelo descumprimento de medida preventiva ou termo de compromisso de cessação previstos nesta Lei, o responsável fica sujeito a multa diária fixada em valor de R$ 5.000,00 (cinco mil reais), podendo ser aumentada em até 50 (cinquenta) vezes, se assim recomendar a situação econômica do infrator e a gravidade da infração.

Art. 40. A recusa, omissão ou retardamento injustificado de informação ou documentos solicitados pelo Cade ou pela Secretaria de Acompanhamento Econômico constitui infração punível com multa diária de R$ 5.000,00 (cinco mil reais), podendo ser aumentada em até 20 (vinte) vezes, se necessário para garantir sua eficácia, em razão da situação econômica do infrator.

§ 1º. O montante fixado para a multa diária de que trata o *caput* deste artigo constará do documento que contiver a requisição da autoridade competente.

§ 2º. Compete à autoridade requisitante a aplicação da multa prevista no *caput* deste artigo.

§ 3º. Tratando-se de empresa estrangeira, responde solidariamente pelo pagamento da multa de que trata o *caput* sua filial, sucursal, escritório ou estabelecimento situado no País.

Art. 41. A falta injustificada do representado ou de terceiros, quando intimados para prestar esclarecimentos, no curso de inquérito ou processo administrativo, sujeitará o faltante à multa de R$ 500,00 (quinhentos reais)

a R$ 15.000,00 (quinze mil reais) para cada falta, aplicada conforme sua situação econômica.

Parágrafo único. A multa a que se refere o *caput* deste artigo será aplicada mediante auto de infração pela autoridade competente.

Art. 42. Impedir, obstruir ou de qualquer outra forma dificultar a realização de inspeção autorizada pelo Plenário do Tribunal, pelo Conselheiro-Relator ou pela Superintendência-Geral no curso de procedimento preparatório, inquérito administrativo, processo administrativo ou qualquer outro procedimento sujeitará o inspecionado ao pagamento de multa de R$ 20.000,00 (vinte mil reais) a R$ 400.000,00 (quatrocentos mil reais), conforme a situação econômica do infrator, mediante a lavratura de auto de infração pelo órgão competente.

Art. 43. A enganosidade ou a falsidade de informações, de documentos ou de declarações prestadas por qualquer pessoa ao Cade ou à Secretaria de Acompanhamento Econômico será punível com multa pecuniária no valor de R$ 5.000,00 (cinco mil reais) a R$ 5.000.000,00 (cinco milhões de reais), de acordo com a gravidade dos fatos e a situação econômica do infrator, sem prejuízo das demais cominações legais cabíveis.

Art. 44. Aquele que prestar serviços ao Cade ou a Seae, a qualquer título, e que der causa, mesmo que por mera culpa, à disseminação indevida de informação acerca de empresa, coberta por sigilo, será punível com multa pecuniária de R$ 1.000,00 (mil reais) a R$ 20.000,00 (vinte mil reais), sem prejuízo de abertura de outros procedimentos cabíveis.

§ 1º. Se o autor da disseminação indevida estiver servindo o Cade em virtude de mandato, ou na qualidade de Procurador Federal ou Economista-Chefe, a multa será em dobro.

§ 2º. O Regulamento definirá o procedimento para que uma informação seja tida como sigilosa, no âmbito do Cade e da Seae.

Art. 45. Na aplicação das penas estabelecidas nesta Lei, levar-se-á em consideração:

I – a gravidade da infração;

II – a boa-fé do infrator;

III – a vantagem auferida ou pretendida pelo infrator;

IV – a consumação ou não da infração;

V – o grau de lesão, ou perigo de lesão, à livre concorrência, à economia nacional, aos consumidores, ou a terceiros;

VI – os efeitos econômicos negativos produzidos no mercado;

VII – a situação econômica do infrator; e

VIII – a reincidência.

Capítulo IV.
DA PRESCRIÇÃO

Art. 46. Prescrevem em 5 (cinco) anos as ações punitivas da administração pública federal, direta e indireta, objetivando apurar infrações da ordem econômica, contados da data da prática do ilícito ou, no caso de infração permanente ou continuada, do dia em que tiver cessada a prática do ilícito.

§ 1º. Interrompe a prescrição qualquer ato administrativo ou judicial que tenha por objeto a apuração da infração contra a ordem econômica mencionada no *caput* deste artigo, bem como a notificação ou a intimação da investigada.

§ 2º. Suspende-se a prescrição durante a vigência do compromisso de cessação ou do acordo em controle de concentrações.

§ 3º. Incide a prescrição no procedimento administrativo paralisado por mais de 3 (três) anos, pendente de julgamento ou despacho, cujos autos serão arquivados de ofício ou mediante requerimento da parte interessada, sem prejuízo da apuração da responsabilidade funcional decorrente da paralisação, se for o caso.

§ 4º. Quando o fato objeto da ação punitiva da administração também constituir crime, a prescrição reger-se-á pelo prazo previsto na lei penal.

Capítulo V.
DO DIREITO DE AÇÃO

Art. 47. Os prejudicados, por si ou pelos legitimados referidos no art. 82 da Lei nº 8.078, de 11 de setembro de 1990, poderão ingressar em juízo para, em defesa de seus interesses individuais ou individuais homogêneos, obter a cessação de práticas que constituam infração da ordem econômica, bem como o recebimento de indenização por perdas e danos sofridos, independentemente do inquérito ou processo administrativo, que não será suspenso em virtude do ajuizamento de ação.

Título VI.
DAS DIVERSAS ESPÉCIES DE PROCESSO ADMINISTRATIVO

Capítulo I.
DISPOSIÇÕES GERAIS

Art. 48. Esta Lei regula os seguintes procedimentos administrativos instaurados para prevenção, apuração e repressão de infrações à ordem econômica:

I – procedimento preparatório de inquérito administrativo para apuração de infrações à ordem econômica;

II – inquérito administrativo para apuração de infrações à ordem econômica;

III – processo administrativo para imposição de sanções administrativas por infrações à ordem econômica;

IV – processo administrativo para análise de ato de concentração econômica;

V – procedimento administrativo para apuração de ato de concentração econômica; e

VI – processo administrativo para imposição de sanções processuais incidentais.

Art. 49. O Tribunal e a Superintendência-Geral assegurarão nos procedimentos previstos nos incisos II, III, IV e VI do *caput* do art. 48 desta Lei o tratamento sigiloso de documentos, informações e atos processuais necessários à elucidação dos fatos ou exigidos pelo interesse da sociedade.

Parágrafo único. As partes poderão requerer tratamento sigiloso de documentos ou informações, no tempo e modo definidos no regimento interno.

Art. 50. A Superintendência-Geral ou o Conselheiro-Relator poderá admitir a intervenção no processo administrativo de:

I – terceiros titulares de direitos ou interesses que possam ser afetados pela decisão a ser adotada; ou

II – legitimados à propositura de ação civil pública pelos incisos III e IV do art. 82 da Lei nº 8.078, de 11 de setembro de 1990.

Art. 51. Na tramitação dos processos no Cade, serão observadas as seguintes disposições, além daquelas previstas no regimento interno:

I – os atos de concentração terão prioridade sobre o julgamento de outras matérias;

II – a sessão de julgamento do Tribunal é pública, salvo nos casos em que for determinado tratamento sigiloso ao processo, ocasião em que as sessões serão reservadas;

III – nas sessões de julgamento do Tribunal, poderão o Superintendente-Geral, o Economista-Chefe, o Procurador-Chefe e as partes do processo requerer a palavra, que lhes será concedida, nessa ordem, nas condições e no prazo definido pelo regimento interno, a fim de sustentarem oralmente suas razões perante o Tribunal;

IV – a pauta das sessões de julgamento será definida pelo Presidente, que determinará sua publicação, com pelo menos 120 (cento e vinte) horas de antecedência; e

V – os atos e termos a serem praticados nos autos dos procedimentos enumerados no art. 48 desta Lei poderão ser encaminhados de forma eletrônica ou apresentados em meio magnético ou equivalente, nos termos das normas do Cade.

Art. 52. O cumprimento das decisões do Tribunal e de compromissos e acordos firmados nos termos desta Lei poderá, a critério do Tribunal, ser fiscalizado pela Superintendência-Geral, com o respectivo encaminhamento dos autos, após a decisão final do Tribunal.

§ 1º. Na fase de fiscalização da execução das decisões do Tribunal, bem como do cumprimento de compromissos e acordos firmados nos termos desta Lei, poderá a Superintendência-Geral valer-se de todos os poderes instrutórios que lhe são assegurados nesta Lei.

§ 2º. Cumprida integralmente a decisão do Tribunal ou os acordos em controle de concentrações e compromissos de cessação, a Superintendência--Geral, de ofício ou por provocação do interessado, manifestar-se-á sobre seu cumprimento.

CAPÍTULO II.
DO PROCESSO ADMINISTRATIVO NO CONTROLE DE ATOS DE CONCENTRAÇÃO ECONÔMICA

SEÇÃO I.
DO PROCESSO ADMINISTRATIVO NA SUPERINTENDÊNCIA-GERAL

Art. 53. O pedido de aprovação dos atos de concentração econômica a que se refere o art. 88 desta Lei deverá ser endereçado ao Cade e instruído com as informações e documentos indispensáveis à instauração do processo administrativo, definidos em resolução do Cade, além do comprovante de recolhimento da taxa respectiva.

§ 1º. Ao verificar que a petição não preenche os requisitos exigidos no *caput* deste artigo ou apresenta defeitos e irregularidades capazes de dificultar o julgamento de mérito, a Superintendência-Geral determinará, uma única vez, que os requerentes a emendem, sob pena de arquivamento.

§ 2º. Após o protocolo da apresentação do ato de concentração, ou de sua emenda, a Superintendência-Geral fará publicar edital, indicando o nome dos requerentes, a natureza da operação e os setores econômicos envolvidos.

Art. 54. Após cumpridas as providências indicadas no art. 53, a Superintendência-Geral:

I – conhecerá diretamente do pedido, proferindo decisão terminativa, quando o processo dispensar novas diligências ou nos casos de menor potencial ofensivo à concorrência, assim definidos em resolução do Cade; ou

II – determinará a realização da instrução complementar, especificando as diligências a serem produzidas.

Art. 55. Concluída a instrução complementar determinada na forma do inciso II do *caput* do art. 54 desta Lei, a Superintendência-Geral deverá manifestar-se sobre seu satisfatório cumprimento, recebendo-a como adequada ao exame de mérito ou determinando que seja refeita, por estar incompleta.

Art. 56. A Superintendência-Geral poderá, por meio de decisão fundamentada, declarar a operação como complexa e determinar a realização de nova instrução complementar, especificando as diligências a serem produzidas.

Parágrafo único. Declarada a operação como complexa, poderá a Superintendência-Geral requerer ao Tribunal a prorrogação do prazo de que trata o § 2º do art. 88 desta Lei.

Art. 57. Concluídas as instruções complementares de que tratam o inciso II do art. 54 e o art. 56 desta Lei, a Superintendência-Geral:

I - proferirá decisão aprovando o ato sem restrições;

II - oferecerá impugnação perante o Tribunal, caso entenda que o ato deva ser rejeitado, aprovado com restrições ou que não existam elementos conclusivos quanto aos seus efeitos no mercado.

Parágrafo único. Na impugnação do ato perante o Tribunal, deverão ser demonstrados, de forma circunstanciada, o potencial lesivo do ato à concorrência e as razões pelas quais não deve ser aprovado integralmente ou rejeitado.

SEÇÃO II.
DO PROCESSO ADMINISTRATIVO NO TRIBUNAL

Art. 58. O requerente poderá oferecer, no prazo de 30 (trinta) dias da data de impugnação da Superintendência-Geral, em petição escrita, dirigida ao Presidente do Tribunal, manifestação expondo as razões de fato e de direito com que se opõe à impugnação do ato de concentração da Superintendência-Geral e juntando todas as provas, estudos e pareceres que corroboram seu pedido.

Parágrafo único. Em até 48 (quarenta e oito) horas da decisão de que trata a impugnação pela Superintendência-Geral, disposta no inciso II do *caput* do art. 57 desta Lei e na hipótese do inciso I do art. 65 desta Lei, o processo será distribuído, por sorteio, a um Conselheiro-Relator.

Art. 59. Após a manifestação do requerente, o Conselheiro-Relator:

I - proferirá decisão determinando a inclusão do processo em pauta para julgamento, caso entenda que se encontre suficientemente instruído;

II - determinará a realização de instrução complementar, se necessário, podendo, a seu critério, solicitar que a Superintendência-Geral a realize, declarando os pontos controversos e especificando as diligências a serem produzidas.

§ 1º. O Conselheiro-Relator poderá autorizar, conforme o caso, precária e liminarmente, a realização do ato de concentração econômica, impondo as condições que visem à preservação da reversibilidade da operação, quando assim recomendarem as condições do caso concreto.

§ 2º. O Conselheiro-Relator poderá acompanhar a realização das diligências referidas no inciso II do *caput* deste artigo.

Art. 60. Após a conclusão da instrução, o Conselheiro-Relator determinará a inclusão do processo em pauta para julgamento.

Art. 61. No julgamento do pedido de aprovação do ato de concentração econômica, o Tribunal poderá aprová-lo integralmente, rejeitá-lo ou aprová-

-lo parcialmente, caso em que determinará as restrições que deverão ser observadas como condição para a validade e eficácia do ato.

§ 1º. O Tribunal determinará as restrições cabíveis no sentido de mitigar os eventuais efeitos nocivos do ato de concentração sobre os mercados relevantes afetados.

§ 2º. As restrições mencionadas no § 1º deste artigo incluem:

I – a venda de ativos ou de um conjunto de ativos que constitua uma atividade empresarial;

II – a cisão de sociedade;

III – a alienação de controle societário;

IV – a separação contábil ou jurídica de atividades;

V – o licenciamento compulsório de direitos de propriedade intelectual; e

VI – qualquer outro ato ou providência necessários para a eliminação dos efeitos nocivos à ordem econômica.

§ 3º. Julgado o processo no mérito, o ato não poderá ser novamente apresentado nem revisto no âmbito do Poder Executivo.

Art. 62. Em caso de recusa, omissão, enganosidade, falsidade ou retardamento injustificado, por parte dos requerentes, de informações ou documentos cuja apresentação for determinada pelo Cade, sem prejuízo das demais sanções cabíveis, poderá o pedido de aprovação do ato de concentração ser rejeitado por falta de provas, caso em que o requerente somente poderá realizar o ato mediante apresentação de novo pedido, nos termos do art. 53 desta Lei.

Art. 63. Os prazos previstos neste Capítulo não se suspendem ou interrompem por qualquer motivo, ressalvado o disposto no § 5º do art. 6º desta Lei, quando for o caso.

Art. 64. Vetado.

Seção III.
DO RECURSO CONTRA DECISÃO DE APROVAÇÃO DO ATO PELA SUPERINTENDÊNCIA-GERAL

Art. 65. No prazo de 15 (quinze) dias contado a partir da publicação da decisão da Superintendência-Geral que aprovar o ato de concentração, na forma do inciso I do *caput* do art. 54 e do inciso I do *caput* do art. 57 desta Lei:

I – caberá recurso da decisão ao Tribunal, que poderá ser interposto por terceiros interessados ou, em se tratando de mercado regulado, pela respectiva agência reguladora;

II – o Tribunal poderá, mediante provocação de um de seus Conselheiros e em decisão fundamentada, avocar o processo para julgamento ficando prevento o Conselheiro que encaminhou a provocação.

§ 1º. Em até 5 (cinco) dias úteis a partir do recebimento do recurso, o Conselheiro-Relator:

I - conhecerá do recurso e determinará a sua inclusão em pauta para julgamento;

II - conhecerá do recurso e determinará a realização de instrução complementar, podendo, a seu critério, solicitar que a Superintendência-Geral a realize, declarando os pontos controversos e especificando as diligências a serem produzidas; ou

III - não conhecerá do recurso, determinando o seu arquivamento.

§ 2º. As requerentes poderão manifestar-se acerca do recurso interposto, em até 5 (cinco) dias úteis do conhecimento do recurso no Tribunal ou da data do recebimento do relatório com a conclusão da instrução complementar elaborada pela Superintendência-Geral, o que ocorrer por último.

§ 3º. O litigante de má-fé arcará com multa, em favor do Fundo de Defesa de Direitos Difusos, a ser arbitrada pelo Tribunal entre R$ 5.000,00 (cinco mil reais) e R$ 5.000.000,00 (cinco milhões de reais), levando-se em consideração sua condição econômica, sua atuação no processo e o retardamento injustificado causado à aprovação do ato.

§ 4º. A interposição do recurso a que se refere o *caput* deste artigo ou a decisão de avocar suspende a execução do ato de concentração econômica até decisão final do Tribunal.

§ 5º. O Conselheiro-Relator poderá acompanhar a realização das diligências referidas no inciso II do § 1º deste artigo.

CAPÍTULO III.
DO INQUÉRITO ADMINISTRATIVO PARA APURAÇÃO DE INFRAÇÕES À ORDEM ECONÔMICA E DO PROCEDIMENTO PREPARATÓRIO

Art. 66. O inquérito administrativo, procedimento investigatório de natureza inquisitorial, será instaurado pela Superintendência-Geral para apuração de infrações à ordem econômica.

§ 1º. O inquérito administrativo será instaurado de ofício ou em face de representação fundamentada de qualquer interessado, ou em decorrência de peças de informação, quando os indícios de infração à ordem econômica não forem suficientes para a instauração de processo administrativo.

§ 2º. A Superintendência-Geral poderá instaurar procedimento preparatório de inquérito administrativo para apuração de infrações à ordem econômica para apurar se a conduta sob análise trata de matéria de competência do Sistema Brasileiro de Defesa da Concorrência, nos termos desta Lei.

§ 3º. As diligências tomadas no âmbito do procedimento preparatório de inquérito administrativo para apuração de infrações à ordem econômica deverão ser realizadas no prazo máximo de 30 (trinta) dias.

§ 4º. Do despacho que ordenar o arquivamento de procedimento preparatório, indeferir o requerimento de abertura de inquérito administrativo, ou seu arquivamento, caberá recurso de qualquer interessado ao Superintendente-Geral, na forma determinada em regulamento, que decidirá em última instância.

§ 5º. Vetado.

§ 6º. A representação de Comissão do Congresso Nacional, ou de qualquer de suas Casas, bem como da Secretaria de Acompanhamento Econômico, das agências reguladoras e da Procuradoria Federal junto ao Cade, independe de procedimento preparatório, instaurando-se desde logo o inquérito administrativo ou processo administrativo.

§ 7º. O representante e o indiciado poderão requerer qualquer diligência, que será realizada ou não, a juízo da Superintendência-Geral.

§ 8º. A Superintendência-Geral poderá solicitar o concurso da autoridade policial ou do Ministério Público nas investigações.

§ 9º. O inquérito administrativo deverá ser encerrado no prazo de 180 (cento e oitenta) dias, contado da data de sua instauração, prorrogáveis por até 60 (sessenta) dias, por meio de despacho fundamentado e quando o fato for de difícil elucidação e o justificarem as circunstâncias do caso concreto.

§ 10. Ao procedimento preparatório, assim como ao inquérito administrativo, poderá ser dado tratamento sigiloso, no interesse das investigações, a critério da Superintendência-Geral.

Art. 67. Até 10 (dez) dias úteis a partir da data de encerramento do inquérito administrativo, a Superintendência-Geral decidirá pela instauração do processo administrativo ou pelo seu arquivamento.

§ 1º. O Tribunal poderá, mediante provocação de um Conselheiro e em decisão fundamentada, avocar o inquérito administrativo ou procedimento preparatório de inquérito administrativo arquivado pela Superintendência-Geral, ficando prevento o Conselheiro que encaminhou a provocação.

§ 2º. Avocado o inquérito administrativo, o Conselheiro-Relator terá o prazo de 30 (trinta) dias úteis para:

I – confirmar a decisão de arquivamento da Superintendência-Geral, podendo, se entender necessário, fundamentar sua decisão;

II – transformar o inquérito administrativo em processo administrativo, determinando a realização de instrução complementar, podendo, a seu critério, solicitar que a Superintendência-Geral a realize, declarando os pontos controversos e especificando as diligências a serem produzidas.

§ 3º. Ao inquérito administrativo poderá ser dado tratamento sigiloso, no interesse das investigações, a critério do Plenário do Tribunal.

Art. 68. O descumprimento dos prazos fixados neste Capítulo pela Superintendência-Geral, assim como por seus servidores, sem justificativa devidamente comprovada nos autos, poderá resultar na apuração da respectiva responsabilidade administrativa, civil e criminal.

CAPÍTULO IV. DO PROCESSO ADMINISTRATIVO PARA IMPOSIÇÃO DE SANÇÕES ADMINISTRATIVAS POR INFRAÇÕES À ORDEM ECONÔMICA

Art. 69. O processo administrativo, procedimento em contraditório, visa a garantir ao acusado a ampla defesa a respeito das conclusões do inquérito administrativo, cuja nota técnica final, aprovada nos termos das normas do Cade, constituirá peça inaugural.

Art. 70. Na decisão que instaurar o processo administrativo, será determinada a notificação do representado para, no prazo de 30 (trinta) dias, apresentar defesa e especificar as provas que pretende sejam produzidas, declinando a qualificação completa de até 3 (três) testemunhas.

§ 1º. A notificação inicial conterá o inteiro teor da decisão de instauração do processo administrativo e da representação, se for o caso.

§ 2º. A notificação inicial do representado será feita pelo correio, com aviso de recebimento em nome próprio, ou outro meio que assegure a certeza da ciência do interessado ou, não tendo êxito a notificação postal, por edital publicado no Diário Oficial da União e em jornal de grande circulação no Estado em que resida ou tenha sede, contando-se os prazos da juntada do aviso de recebimento, ou da publicação, conforme o caso.

§ 3º. A intimação dos demais atos processuais será feita mediante publicação no Diário Oficial da União, da qual deverá constar o nome do representado e de seu procurador, se houver.

§ 4º. O representado poderá acompanhar o processo administrativo por seu titular e seus diretores ou gerentes, ou por seu procurador, assegurando-se-lhes amplo acesso aos autos no Tribunal.

§ 5º. O prazo de 30 (trinta) dias mencionado no *caput* deste artigo poderá ser dilatado por até 10 (dez) dias, improrrogáveis, mediante requisição do representado.

Art. 71. Considerar-se-á revel o representado que, notificado, não apresentar defesa no prazo legal, incorrendo em confissão quanto à matéria de fato, contra ele correndo os demais prazos, independentemente de notificação.

Parágrafo único. Qualquer que seja a fase do processo, nele poderá intervir o revel, sem direito à repetição de qualquer ato já praticado.

Art. 72. Em até 30 (trinta) dias úteis após o decurso do prazo previsto no art. 70 desta Lei, a Superintendência-Geral, em despacho fundamentado, determinará a produção de provas que julgar pertinentes, sendo-lhe facultado exercer os poderes de instrução previstos nesta Lei, mantendo-se o sigilo legal, quando for o caso.

Art. 73. Em até 5 (cinco) dias úteis da data de conclusão da instrução processual determinada na forma do art. 72 desta Lei, a Superintendência-Geral notificará o representado para apresentar novas alegações, no prazo de 5 (cinco) dias úteis.

Art. 74. Em até 15 (quinze) dias úteis contados do decurso do prazo previsto no art. 73 desta Lei, a Superintendência-Geral remeterá os autos do processo ao Presidente do Tribunal, opinando, em relatório circunstanciado, pelo seu arquivamento ou pela configuração da infração.

Art. 75. Recebido o processo, o Presidente do Tribunal o distribuirá, por sorteio, ao Conselheiro-Relator, que poderá, caso entenda necessário, solicitar à Procuradoria Federal junto ao Cade que se manifeste no prazo de 20 (vinte) dias.

Art. 76. O Conselheiro-Relator poderá determinar diligências, em despacho fundamentado, podendo, a seu critério, solicitar que a Superintendência-Geral as realize, no prazo assinado.

Parágrafo único. Após a conclusão das diligências determinadas na forma deste artigo, o Conselheiro-Relator notificará o representado para, no prazo de 15 (quinze) dias úteis, apresentar alegações finais.

Art. 77. No prazo de 15 (quinze) dias úteis contado da data de recebimento das alegações finais, o Conselheiro-Relator solicitará a inclusão do processo em pauta para julgamento.

Art. 78. A convite do Presidente, por indicação do Conselheiro-Relator, qualquer pessoa poderá apresentar esclarecimentos ao Tribunal, a propósito de assuntos que estejam em pauta.

Art. 79. A decisão do Tribunal, que em qualquer hipótese será fundamentada, quando for pela existência de infração da ordem econômica, conterá:

I – especificação dos fatos que constituam a infração apurada e a indicação das providências a serem tomadas pelos responsáveis para fazê-la cessar;

II – prazo dentro do qual devam ser iniciadas e concluídas as providências referidas no inciso I do *caput* deste artigo;

III – multa estipulada;

IV – multa diária em caso de continuidade da infração; e

V – multa em caso de descumprimento das providências estipuladas.

Parágrafo único. A decisão do Tribunal será publicada dentro de 5 (cinco) dias úteis no Diário Oficial da União.

Art. 80. Aplicam-se às decisões do Tribunal o disposto na Lei nº 8.437, de 30 de junho de 1992.

Art. 81. Descumprida a decisão, no todo ou em parte, será o fato comunicado ao Presidente do Tribunal, que determinará à Procuradoria Federal junto ao Cade que providencie sua execução judicial.

Art. 82. O descumprimento dos prazos fixados neste Capítulo pelos membros do Cade, assim como por seus servidores, sem justificativa devidamente comprovada nos autos, poderá resultar na apuração da respectiva responsabilidade administrativa, civil e criminal.

Art. 83. O Cade disporá de forma complementar sobre o inquérito e o processo administrativo.

CAPÍTULO V.
DA MEDIDA PREVENTIVA

Art. 84. Em qualquer fase do inquérito administrativo para apuração de infrações ou do processo administrativo para imposição de sanções por infrações à ordem econômica, poderá o Conselheiro-Relator ou o Superintendente-Geral, por iniciativa própria ou mediante provocação do Procurador-Chefe do Cade, adotar medida preventiva, quando houver indício ou fundado receio de que o representado, direta ou indiretamente, cause ou possa causar ao mercado lesão irreparável ou de difícil reparação, ou torne ineficaz o resultado final do processo.

§ 1º. Na medida preventiva, determinar-se-á a imediata cessação da prática e será ordenada, quando materialmente possível, a reversão à situação anterior, fixando multa diária nos termos do art. 39 desta Lei.

§ 2º. Da decisão que adotar medida preventiva caberá recurso voluntário ao Plenário do Tribunal, em 5 (cinco) dias, sem efeito suspensivo.

CAPÍTULO VI.
DO COMPROMISSO DE CESSAÇÃO

Art. 85. Nos procedimentos administrativos mencionados nos incisos I, II e III do art. 48 desta Lei, o Cade poderá tomar do representado compromisso de cessação da prática sob investigação ou dos seus efeitos lesivos, sempre que, em juízo de conveniência e oportunidade, devidamente fundamentado, entender que atende aos interesses protegidos por lei.

§ 1º. Do termo de compromisso deverão constar os seguintes elementos:

I – a especificação das obrigações do representado no sentido de não praticar a conduta investigada ou seus efeitos lesivos, bem como obrigações que julgar cabíveis;

II – a fixação do valor da multa para o caso de descumprimento, total ou parcial, das obrigações compromissadas;

III – a fixação do valor da contribuição pecuniária ao Fundo de Defesa de Direitos Difusos quando cabível.

§ 2º. Tratando-se da investigação da prática de infração relacionada ou decorrente das condutas previstas nos incisos I e II do § 3º do art. 36 desta Lei, entre as obrigações a que se refere o inciso I do § 1º deste artigo figurará, necessariamente, a obrigação de recolher ao Fundo de Defesa de

Direitos Difusos um valor pecuniário que não poderá ser inferior ao mínimo previsto no art. 37 desta Lei.

§ 3º. Vetado.

§ 4º. A proposta de termo de compromisso de cessação de prática somente poderá ser apresentada uma única vez.

§ 5º. A proposta de termo de compromisso de cessação de prática poderá ter caráter confidencial.

§ 6º. A apresentação de proposta de termo de compromisso de cessação de prática não suspende o andamento do processo administrativo.

§ 7º. O termo de compromisso de cessação de prática terá caráter público, devendo o acordo ser publicado no sítio do Cade em 5 (cinco) dias após a sua celebração.

§ 8º. O termo de compromisso de cessação de prática constitui título executivo extrajudicial.

§ 9º. O processo administrativo ficará suspenso enquanto estiver sendo cumprido o compromisso e será arquivado ao término do prazo fixado, se atendidas todas as condições estabelecidas no termo.

§ 10. A suspensão do processo administrativo a que se refere o § 9º deste artigo dar-se-á somente em relação ao representado que firmou o compromisso, seguindo o processo seu curso regular para os demais representados.

§ 11. Declarado o descumprimento do compromisso, o Cade aplicará as sanções nele previstas e determinará o prosseguimento do processo administrativo e as demais medidas administrativas e judiciais cabíveis para sua execução.

§ 12. As condições do termo de compromisso poderão ser alteradas pelo Cade se comprovar sua excessiva onerosidade para o representado, desde que a alteração não acarrete prejuízo para terceiros ou para a coletividade.

§ 13. A proposta de celebração do compromisso de cessação de prática será indeferida quando a autoridade não chegar a um acordo com os representados quanto aos seus termos.

§ 14. O Cade definirá, em resolução, normas complementares sobre o termo de compromisso de cessação.

§ 15. Aplica-se o disposto no art. 50 desta Lei ao Compromisso de Cessação da Prática.

CAPÍTULO VII.
DO PROGRAMA DE LENIÊNCIA

Art. 86. O Cade, por intermédio da Superintendência-Geral, poderá celebrar acordo de leniência, com a extinção da ação punitiva da administração pública ou a redução de 1 (um) a 2/3 (dois terços) da penalidade aplicável, nos termos deste artigo, com pessoas físicas e jurídicas que forem autoras de infração à ordem econômica, desde que colaborem efetivamente com as investigações e o processo administrativo e que dessa colaboração resulte:

I - a identificação dos demais envolvidos na infração; e

II - a obtenção de informações e documentos que comprovem a infração noticiada ou sob investigação.

§ 1º. O acordo de que trata o *caput* deste artigo somente poderá ser celebrado se preenchidos, cumulativamente, os seguintes requisitos:

I - a empresa seja a primeira a se qualificar com respeito à infração noticiada ou sob investigação;

II - a empresa cesse completamente seu envolvimento na infração noticiada ou sob investigação a partir da data de propositura do acordo;

III - a Superintendência-Geral não disponha de provas suficientes para assegurar a condenação da empresa ou pessoa física por ocasião da propositura do acordo; e

IV - a empresa confesse sua participação no ilícito e coopere plena e permanentemente com as investigações e o processo administrativo, comparecendo, sob suas expensas, sempre que solicitada, a todos os atos processuais, até seu encerramento.

§ 2º. Com relação às pessoas físicas, elas poderão celebrar acordos de leniência desde que cumpridos os requisitos II, III e IV do § 1º deste artigo.

§ 3º. O acordo de leniência firmado com o Cade, por intermédio da Superintendência-Geral, estipulará as condições necessárias para assegurar a efetividade da colaboração e o resultado útil do processo.

§ 4º. Compete ao Tribunal, por ocasião do julgamento do processo administrativo, verificado o cumprimento do acordo:

I - decretar a extinção da ação punitiva da administração pública em favor do infrator, nas hipóteses em que a proposta de acordo tiver sido apresentada à Superintendência-Geral sem que essa tivesse conhecimento prévio da infração noticiada; ou

II - nas demais hipóteses, reduzir de 1 (um) a 2/3 (dois terços) as penas aplicáveis, observado o disposto no art. 45 desta Lei, devendo ainda considerar na gradação da pena a efetividade da colaboração prestada e a boa-fé do infrator no cumprimento do acordo de leniência.

§ 5º. Na hipótese do inciso II do § 4º deste artigo, a pena sobre a qual incidirá o fator redutor não será superior à menor das penas aplicadas aos demais coautores da infração, relativamente aos percentuais fixados para a aplicação das multas de que trata o inciso I do art. 37 desta Lei.

§ 6º. Serão estendidos às empresas do mesmo grupo, de fato ou de direito, e aos seus dirigentes, administradores e empregados envolvidos na infração os efeitos do acordo de leniência, desde que o firmem em conjunto, respeitadas as condições impostas.

§ 7º. A empresa ou pessoa física que não obtiver, no curso de inquérito ou processo administrativo, habilitação para a celebração do acordo de que trata este artigo, poderá celebrar com a Superintendência-Geral, até a remessa do processo para julgamento, acordo de leniência relacionado a uma outra infração, da qual o Cade não tenha qualquer conhecimento prévio.

§ 8º. Na hipótese do § 7º deste artigo, o infrator se beneficiará da redução de 1/3 (um terço) da pena que lhe for aplicável naquele processo, sem prejuízo da obtenção dos benefícios de que trata o inciso I do § 4º deste artigo em relação à nova infração denunciada.

§ 9º. Considera-se sigilosa a proposta de acordo de que trata este artigo, salvo no interesse das investigações e do processo administrativo.

§ 10. Não importará em confissão quanto à matéria de fato, nem reconhecimento de ilicitude da conduta analisada, a proposta de acordo de leniência rejeitada, da qual não se fará qualquer divulgação.

§ 11. A aplicação do disposto neste artigo observará as normas a serem editadas pelo Tribunal.

§ 12. Em caso de descumprimento do acordo de leniência, o beneficiário ficará impedido de celebrar novo acordo de leniência pelo prazo de 3 (três) anos, contado da data de seu julgamento.

Art. 87. Nos crimes contra a ordem econômica, tipificados na Lei nº 8.137, de 27 de dezembro de 1990, e nos demais crimes diretamente relacionados à prática de cartel, tais como os tipificados na Lei nº 8.666, de 21 de junho de 1993, e os tipificados no art. 288 do Decreto-Lei nº 2.848, de 7 de dezembro de 1940 – Código Penal, a celebração de acordo de leniência, nos termos desta Lei, determina a suspensão do curso do prazo prescricional e impede o oferecimento da denúncia com relação ao agente beneficiário da leniência.

Parágrafo único. Cumprido o acordo de leniência pelo agente, extingue-se automaticamente a punibilidade dos crimes a que se refere o *caput* deste artigo.

TÍTULO VII.
DO CONTROLE DE CONCENTRAÇÕES

CAPÍTULO I.
DOS ATOS DE CONCENTRAÇÃO

Art. 88. Serão submetidos ao Cade pelas partes envolvidas na operação os atos de concentração econômica em que, cumulativamente:

I – pelo menos um dos grupos envolvidos na operação tenha registrado, no último balanço, faturamento bruto anual ou volume de negócios total no País, no ano anterior à operação, equivalente ou superior a R$ 400.000.000,00 (quatrocentos milhões de reais); e

II – pelo menos um outro grupo envolvido na operação tenha registrado, no último balanço, faturamento bruto anual ou volume de negócios total no País, no ano anterior à operação, equivalente ou superior a R$ 30.000.000,00 (trinta milhões de reais).

§ 1º. Os valores mencionados nos incisos I e II do *caput* deste artigo poderão ser adequados, simultânea ou independentemente, por indicação do Plenário do Cade, por portaria interministerial dos Ministros de Estado da Fazenda e da Justiça.

§ 2º. O controle dos atos de concentração de que trata o *caput* deste artigo será prévio e realizado em, no máximo, 240 (duzentos e quarenta) dias, a contar do protocolo de petição ou de sua emenda.

§ 3º. Os atos que se subsumirem ao disposto no *caput* deste artigo não podem ser consumados antes de apreciados, nos termos deste artigo e do procedimento previsto no Capítulo II do Título VI desta Lei, sob pena de nulidade, sendo ainda imposta multa pecuniária, de valor não inferior a R$ 60.000,00 (sessenta mil reais) nem superior a R$ 60.000.000,00 (sessenta milhões de reais), a ser aplicada nos termos da regulamentação, sem prejuízo da abertura de processo administrativo, nos termos do art. 69 desta Lei.

§ 4º. Até a decisão final sobre a operação, deverão ser preservadas as condições de concorrência entre as empresas envolvidas, sob pena de aplicação das sanções previstas no § 3º deste artigo.

§ 5º. Serão proibidos os atos de concentração que impliquem eliminação da concorrência em parte substancial de mercado relevante, que possam criar ou reforçar uma posição dominante ou que possam resultar na dominação de mercado relevante de bens ou serviços, ressalvado o disposto no § 6º deste artigo.

§ 6º. Os atos a que se refere o § 5º deste artigo poderão ser autorizados, desde que sejam observados os limites estritamente necessários para atingir os seguintes objetivos:

I – cumulada ou alternativamente:

a) aumentar a produtividade ou a competitividade;

b) melhorar a qualidade de bens ou serviços; ou

c) propiciar a eficiência e o desenvolvimento tecnológico ou econômico; e

II – sejam repassados aos consumidores parte relevante dos benefícios decorrentes.

§ 7º. É facultado ao Cade, no prazo de 1 (um) ano a contar da respectiva data de consumação, requerer a submissão dos atos de concentração que não se enquadrem no disposto neste artigo.

§ 8º. As mudanças de controle acionário de companhias abertas e os registros de fusão, sem prejuízo da obrigação das partes envolvidas, devem ser comunicados ao Cade pela Comissão de Valores Mobiliários – CVM e pelo Departamento Nacional do Registro do Comércio do Ministério do Desenvolvimento, Indústria e Comércio Exterior, respectivamente, no prazo de 5 (cinco) dias úteis para, se for o caso, ser examinados.

§ 9º. O prazo mencionado no § 2º deste artigo somente poderá ser dilatado:

I – por até 60 (sessenta) dias, improrrogáveis, mediante requisição das partes envolvidas na operação; ou

II – por até 90 (noventa) dias, mediante decisão fundamentada do Tribunal, em que sejam especificados as razões para a extensão, o prazo da prorrogação, que será não renovável, e as providências cuja realização seja necessária para o julgamento do processo.

Art. 89. Para fins de análise do ato de concentração apresentado, serão obedecidos os procedimentos estabelecidos no Capítulo II do Título VI desta Lei.

Parágrafo único. O Cade regulamentará, por meio de Resolução, a análise prévia de atos de concentração realizados com o propósito específico de participação em leilões, licitações e operações de aquisição de ações por meio de oferta pública.

Art. 90. Para os efeitos do art. 88 desta Lei, realiza-se um ato de concentração quando:

I – 2 (duas) ou mais empresas anteriormente independentes se fundem;

II – 1 (uma) ou mais empresas adquirem, direta ou indiretamente, por compra ou permuta de ações, quotas, títulos ou valores mobiliários conversíveis em ações, ou ativos, tangíveis ou intangíveis, por via contratual ou por qualquer outro meio ou forma, o controle ou partes de uma ou outras empresas;

III – 1 (uma) ou mais empresas incorporam outra ou outras empresas; ou

IV – 2 (duas) ou mais empresas celebram contrato associativo, consórcio ou joint venture.

Parágrafo único. Não serão considerados atos de concentração, para os efeitos do disposto no art. 88 desta Lei, os descritos no inciso IV do *caput*, quando destinados às licitações promovidas pela administração pública direta e indireta e aos contratos delas decorrentes.

Art. 91. A aprovação de que trata o art. 88 desta Lei poderá ser revista pelo Tribunal, de ofício ou mediante provocação da Superintendência-Geral, se a decisão for baseada em informações falsas ou enganosas prestadas pelo interessado, se ocorrer o descumprimento de quaisquer das obrigações assumidas ou não forem alcançados os benefícios visados.

Parágrafo único. Na hipótese referida no *caput* deste artigo, a falsidade ou enganosidade será punida com multa pecuniária, de valor não inferior a R$ 60.000,00 (sessenta mil reais) nem superior a R$ 6.000.000,00 (seis milhões de reais), a ser aplicada na forma das normas do Cade, sem prejuízo da abertura de processo administrativo, nos termos do art. 67 desta Lei, e da adoção das demais medidas cabíveis.

CAPÍTULO II.
DO ACORDO EM CONTROLE DE CONCENTRAÇÕES

Art. 92. Vetado.

TÍTULO VIII.
DA EXECUÇÃO JUDICIAL DAS DECISÕES DO CADE

CAPÍTULO I.
DO PROCESSO

Art. 93. A decisão do Plenário do Tribunal, cominando multa ou impondo obrigação de fazer ou não fazer, constitui título executivo extrajudicial.

Art. 94. A execução que tenha por objeto exclusivamente a cobrança de multa pecuniária será feita de acordo com o disposto na Lei nº 6.830, de 22 de setembro de 1980.

Art. 95. Na execução que tenha por objeto, além da cobrança de multa, o cumprimento de obrigação de fazer ou não fazer, o Juiz concederá a tutela específica da obrigação, ou determinará providências que assegurem o resultado prático equivalente ao do adimplemento.

§ 1º. A conversão da obrigação de fazer ou não fazer em perdas e danos somente será admissível se impossível a tutela específica ou a obtenção do resultado prático correspondente.

§ 2º. A indenização por perdas e danos far-se-á sem prejuízo das multas.

Art. 96. A execução será feita por todos os meios, inclusive mediante intervenção na empresa, quando necessária.

Art. 97. A execução das decisões do Cade será promovida na Justiça Federal do Distrito Federal ou da sede ou domicílio do executado, à escolha do Cade.

Art. 98. O oferecimento de embargos ou o ajuizamento de qualquer outra ação que vise à desconstituição do título executivo não suspenderá a execução, se não for garantido o juízo no valor das multas aplicadas, para que se garanta o cumprimento da decisão final proferida nos autos, inclusive no que tange a multas diárias.

§ 1º. Para garantir o cumprimento das obrigações de fazer, deverá o juiz fixar caução idônea.

§ 2º. Revogada a liminar, o depósito do valor da multa converter-se-á em renda do Fundo de Defesa de Direitos Difusos.

§ 3º. O depósito em dinheiro não suspenderá a incidência de juros de mora e atualização monetária, podendo o Cade, na hipótese do § 2º deste artigo, promover a execução para cobrança da diferença entre o valor revertido ao Fundo de Defesa de Direitos Difusos e o valor da multa atualizado, com os acréscimos legais, como se sua exigibilidade do crédito jamais tivesse sido suspensa.

§ 4º. (Revogado pela Lei nº 13.105, de 2015)

Art. 99. Em razão da gravidade da infração da ordem econômica, e havendo fundado receio de dano irreparável ou de difícil reparação, ainda que tenha havido o depósito das multas e prestação de caução, poderá o Juiz determinar a adoção imediata, no todo ou em parte, das providências contidas no título executivo.

Art. 100. No cálculo do valor da multa diária pela continuidade da infração, tomar-se-á como termo inicial a data final fixada pelo Cade para a adoção voluntária das providências contidas em sua decisão, e como termo final o dia do seu efetivo cumprimento.

Art. 101. O processo de execução em juízo das decisões do Cade terá preferência sobre as demais espécies de ação, exceto habeas corpus e mandado de segurança.

CAPÍTULO II.
DA INTERVENÇÃO JUDICIAL

Art. 102. O Juiz decretará a intervenção na empresa quando necessária para permitir a execução específica, nomeando o interventor.

Parágrafo único. A decisão que determinar a intervenção deverá ser fundamentada e indicará, clara e precisamente, as providências a serem tomadas pelo interventor nomeado.

Art. 103. Se, dentro de 48 (quarenta e oito) horas, o executado impugnar o interventor por motivo de inaptidão ou inidoneidade, feita a prova da alegação em 3 (três) dias, o juiz decidirá em igual prazo.

Art. 104. Sendo a impugnação julgada procedente, o juiz nomeará novo interventor no prazo de 5 (cinco) dias.

Art. 105. A intervenção poderá ser revogada antes do prazo estabelecido, desde que comprovado o cumprimento integral da obrigação que a determinou.

Art. 106. A intervenção judicial deverá restringir-se aos atos necessários ao cumprimento da decisão judicial que a determinar e terá duração máxima de 180 (cento e oitenta) dias, ficando o interventor responsável por suas ações e omissões, especialmente em caso de abuso de poder e desvio de finalidade.

§ 1º. Aplica-se ao interventor, no que couber, o disposto nos arts. 153 a 159 da Lei nº 6.404, de 15 de dezembro de 1976.

§ 2º. A remuneração do interventor será arbitrada pelo Juiz, que poderá substituí-lo a qualquer tempo, sendo obrigatória a substituição quando incorrer em insolvência civil, quando for sujeito passivo ou ativo de qualquer forma de corrupção ou prevaricação, ou infringir quaisquer de seus deveres.

Art. 107. O juiz poderá afastar de suas funções os responsáveis pela administração da empresa que, comprovadamente, obstarem o cumprimento de atos de competência do interventor, devendo eventual substituição dar-se na forma estabelecida no contrato social da empresa.

§ 1º. Se, apesar das providências previstas no *caput* deste artigo, um ou mais responsáveis pela administração da empresa persistirem em obstar a ação do interventor, o juiz procederá na forma do disposto no § 2º deste artigo.

§ 2º. Se a maioria dos responsáveis pela administração da empresa recusar colaboração ao interventor, o juiz determinará que este assuma a administração total da empresa.

Art. 108. Compete ao interventor:

I – praticar ou ordenar que sejam praticados os atos necessários à execução;

II – denunciar ao Juiz quaisquer irregularidades praticadas pelos responsáveis pela empresa e das quais venha a ter conhecimento; e

III – apresentar ao Juiz relatório mensal de suas atividades.

Art. 109. As despesas resultantes da intervenção correrão por conta do executado contra quem ela tiver sido decretada.

Art. 110. Decorrido o prazo da intervenção, o interventor apresentará ao juiz relatório circunstanciado de sua gestão, propondo a extinção e o arquivamento do processo ou pedindo a prorrogação do prazo na hipótese de não ter sido possível cumprir integralmente a decisão exequenda.

Art. 111. Todo aquele que se opuser ou obstaculizar a intervenção ou, cessada esta, praticar quaisquer atos que direta ou indiretamente anulem seus efeitos, no todo ou em parte, ou desobedecer a ordens legais do interventor será, conforme o caso, responsabilizado criminalmente por resistência, desobediência ou coação no curso do processo, na forma dos arts. 329, 330 e 344 do Decreto-Lei nº 2.848, de 7 de dezembro de 1940 – Código Penal.

TÍTULO IX.
DISPOSIÇÕES FINAIS E TRANSITÓRIAS

Art. 112. Vetado.

Art. 113. Visando a implementar a transição para o sistema de mandatos não coincidentes, as nomeações dos Conselheiros observarão os seguintes critérios de duração dos mandatos, nessa ordem:

I – 2 (dois) anos para os primeiros 2 (dois) mandatos vagos; e

II – 3 (três) anos para o terceiro e o quarto mandatos vagos.

§ 1º. Os mandatos dos membros do Cade e do Procurador-Chefe em vigor na data de promulgação desta Lei serão mantidos e exercidos até o seu término original, devendo as nomeações subsequentes à extinção desses mandatos observar o disposto neste artigo.

§ 2º. Na hipótese do § 1º deste artigo, o Conselheiro que estiver exercendo o seu primeiro mandato no Cade, após o término de seu mandato original, poderá ser novamente nomeado no mesmo cargo, observado o disposto nos incisos I e II do *caput* deste artigo.

§ 3º. O Conselheiro que estiver exercendo o seu segundo mandato no Cade, após o término de seu mandato original, não poderá ser novamente nomeado para o período subsequente.

§ 4º. Não haverá recondução para o Procurador-Chefe que estiver exercendo mandato no Cade, após o término de seu mandato original, podendo ele ser indicado para permanecer no cargo na forma do art. 16 desta Lei.

Art. 114. Vetado.

Art. 115. Aplicam-se subsidiariamente aos processos administrativo e judicial previstos nesta Lei as disposições das Leis nºs 5.869, de 11 de janeiro de 1973 – Código de Processo Civil, 7.347, de 24 de julho de 1985, 8.078, de 11 de setembro de 1990, e 9.784, de 29 de janeiro de 1999.

Art. 116. O art. 4º da Lei nº 8.137, de 27 de dezembro de 1990, passa a vigorar com a seguinte redação:

Art. 117. O *caput* e o inciso V do art. 1º da Lei nº 7.347, de 24 de julho de 1985, passam a vigorar com a seguinte redação:

Art. 118. Nos processos judiciais em que se discuta a aplicação desta Lei, o Cade deverá ser intimado para, querendo, intervir no feito na qualidade de assistente.

Art. 119. O disposto nesta Lei não se aplica aos casos de dumping e subsídios de que tratam os Acordos Relativos à Implementação do Artigo VI do Acordo Geral sobre Tarifas Aduaneiras e Comércio, promulgados pelos Decretos nºs 93.941 e 93.962, de 16 e 22 de janeiro de 1987, respectivamente.

Art. 120. Vetado.

Art. 121. Ficam criados, para exercício na Secretaria de Acompanhamento Econômico e, prioritariamente, no Cade, observadas as diretrizes e quantitativos estabelecidos pelo Órgão Supervisor da Carreira, 200 (duzentos) cargos de Especialistas em Políticas Públicas e Gestão Governamental, integrantes da Carreira de Especialista em Políticas Públicas e Gestão Governamental, para o exercício das atribuições referidas no art. 1º da Lei nº 7.834, de 6 de outubro de 1989, a serem providos gradualmente, observados os limites e a autorização específica da lei de diretrizes orçamentárias, nos termos do inciso II do § 1º do art. 169 da Constituição Federal.

Parágrafo único. Ficam transferidos para o Cade os cargos pertencentes ao Ministério da Justiça atualmente alocados no Departamento de Proteção e Defesa Econômica da Secretaria de Direito Econômico, bem como o DAS-6 do Secretário de Direito Econômico.

Art. 122. Os órgãos do SBDC poderão requisitar servidores da administração pública federal direta, autárquica ou fundacional para neles ter exercício, independentemente do exercício de cargo em comissão ou função de confiança.

Parágrafo único. Ao servidor requisitado na forma deste artigo são assegurados todos os direitos e vantagens a que façam jus no órgão ou entidade de origem, considerando-se o período de requisição para todos os efeitos da vida funcional, como efetivo exercício no cargo que ocupe no órgão ou entidade de origem.

Art. 123. Ato do Ministro de Estado do Planejamento, Orçamento e Gestão fixará o quantitativo ideal de cargos efetivos, ocupados, a serem mantidos, mediante lotação, requisição ou exercício, no âmbito do Cade e da Secretaria de Acompanhamento Econômico, bem como fixará cronograma para que sejam atingidos os seus quantitativos, observadas as dotações consignadas nos Orçamentos da União.

Art. 124. Ficam criados, no âmbito do Poder Executivo Federal, para alocação ao Cade, os seguintes cargos em comissão do Grupo-Direção e Assessoramento Superiores - DAS: 2 (dois) cargos de natureza especial NES de Presidente do Cade e Superintendente-Geral do Cade, 7 (sete) DAS-6, 16 (dezesseis) DAS-4, 8 (oito) DAS-3, 11 (onze) DAS-2 e 21 (vinte e um) DAS-1.

Art. 125. O Poder Executivo disporá sobre a estrutura regimental do Cade, sobre as competências e atribuições, denominação das unidades e especificações dos cargos, promovendo a alocação, nas unidades internas da autarquia, dos cargos em comissão e das funções gratificadas.

Art. 126. Ficam extintos, no âmbito do Poder Executivo Federal, os seguintes cargos em comissão do Grupo-Direção e Assessoramento Superiores - DAS e Funções Gratificadas - FG: 3 (três) DAS5, 2 (duas) FG-1 e 16 (dezesseis) FG-3.

Art. 127. Ficam revogados a Lei nº 9.781, de 19 de janeiro de 1999, os arts. 5º e 6º da Lei nº 8.137, de 27 de dezembro de 1990, e os arts. 1º a 85 e 88 a 93 da Lei nº 8.884, de 11 de junho de 1994.

Art. 128. Esta Lei entra em vigor após decorridos 180 (cento e oitenta) dias de sua publicação oficial.

Brasília, 30 de novembro de 2011,
190º da Independência e 123º da República.

DILMA ROUSSEFF

Publicado no DOU de 1º.11.2011 e retificado em 2.12.2011

ANEXO 3

DECRETO Nº 8.420, DE 18 DE MARÇO DE 2015

Regulamenta a Lei nº 12.846, de 1º de agosto de 2013, que dispõe sobre a responsabilização administrativa de pessoas jurídicas pela prática de atos contra a administração pública, nacional ou estrangeira e dá outras providências.

A PRESIDENTA DA REPÚBLICA, no uso da atribuição que lhe confere o art. 84, caput, inciso IV, da Constituição, e tendo em vista o disposto na Lei nº 12.846, de 1º de agosto de 2013, Decreta:

Art. 1º. Este Decreto regulamenta a responsabilização objetiva administrativa de pessoas jurídicas pela prática de atos contra a administração pública, nacional ou estrangeira, de que trata a Lei nº 12.846, de 1º de agosto de 2013.

CAPÍTULO I.
DA RESPONSABILIZAÇÃO ADMINISTRATIVA

Art. 2º. A apuração da responsabilidade administrativa de pessoa jurídica que possa resultar na aplicação das sanções previstas no art. 6º da Lei nº 12.846, de 2013, será efetuada por meio de Processo Administrativo de Responsabilização – PAR.

Art. 3º. A competência para a instauração e para o julgamento do PAR é da autoridade máxima da entidade em face da qual foi praticado o ato lesivo, ou, em caso de órgão da administração direta, do seu Ministro de Estado.

Parágrafo único. A competência de que trata o *caput* será exercida de ofício ou mediante provocação e poderá ser delegada, sendo vedada a subdelegação.

Art. 4º. A autoridade competente para instauração do PAR, ao tomar ciência da possível ocorrência de ato lesivo à administração pública federal, em sede de juízo de admissibilidade e mediante despacho fundamentado, decidirá:

I – pela abertura de investigação preliminar;

II – pela instauração de PAR; ou

III – pelo arquivamento da matéria.

§ 1º. A investigação de que trata o inciso I do *caput* terá caráter sigiloso e não punitivo e será destinada à apuração de indícios de autoria e materialidade de atos lesivos à administração pública federal.

§ 2º. A investigação preliminar será conduzida por comissão composta por dois ou mais servidores efetivos.

§ 3º. Em entidades da administração pública federal cujos quadros funcionais não sejam formados por servidores estatutários, a comissão a que se refere o § 2º será composta por dois ou mais empregados públicos.

§ 4º. O prazo para conclusão da investigação preliminar não excederá sessenta dias e poderá ser prorrogado por igual período, mediante solicitação justificada do presidente da comissão à autoridade instauradora.

§ 5º. Ao final da investigação preliminar, serão enviadas à autoridade competente as peças de informação obtidas, acompanhadas de relatório conclusivo acerca da existência de indícios de autoria e materialidade de atos lesivos à administração pública federal, para decisão sobre a instauração do PAR.

Art. 5º. No ato de instauração do PAR, a autoridade designará comissão, composta por dois ou mais servidores estáveis, que avaliará fatos e circunstâncias conhecidos e intimará a pessoa jurídica para, no prazo de trinta dias, apresentar defesa escrita e especificar eventuais provas que pretende produzir.

§ 1º. Em entidades da administração pública federal cujos quadros funcionais não sejam formados por servidores estatutários, a comissão a que se refere o caput será composta por dois ou mais empregados públicos, preferencialmente com no mínimo três anos de tempo de serviço na entidade.

§ 2º. Na hipótese de deferimento de pedido de produção de novas provas ou de juntada de provas julgadas indispensáveis pela comissão, a pessoa jurídica poderá apresentar alegações finais no prazo de dez dias, contado da data do deferimento ou da intimação de juntada das provas pela comissão.

§ 3º. Serão recusadas, mediante decisão fundamentada, provas propostas pela pessoa jurídica que sejam ilícitas, impertinentes, desnecessárias, protelatórias ou intempestivas.

§ 4º. Caso a pessoa jurídica apresente em sua defesa informações e documentos referentes à existência e ao funcionamento de programa de integridade, a comissão processante deverá examiná-lo segundo os parâmetros indicados no Capítulo IV, para a dosimetria das sanções a serem aplicadas.

Art. 6º. A comissão a que se refere o art. 5º exercerá suas atividades com independência e imparcialidade, assegurado o sigilo, sempre que necessário à elucidação do fato e à preservação da imagem dos envolvidos, ou quando exigido pelo interesse da administração pública, garantido o direito à ampla defesa e ao contraditório.

Art. 7º. As intimações serão feitas por meio eletrônico, via postal ou por qualquer outro meio que assegure a certeza de ciência da pessoa jurídica acusada, cujo prazo para apresentação de defesa será contado a partir da data da cientificação oficial, observado o disposto no Capítulo XVI da Lei nº 9.784, de 29 de janeiro de 1999.

§ 1º. Caso não tenha êxito a intimação de que trata o caput, será feita nova intimação por meio de edital publicado na imprensa oficial, em jornal de grande circulação no Estado da federação em que a pessoa jurídica tenha sede, e no sítio eletrônico do órgão ou entidade pública responsável pela apuração do PAR, contando-se o prazo para apresentação da defesa a partir da última data de publicação do edital.

§ 2º. Em se tratando de pessoa jurídica que não possua sede, filial ou representação no País e sendo desconhecida sua representação no exterior, frustrada a intimação nos termos do caput, será feita nova intimação por meio de edital publicado na imprensa oficial e no sítio eletrônico do órgão ou entidade público responsável pela apuração do PAR, contando-se o prazo para apresentação da defesa a partir da última data de publicação do edital.

Art. 8º. A pessoa jurídica poderá acompanhar o PAR por meio de seus representantes legais ou procuradores, sendo-lhes assegurado amplo acesso aos autos.

Parágrafo único. É vedada a retirada dos autos da repartição pública, sendo autorizada a obtenção de cópias mediante requerimento.

Art. 9º. O prazo para a conclusão do PAR não excederá cento e oitenta dias, admitida prorrogação por meio de solicitação do presidente da comissão à autoridade instauradora, que decidirá de forma fundamentada.

§ 1º. O prazo previsto no *caput* será contado da data de publicação do ato de instauração do PAR.

§ 2º. A comissão, para o devido e regular exercício de suas funções, poderá:

I – propor à autoridade instauradora a suspensão cautelar dos efeitos do ato ou do processo objeto da investigação;

II – solicitar a atuação de especialistas com notório conhecimento, de órgãos e entidades públicos ou de outras organizações, para auxiliar na análise da matéria sob exame; e

III – solicitar ao órgão de representação judicial ou equivalente dos órgãos ou entidades lesados que requeira as medidas necessárias para a investigação e o processamento das infrações, inclusive de busca e apreensão, no País ou no exterior.

§ 3º. Concluídos os trabalhos de apuração e análise, a comissão elaborará relatório a respeito dos fatos apurados e da eventual responsabilidade administrativa da pessoa jurídica, no qual sugerirá, de forma motivada, as sanções a serem aplicadas, a dosimetria da multa ou o arquivamento do processo.

§ 4º. O relatório final do PAR será encaminhado à autoridade competente para julgamento, o qual será precedido de manifestação jurídica, elaborada pelo órgão de assistência jurídica competente.

§ 5º. Caso seja verificada a ocorrência de eventuais ilícitos a serem apurados em outras instâncias, o relatório da comissão será encaminhado, pela autoridade julgadora:

I – ao Ministério Público;

II – à Advocacia-Geral da União e seus órgãos vinculados, no caso de órgãos da administração pública direta, autarquias e fundações públicas federais; ou

III – ao órgão de representação judicial ou equivalente no caso de órgãos ou entidades da administração pública não abrangidos pelo inciso II.

§ 6º. Na hipótese de decisão contrária ao relatório da comissão, esta deverá ser fundamentada com base nas provas produzidas no PAR.

Art. 10. A decisão administrativa proferida pela autoridade julgadora ao final do PAR será publicada no Diário Oficial da União e no sítio eletrônico do órgão ou entidade público responsável pela instauração do PAR.

Art. 11. Da decisão administrativa sancionadora cabe pedido de reconsideração com efeito suspensivo, no prazo de dez dias, contado da data de publicação da decisão.

§ 1º. A pessoa jurídica contra a qual foram impostas sanções no PAR e que não apresentar pedido de reconsideração deverá cumpri-las no prazo de trinta dias, contado do fim do prazo para interposição do pedido de reconsideração.

§ 2º. A autoridade julgadora terá o prazo de trinta dias para decidir sobre a matéria alegada no pedido de reconsideração e publicar nova decisão.

§ 3º. Mantida a decisão administrativa sancionadora, será concedido à pessoa jurídica novo prazo de trinta dias para cumprimento das sanções que lhe foram impostas, contado da data de publicação da nova decisão.

Art. 12. Os atos previstos como infrações administrativas à Lei nº 8.666, de 21 de junho de 1993, ou a outras normas de licitações e contratos da administração pública que também sejam tipificados como atos lesivos na Lei nº 12.846, de 2013, serão apurados e julgados conjuntamente, nos mesmos autos, aplicando-se o rito procedimental previsto neste Capítulo.

§ 1º. Concluída a apuração de que trata o caput e havendo autoridades distintas competentes para julgamento, o processo será encaminhado primeiramente àquela de nível mais elevado, para que julgue no âmbito de sua competência, tendo precedência o julgamento pelo Ministro de Estado competente.

§ 2º. Para fins do disposto no caput, o chefe da unidade responsável no órgão ou entidade pela gestão de licitações e contratos deve comunicar à autoridade prevista no art. 3º sobre eventuais fatos que configurem atos lesivos previstos no art. 5º da Lei nº 12.846, de 2013.

Art. 13. A Controladoria-Geral da União possui, no âmbito do Poder Executivo federal, competência:

I - concorrente para instaurar e julgar PAR; e

II - exclusiva para avocar os processos instaurados para exame de sua regularidade ou para corrigir-lhes o andamento, inclusive promovendo a aplicação da penalidade administrativa cabível.

§ 1º. A Controladoria-Geral da União poderá exercer, a qualquer tempo, a competência prevista no caput, se presentes quaisquer das seguintes circunstâncias:

I - caracterização de omissão da autoridade originariamente competente;

II - inexistência de condições objetivas para sua realização no órgão ou entidade de origem;

III - complexidade, repercussão e relevância da matéria;

IV - valor dos contratos mantidos pela pessoa jurídica com o órgão ou entidade atingida; ou

V - apuração que envolva atos e fatos relacionados a mais de um órgão ou entidade da administração pública federal.

§ 2º. Ficam os órgãos e entidades da administração pública obrigados a encaminhar à Controladoria-Geral da União todos os documentos e informações que lhes forem solicitados, incluídos os autos originais dos processos que eventualmente estejam em curso.

Art. 14. Compete à Controladoria-Geral da União instaurar, apurar e julgar PAR pela prática de atos lesivos à administração pública estrangeira, o qual seguirá, no que couber, o rito procedimental previsto neste Capítulo.

CAPÍTULO II.
DAS SANÇÕES ADMINISTRATIVAS E DOS ENCAMINHAMENTOS JUDICIAIS

SEÇÃO I.
DISPOSIÇÕES GERAIS

Art. 15. As pessoas jurídicas estão sujeitas às seguintes sanções administrativas, nos termos do art. 6º da Lei nº 12.846, de 2013:

I - multa; e

II - publicação extraordinária da decisão administrativa sancionadora.

Art. 16. Caso os atos lesivos apurados envolvam infrações administrativas à Lei nº 8.666, de 1993, ou a outras normas de licitações e contratos da administração pública e tenha ocorrido a apuração conjunta prevista no art. 12, a pessoa jurídica também estará sujeita a sanções administrativas que tenham como efeito restrição ao direito de participar em licitações ou de celebrar contratos com a administração pública, a serem aplicadas no PAR.

SEÇÃO II.
DA MULTA

Art. 17. O cálculo da multa se inicia com a soma dos valores correspondentes aos seguintes percentuais do faturamento bruto da pessoa jurídica do último exercício anterior ao da instauração do PAR, excluídos os tributos:

I – um por cento a dois e meio por cento havendo continuidade dos atos lesivos no tempo;

II – um por cento a dois e meio por cento para tolerância ou ciência de pessoas do corpo diretivo ou gerencial da pessoa jurídica;

III – um por cento a quatro por cento no caso de interrupção no fornecimento de serviço público ou na execução de obra contratada;

IV – um por cento para a situação econômica do infrator com base na apresentação de índice de Solvência Geral – SG e de Liquidez Geral – LG superiores a um e de lucro líquido no último exercício anterior ao da ocorrência do ato lesivo;

V – cinco por cento no caso de reincidência, assim definida a ocorrência de nova infração, idêntica ou não à anterior, tipificada como ato lesivo pelo art. 5º da Lei 12.846, de 2013, em menos de cinco anos, contados da publicação do julgamento da infração anterior; e

VI – no caso de os contratos mantidos ou pretendidos com o órgão ou entidade lesado, serão considerados, na data da prática do ato lesivo, os seguintes percentuais:

a) um por cento em contratos acima de R$ 1.500.000,00 (um milhão e quinhentos mil reais);

b) dois por cento em contratos acima de R$ 10.000.000,00 (dez milhões de reais);

c) três por cento em contratos acima de R$ 50.000.000,00 (cinquenta milhões de reais);

d) quatro por cento em contratos acima de R$ 250.000.000,00 (duzentos e cinquenta milhões de reais); e

e) cinco por cento em contratos acima de R$ 1.000.000.000,00 (um bilhão de reais).

Art. 18. Do resultado da soma dos fatores do art. 17 serão subtraídos os valores correspondentes aos seguintes percentuais do faturamento bruto da pessoa jurídica do último exercício anterior ao da instauração do PAR, excluídos os tributos:

I – um por cento no caso de não consumação da infração;

II - um e meio por cento no caso de comprovação de ressarcimento pela pessoa jurídica dos danos a que tenha dado causa;

III - um por cento a um e meio por cento para o grau de colaboração da pessoa jurídica com a investigação ou a apuração do ato lesivo, independentemente do acordo de leniência;

IV - dois por cento no caso de comunicação espontânea pela pessoa jurídica antes da instauração do PAR acerca da ocorrência do ato lesivo; e

V - um por cento a quatro por cento para comprovação de a pessoa jurídica possuir e aplicar um programa de integridade, conforme os parâmetros estabelecidos no Capítulo IV.

Art. 19. Na ausência de todos os fatores previstos nos art. 17 e art. 18 ou de resultado das operações de soma e subtração ser igual ou menor a zero, o valor da multa corresponderá, conforme o caso, a:

I - um décimo por cento do faturamento bruto do último exercício anterior ao da instauração do PAR, excluídos os tributos; ou

II - R$ 6.000,00 (seis mil reais), na hipótese do art. 22.

Art. 20. A existência e quantificação dos fatores previstos nos art. 17 e art. 18, deverá ser apurada no PAR e evidenciada no relatório final da comissão, o qual também conterá a estimativa, sempre que possível, dos valores da vantagem auferida e da pretendida.

§ 1º. Em qualquer hipótese, o valor final da multa terá como limite:

I - mínimo, o maior valor entre o da vantagem auferida e o previsto no art. 19; e

II - máximo, o menor valor entre:

a) vinte por cento do faturamento bruto do último exercício anterior ao da instauração do PAR, excluídos os tributos; ou

b) três vezes o valor da vantagem pretendida ou auferida.

§ 2º. O valor da vantagem auferida ou pretendida equivale aos ganhos obtidos ou pretendidos pela pessoa jurídica que não ocorreriam sem a prática do ato lesivo, somado, quando for o caso, ao valor correspondente a qualquer vantagem indevida prometida ou dada a agente público ou a terceiros a ele relacionados.

§ 3º. Para fins do cálculo do valor de que trata o § 2º, serão deduzidos custos e despesas legítimos comprovadamente executados ou que seriam devidos ou despendidos caso o ato lesivo não tivesse ocorrido.

Art. 21. Ato do Ministro de Estado Chefe da Controladoria-Geral da União fixará metodologia para a apuração do faturamento bruto e dos tributos a serem excluídos para fins de cálculo da multa a que se refere o art. 6º da Lei nº 12.846, de 2013.

Parágrafo único. Os valores de que trata o *caput* poderão ser apurados, entre outras formas, por meio de:

I – compartilhamento de informações tributárias, na forma do inciso II do § 1º do art. 198 da Lei nº 5.172, de 25 de outubro de 1966; e

II – registros contábeis produzidos ou publicados pela pessoa jurídica acusada, no país ou no estrangeiro.

Art. 22. Caso não seja possível utilizar o critério do valor do faturamento bruto da pessoa jurídica no ano anterior ao da instauração ao PAR, os percentuais dos fatores indicados nos art. 17 e art. 18 incidirão:

I – sobre o valor do faturamento bruto da pessoa jurídica, excluídos os tributos, no ano em que ocorreu o ato lesivo, no caso de a pessoa jurídica não ter tido faturamento no ano anterior ao da instauração ao PAR;

II – sobre o montante total de recursos recebidos pela pessoa jurídica sem fins lucrativos no ano em que ocorreu o ato lesivo; ou

III – nas demais hipóteses, sobre o faturamento anual estimável da pessoa jurídica, levando em consideração quaisquer informações sobre a sua situação econômica ou o estado de seus negócios, tais como patrimônio, capital social, número de empregados, contratos, dentre outras.

Parágrafo único. Nas hipóteses previstas no *caput*, o valor da multa será limitado entre R$ 6.000,00 (seis mil reais) e R$ 60.000.000,00 (sessenta milhões de reais).

Art. 23. Com a assinatura do acordo de leniência, a multa aplicável será reduzida conforme a fração nele pactuada, observado o limite previsto no § 2º do art. 16 da Lei nº 12.846, de 2013.

§ 1º. O valor da multa previsto no *caput* poderá ser inferior ao limite mínimo previsto no art. 6º da Lei nº 12.846, de 2013.

§ 2º. No caso de a autoridade signatária declarar o descumprimento do acordo de leniência por falta imputável à pessoa jurídica colaboradora, o valor integral encontrado antes da redução de que trata o caput será cobrado na forma da Seção IV, descontando-se as frações da multa eventualmente já pagas.

SEÇÃO III. DA PUBLICAÇÃO EXTRAORDINÁRIA DA DECISÃO ADMINISTRATIVA SANCIONADORA

Art. 24. A pessoa jurídica sancionada administrativamente pela prática de atos lesivos contra a administração pública, nos termos da Lei nº 12.846, de 2013, publicará a decisão administrativa sancionadora na forma de extrato de sentença, cumulativamente:

I – em meio de comunicação de grande circulação na área da prática da infração e de atuação da pessoa jurídica ou, na sua falta, em publicação de circulação nacional;

II - em edital afixado no próprio estabelecimento ou no local de exercício da atividade, em localidade que permita a visibilidade pelo público, pelo prazo mínimo de trinta dias; e

III - em seu sítio eletrônico, pelo prazo de trinta dias e em destaque na página principal do referido sítio.

Parágrafo único. A publicação a que se refere o *caput* será feita a expensas da pessoa jurídica sancionada.

SEÇÃO IV. DA COBRANÇA DA MULTA APLICADA

Art. 25. A multa aplicada ao final do PAR será integralmente recolhida pela pessoa jurídica sancionada no prazo de trinta dias, observado o disposto nos §§ 1º e 3º do art. 11.

§ 1º. Feito o recolhimento, a pessoa jurídica sancionada apresentará ao órgão ou entidade que aplicou a sanção documento que ateste o pagamento integral do valor da multa imposta.

§ 2º. Decorrido o prazo previsto no *caput* sem que a multa tenha sido recolhida ou não tendo ocorrido a comprovação de seu pagamento integral, o órgão ou entidade que a aplicou encaminhará o débito para inscrição em Dívida Ativa da União ou das autarquias e fundações públicas federais.

§ 3º. Caso a entidade que aplicou a multa não possua Dívida Ativa, o valor será cobrado independentemente de prévia inscrição.

SEÇÃO V. DOS ENCAMINHAMENTOS JUDICIAIS

Art. 26. As medidas judiciais, no País ou no exterior, como a cobrança da multa administrativa aplicada no PAR, a promoção da publicação extraordinária, a persecução das sanções referidas nos incisos I a IV do *caput* do art. 19 da Lei nº 12.846, de 2013, a reparação integral dos danos e prejuízos, além de eventual atuação judicial para a finalidade de instrução ou garantia do processo judicial ou preservação do acordo de leniência, serão solicitadas ao órgão de representação judicial ou equivalente dos órgãos ou entidades lesados.

Art. 27. No âmbito da administração pública federal direta, a atuação judicial será exercida pela Procuradoria-Geral da União, com exceção da cobrança da multa administrativa aplicada no PAR, que será promovida pela Procuradoria-Geral da Fazenda Nacional.

Parágrafo único. No âmbito das autarquias e fundações públicas federais, a atuação judicial será exercida pela Procuradoria-Geral Federal, inclusive no que se refere à cobrança da multa administrativa aplicada no PAR, respeitadas as competências específicas da Procuradoria-Geral do Banco Central.

CAPÍTULO III.
DO ACORDO DE LENIÊNCIA

Art. 28. O acordo de leniência será celebrado com as pessoas jurídicas responsáveis pela prática dos atos lesivos previstos na Lei nº 12.846, de 2013, e dos ilícitos administrativos previstos na Lei nº 8.666, de 1993, e em outras normas de licitações e contratos, com vistas à isenção ou à atenuação das respectivas sanções, desde que colaborem efetivamente com as investigações e o processo administrativo, devendo resultar dessa colaboração:

I – a identificação dos demais envolvidos na infração administrativa, quando couber; e

II – a obtenção célere de informações e documentos que comprovem a infração sob apuração.

Art. 29. Compete à Controladoria-Geral da União celebrar acordos de leniência no âmbito do Poder Executivo federal e nos casos de atos lesivos contra a administração pública estrangeira.

Art. 30. A pessoa jurídica que pretenda celebrar acordo de leniência deverá:

I – ser a primeira a manifestar interesse em cooperar para a apuração de ato lesivo específico, quando tal circunstância for relevante;

II – ter cessado completamente seu envolvimento no ato lesivo a partir da data da propositura do acordo;

III – admitir sua participação na infração administrativa

IV – cooperar plena e permanentemente com as investigações e o processo administrativo e comparecer, sob suas expensas e sempre que solicitada, aos atos processuais, até o seu encerramento; e

V – fornecer informações, documentos e elementos que comprovem a infração administrativa.

§ 1º. O acordo de leniência de que trata o caput será proposto pela pessoa jurídica, por seus representantes, na forma de seu estatuto ou contrato social, ou por meio de procurador com poderes específicos para tal ato, observado o disposto no art. 26 da Lei nº 12.846, de 2013.

§ 2º. A proposta do acordo de leniência poderá ser feita até a conclusão do relatório a ser elaborado no PAR.

Art. 31. A proposta de celebração de acordo de leniência poderá ser feita de forma oral ou escrita, oportunidade em que a pessoa jurídica proponente declarará expressamente que foi orientada a respeito de seus direitos, garantias e deveres legais e de que o não atendimento às determinações e solicitações da Controladoria-Geral da União durante a etapa de negociação importará a desistência da proposta.

§ 1º. A proposta apresentada receberá tratamento sigiloso e o acesso ao seu conteúdo será restrito aos servidores especificamente designados pela

Controladoria-Geral da União para participar da negociação do acordo de leniência, ressalvada a possibilidade de a proponente autorizar a divulgação ou compartilhamento da existência da proposta ou de seu conteúdo, desde que haja anuência da Controladoria-Geral da União.

§ 2º. Poderá ser firmado memorando de entendimentos entre a pessoa jurídica proponente e a Controladoria-Geral da União para formalizar a proposta e definir os parâmetros do acordo de leniência.

§ 3º. Uma vez proposto o acordo de leniência, a Controladoria-Geral da União poderá requisitar os autos de processos administrativos em curso em outros órgãos ou entidades da administração pública federal relacionados aos fatos objeto do acordo.

Art. 32. A negociação a respeito da proposta do acordo de leniência deverá ser concluída no prazo de cento e oitenta dias, contado da data de apresentação da proposta.

Parágrafo único. A critério da Controladoria-Geral da União, poderá ser prorrogado o prazo estabelecido no caput, caso presentes circunstâncias que o exijam.

Art. 33. Não importará em reconhecimento da prática do ato lesivo investigado a proposta de acordo de leniência rejeitada, da qual não se fará qualquer divulgação, ressalvado o disposto no § 1º do art. 31.

Art. 34. A pessoa jurídica proponente poderá desistir da proposta de acordo de leniência a qualquer momento que anteceda a assinatura do referido acordo.

Art. 35. Caso o acordo não venha a ser celebrado, os documentos apresentados durante a negociação serão devolvidos, sem retenção de cópias, à pessoa jurídica proponente e será vedado seu uso para fins de responsabilização, exceto quando a administração pública federal tiver conhecimento deles independentemente da apresentação da proposta do acordo de leniência.

Art. 36. O acordo de leniência estipulará as condições para assegurar a efetividade da colaboração e o resultado útil do processo, do qual constarão cláusulas e obrigações que, diante das circunstâncias do caso concreto, reputem-se necessárias.

Art. 37. O acordo de leniência conterá, entre outras disposições, cláusulas que versem sobre:

I – o compromisso de cumprimento dos requisitos previstos nos incisos II a V do *caput* do art. 30;

II – a perda dos benefícios pactuados, em caso de descumprimento do acordo;

III – a natureza de título executivo extrajudicial do instrumento do acordo, nos termos do inciso II do caput do art. 585 da Lei nº 5.869, de 11 de janeiro de 1973; e

IV – a adoção, aplicação ou aperfeiçoamento de programa de integridade, conforme os parâmetros estabelecidos no Capítulo IV.

Art. 38. A Controladoria-Geral da União poderá conduzir e julgar os processos administrativos que apurem infrações administrativas previstas na Lei nº 12.846, de 2013, na Lei nº 8.666, de 1993, e em outras normas de licitações e contratos, cujos fatos tenham sido noticiados por meio do acordo de leniência.

Art. 39. Até a celebração do acordo de leniência pelo Ministro de Estado Chefe da Controladoria-Geral da União, a identidade da pessoa jurídica signatária do acordo não será divulgada ao público, ressalvado o disposto no § 1º do art. 31.

Parágrafo único. A Controladoria-Geral da União manterá restrito o acesso aos documentos e informações comercialmente sensíveis da pessoa jurídica signatária do acordo de leniência.

Art. 40. Uma vez cumprido o acordo de leniência pela pessoa jurídica colaboradora, serão declarados em favor da pessoa jurídica signatária, nos termos previamente firmados no acordo, um ou mais dos seguintes efeitos:

I – isenção da publicação extraordinária da decisão administrativa sancionadora;

II – isenção da proibição de receber incentivos, subsídios, subvenções, doações ou empréstimos de órgãos ou entidades públicos e de instituições financeiras públicas ou controladas pelo Poder Público;

III – redução do valor final da multa aplicável, observado o disposto no art. 23; ou

IV – isenção ou atenuação das sanções administrativas previstas nos art. 86 a art. 88 da Lei nº 8.666, de 1993, ou de outras normas de licitações e contratos.

Parágrafo único. Os efeitos do acordo de leniência serão estendidos às pessoas jurídicas que integrarem o mesmo grupo econômico, de fato e de direito, desde que tenham firmado o acordo em conjunto, respeitadas as condições nele estabelecidas.

CAPÍTULO IV.
DO PROGRAMA DE INTEGRIDADE

Art. 41. Para fins do disposto neste Decreto, programa de integridade consiste, no âmbito de uma pessoa jurídica, no conjunto de mecanismos e procedimentos internos de integridade, auditoria e incentivo à denúncia de irregularidades e na aplicação efetiva de códigos de ética e de conduta, políticas e diretrizes com objetivo de detectar e sanar desvios, fraudes, irregularidades e atos ilícitos praticados contra a administração pública, nacional ou estrangeira.

Parágrafo único. O programa de integridade deve ser estruturado, aplicado e atualizado de acordo com as características e riscos atuais das atividades de cada pessoa jurídica, a qual por sua vez deve garantir o constante aprimoramento e adaptação do referido programa, visando garantir sua efetividade.

Art. 42. Para fins do disposto no § 4º do art. 5º, o programa de integridade será avaliado, quanto a sua existência e aplicação, de acordo com os seguintes parâmetros:

I - comprometimento da alta direção da pessoa jurídica, incluídos os conselhos, evidenciado pelo apoio visível e inequívoco ao programa;

II - padrões de conduta, código de ética, políticas e procedimentos de integridade, aplicáveis a todos os empregados e administradores, independentemente de cargo ou função exercidos;

III - padrões de conduta, código de ética e políticas de integridade estendidas, quando necessário, a terceiros, tais como, fornecedores, prestadores de serviço, agentes intermediários e associados;

IV - treinamentos periódicos sobre o programa de integridade;

V - análise periódica de riscos para realizar adaptações necessárias ao programa de integridade;

VI - registros contábeis que reflitam de forma completa e precisa as transações da pessoa jurídica;

VII - controles internos que assegurem a pronta elaboração e confiabilidade de relatórios e demonstrações financeiros da pessoa jurídica;

VIII - procedimentos específicos para prevenir fraudes e ilícitos no âmbito de processos licitatórios, na execução de contratos administrativos ou em qualquer interação com o setor público, ainda que intermediada por terceiros, tal como pagamento de tributos, sujeição a fiscalizações, ou obtenção de autorizações, licenças, permissões e certidões;

IX - independência, estrutura e autoridade da instância interna responsável pela aplicação do programa de integridade e fiscalização de seu cumprimento;

X - canais de denúncia de irregularidades, abertos e amplamente divulgados a funcionários e terceiros, e de mecanismos destinados à proteção de denunciantes de boa-fé;

XI - medidas disciplinares em caso de violação do programa de integridade;

XII - procedimentos que assegurem a pronta interrupção de irregularidades ou infrações detectadas e a tempestiva remediação dos danos gerados;

XIII – diligências apropriadas para contratação e, conforme o caso, supervisão, de terceiros, tais como, fornecedores, prestadores de serviço, agentes intermediários e associados;

XIV – verificação, durante os processos de fusões, aquisições e reestruturações societárias, do cometimento de irregularidades ou ilícitos ou da existência de vulnerabilidades nas pessoas jurídicas envolvidas;

XV – monitoramento contínuo do programa de integridade visando seu aperfeiçoamento na prevenção, detecção e combate à ocorrência dos atos lesivos previstos no art. 5º da Lei nº 12.846, de 2013; e

XVI – transparência da pessoa jurídica quanto a doações para candidatos e partidos políticos.

§ 1º. Na avaliação dos parâmetros de que trata este artigo, serão considerados o porte e especificidades da pessoa jurídica, tais como:

I – a quantidade de funcionários, empregados e colaboradores;

II – a complexidade da hierarquia interna e a quantidade de departamentos, diretorias ou setores;

III – a utilização de agentes intermediários como consultores ou representantes comerciais;

IV – o setor do mercado em que atua;

V – os países em que atua, direta ou indiretamente;

VI – o grau de interação com o setor público e a importância de autorizações, licenças e permissões governamentais em suas operações;

VII – a quantidade e a localização das pessoas jurídicas que integram o grupo econômico; e

VIII – o fato de ser qualificada como microempresa ou empresa de pequeno porte.

§ 2º. A efetividade do programa de integridade em relação ao ato lesivo objeto de apuração será considerada para fins da avaliação de que trata o *caput.*

§ 3º. Na avaliação de microempresas e empresas de pequeno porte, serão reduzidas as formalidades dos parâmetros previstos neste artigo, não se exigindo, especificamente, os incisos III, V, IX, X, XIII, XIV e XV do caput.

§ 4º. Caberá ao Ministro de Estado Chefe da Controladoria-Geral da União expedir orientações, normas e procedimentos complementares referentes à avaliação do programa de integridade de que trata este Capítulo.

§ 5º. A redução dos parâmetros de avaliação para as microempresas e empresas de pequeno porte de que trata o § 3º poderá ser objeto de regulamentação por ato conjunto do Ministro de Estado Chefe da Secretaria da Micro e Pequena Empresa e do Ministro de Estado Chefe da Controladoria--Geral da União.

CAPÍTULO V.
DO CADASTRO NACIONAL DE EMPRESAS INIDÔNEAS E SUSPENSAS E DO CADASTRO NACIONAL DE EMPRESAS PUNIDAS

Art. 43. O Cadastro Nacional de Empresas Inidôneas e Suspensas - CEIS conterá informações referentes às sanções administrativas impostas a pessoas físicas ou jurídicas que impliquem restrição ao direito de participar de licitações ou de celebrar contratos com a administração pública de qualquer esfera federativa, entre as quais:

I - suspensão temporária de participação em licitação e impedimento de contratar com a administração pública, conforme disposto no inciso III do caput do art. 87 da Lei nº 8.666, de 1993;

II - declaração de inidoneidade para licitar ou contratar com a administração pública, conforme disposto no inciso IV do *caput* do art. 87 da Lei nº 8.666, de 1993;

III - impedimento de licitar e contratar com União, Estados, Distrito Federal ou Municípios, conforme disposto no art. 7º da Lei nº 10.520, de 17 de julho de 2002;

IV - impedimento de licitar e contratar com a União, Estados, Distrito Federal ou Municípios, conforme disposto no art. 47 da Lei nº 12.462, de 4 de agosto de 2011;

V - suspensão temporária de participação em licitação e impedimento de contratar com a administração pública, conforme disposto no inciso IV do caput do art. 33 da Lei nº 12.527, de 18 de novembro de 2011; e

VI - declaração de inidoneidade para licitar ou contratar com a administração pública, conforme disposto no inciso V do *caput* do art. 33 da Lei nº 12.527, de 2011.

Art. 44. Poderão ser registradas no CEIS outras sanções que impliquem restrição ao direito de participar em licitações ou de celebrar contratos com a administração pública, ainda que não sejam de natureza administrativa.

Art. 45. O Cadastro Nacional de Empresas Punidas - CNEP conterá informações referentes:

I - às sanções impostas com fundamento na Lei nº 12.846, de 2013; e

II - ao descumprimento de acordo de leniência celebrado com fundamento na Lei nº 12.846, de 2013.

Parágrafo único. As informações sobre os acordos de leniência celebrados com fundamento na Lei nº 12.846, de 2013, serão registradas no CNEP após a celebração do acordo, exceto se causar prejuízo às investigações ou ao processo administrativo.

Art. 46. Constarão do CEIS e do CNEP, sem prejuízo de outros a serem estabelecidos pela Controladoria-Geral da União, dados e informações referentes a:

I – nome ou razão social da pessoa física ou jurídica sancionada;

II – número de inscrição da pessoa jurídica no Cadastro Nacional da Pessoa Jurídica – CNPJ ou da pessoa física no Cadastro de Pessoas Físicas – CPF;

III – tipo de sanção;

IV – fundamentação legal da sanção;

V – número do processo no qual foi fundamentada a sanção;

VI – data de início de vigência do efeito limitador ou impeditivo da sanção ou data de aplicação da sanção;

VII – data final do efeito limitador ou impeditivo da sanção, quando couber;

VIII – nome do órgão ou entidade sancionador; e

IX – valor da multa, quando couber.

Art. 47. A exclusão dos dados e informações constantes do CEIS ou do CNEP se dará:

I – com fim do prazo do efeito limitador ou impeditivo da sanção; ou

II – mediante requerimento da pessoa jurídica interessada, após cumpridos os seguintes requisitos, quando aplicáveis:

a) publicação da decisão de reabilitação da pessoa jurídica sancionada, nas hipóteses dos incisos II e VI do caput do art. 43;

b) cumprimento integral do acordo de leniência;

c) reparação do dano causado; ou

d) quitação da multa aplicada.

Art. 48. O fornecimento dos dados e informações de que tratam os art. 43 a art. 46, pelos órgãos e entidades dos Poderes Executivo, Legislativo e Judiciário de cada uma das esferas de governo, será disciplinado pela Controladoria-Geral da União.

CAPÍTULO VI.
DISPOSIÇÕES FINAIS

Art. 49. As informações referentes ao PAR instaurado no âmbito dos órgãos e entidades do Poder Executivo federal serão registradas no sistema de gerenciamento eletrônico de processos administrativos sancionadores mantido pela Controladoria-Geral da União, conforme ato do Ministro de Estado Chefe da Controladoria-Geral da União.

Art. 50. Os órgãos e as entidades da administração pública, no exercício de suas competências regulatórias, disporão sobre os efeitos da Lei nº 12.846, de 2013, no âmbito das atividades reguladas, inclusive no caso de proposta e celebração de acordo de leniência.

Art. 51. O processamento do PAR não interfere no seguimento regular dos processos administrativos específicos para apuração da ocorrência de danos e prejuízos à administração pública federal resultantes de ato lesivo cometido por pessoa jurídica, com ou sem a participação de agente público.

Art. 52. Caberá ao Ministro de Estado Chefe da Controladoria-Geral da União expedir orientações e procedimentos complementares para a execução deste Decreto.

Art. 53. Este Decreto entra em vigor na data de sua publicação.

Brasília, 18 de março de 2015; 194º da Independência e 127º da República.

DILMA ROUSSEFF

Publicado no D.O.U. de 19.3.2015

ANEXO 4

DECRETO Nº 3.678, DE 30 DE NOVEMBRO DE 2000

Promulga a Convenção sobre o Combate da Corrupção de Funcionários Públicos Estrangeiros em Transações Comerciais Internacionais, concluída em Paris, em 17 de dezembro de 1997.

O VICE-PRESIDENTE DA REPÚBLICA, no exercício do cargo de Presidente da República, usando da atribuição que lhe confere o art. 84, inciso VIII, da Constituição,

Considerando que a Convenção sobre o Combate da Corrupção de Funcionários Públicos Estrangeiros em Transações Comerciais Internacionais foi concluída em Paris, em 17 de dezembro de 1997;

Considerando que o ato em tela entrou em vigor internacional em 15 de fevereiro de 1999;

Considerando que o Congresso Nacional aprovou o ato multilateral em epígrafe por meio do Decreto Legislativo nº 125, de 14 de junho de 2000;

Considerando que o Governo brasileiro depositou o Instrumento de Ratificação à referida Convenção em 24 de agosto de 2000, passando a mesma a vigorar, para o Brasil, em 23 de outubro de 2000; decreta:

Art. 1º. A Convenção sobre o Combate da Corrupção de Funcionários Públicos Estrangeiros em Transações Comerciais Internacionais, concluída em Paris, em 17 de dezembro de 1997, apensa por cópia a este Decreto, deverá ser executada e cumprida tão inteiramente como nela se contém.

Parágrafo único. A proibição de recusa de prestação de assistência mútua jurídica, prevista no Artigo 9, parágrafo 3, da Convenção, será entendida como proibição à recusa baseada apenas no instituto do sigilo bancário, em tese, e não a recusa em decorrência da obediência às normas legais pertinentes à matéria, integrantes do ordenamento jurídico brasileiro, e a interpretação relativa à sua aplicação, feitas pelo Tribunal competente, ao caso concreto.

Art. 2º. São sujeitos à aprovação do Congresso Nacional quaisquer atos que possam resultar em revisão da referida Convenção, bem como quaisquer ajustes complementares que, nos termos do art. 49, inciso I, da Constituição, acarretem encargos ou compromissos gravosos ao patrimônio nacional.

Art. 3º. Este Decreto entra em vigor na data de sua publicação.

Brasília, 30 de novembro de 2000; 179º da Independência e 112º da República.

MARCO ANTONIO DE OLIVEIRA MACIEL

Publicado no D.O.U. de 1.12.2000

CONVENÇÃO SOBRE O COMBATE DA CORRUPÇÃO DE FUNCIONÁRIOS PÚBLICOS ESTRANGEIROS EM TRANSAÇÕES COMERCIAIS INTERNACIONAIS

Preâmbulo

As Partes,

Considerando que a corrupção é um fenômeno difundido nas Transações Comerciais Internacionais, incluindo o comércio e o investimento, que desperta sérias preocupações morais e políticas, abala a boa governança e o desenvolvimento econômico, e distorce as condições internacionais de competitividade;

Considerando que todos os países compartilham a responsabilidade de combater a corrupção nas Transações Comerciais Internacionais;

Levando em conta a Recomendação Revisada sobre o Combate à Corrupção em Transações Comerciais Internacionais, adotada pelo Conselho da Organização para a Cooperação Econômica e o Desenvolvimento (OCDE), em 23 de maio de 1997, C(97)123/FINAL, que, *inter alia,* reivindicou medidas efetivas para deter, prevenir e combater a corrupção de funcionários públicos estrangeiros ligados a Transações Comerciais Internacionais, particularmente a imediata criminalização de tais atos de corrupção, de forma efetiva e coordenada, em conformidade com elementos gerais acordados naquela Recomendação e com os princípios jurisdicionais e jurídicos básicos de cada país;

Acolhendo outros desenvolvimentos recentes que promovem o entendimento e a cooperação internacionais no combate à corrupção de funcionários públicos, incluindo ações das Nações Unidas, do Banco Mundial, do Fundo Monetário Internacional, da Organização Mundial de Comércio, da Organização dos Estados Americanos, do Conselho da Europa e da União Europeia;

Acolhendo os esforços de companhias, organizações empresariais e sindicatos, bem como outras organizações não governamentais, no combate à corrupção;

Reconhecendo o papel dos Governos na prevenção do pedido de propinas de indivíduos e empresas, em Transações Comerciais Internacionais;

Reconhecendo que a obtenção de progresso nessa área requer não apenas esforços em âmbito nacional, mas também na cooperação, monitoramento e acompanhamento multilaterais;

Reconhecendo que a obtenção de equivalência entre as medidas a serem tomadas pelas Partes é o objeto e o propósito essenciais da presente Convenção, o que exige a sua ratificação sem derrogações que afetem essa equivalência;

Acordaram o que se segue:

ARTIGO 1.
O DELITO DE CORRUPÇÃO DE FUNCIONÁRIOS PÚBLICOS ESTRANGEIROS

1. Cada Parte deverá tomar todas as medidas necessárias ao estabelecimento de que, segundo suas leis, é delito criminal qualquer pessoa intencionalmente oferecer, prometer ou dar qualquer vantagem pecuniária indevida ou de outra natureza, seja diretamente ou por intermediários, a um funcionário público estrangeiro, para esse funcionário ou para terceiros, causando a ação ou a omissão do funcionário no desempenho de suas funções oficiais, com a finalidade de realizar ou dificultar transações ou obter outra vantagem ilícita na condução de negócios internacionais.

2. Cada Parte deverá tomar todas as medidas necessárias ao estabelecimento de que a cumplicidade, inclusive por incitamento, auxílio ou encorajamento, ou a autorização de ato de corrupção de um funcionário público estrangeiro é um delito criminal. A tentativa e conspiração para subornar um funcionário público estrangeiro serão delitos criminais na mesma medida em que o são a tentativa e conspiração para corrupção de funcionário público daquela Parte.

3. Os delitos prescritos nos parágrafos 1 e 2 acima serão doravante referidos como "corrupção de funcionário público estrangeiro".

4. Para o propósito da presente Convenção:

a) "funcionário público estrangeiro" significa qualquer pessoa responsável por cargo legislativo, administrativo ou jurídico de um país estrangeiro, seja ela nomeada ou eleita; qualquer pessoa que exerça função pública para um país estrangeiro, inclusive para representação ou empresa pública; e qualquer funcionário ou representante de organização pública internacional;

b) "país estrangeiro" inclui todos os níveis e subdivisões de governo, do federal ao municipal;

c) "a ação ou a omissão do funcionário no desempenho de suas funções oficiais" inclui qualquer uso do cargo do funcionário público, seja esse cargo, ou não, da competência legal do funcionário.

ARTIGO 2.
RESPONSABILIDADE DE PESSOAS JURÍDICAS

Cada Parte deverá tomar todas as medidas necessárias ao estabelecimento das responsabilidades de pessoas jurídicas pela corrupção de funcionário público estrangeiro, de acordo com seus princípios jurídicos.

ARTIGO 3.
SANÇÕES

1. A corrupção de um funcionário público estrangeiro deverá ser punível com penas criminais efetivas, proporcionais e dissuasivas. A extensão das penas deverá ser comparável àquela aplicada à corrupção do próprio funcionário público da Parte e, em caso de pessoas físicas, deverá incluir a privação da liberdade por período suficiente a permitir a efetiva assistência jurídica recíproca e a extradição.

2. Caso a responsabilidade criminal, sob o sistema jurídico da Parte, não se aplique a pessoas jurídicas, a Parte deverá assegurar que as pessoas jurídicas estarão sujeitas a sanções não-criminais efetivas, proporcionais e dissuasivas contra a corrupção de funcionário público estrangeiro, inclusive sanções financeiras.

3. Cada Parte deverá tomar todas as medidas necessárias a garantir que o suborno e o produto da corrupção de um funcionário público estrangeiro, ou o valor dos bens correspondentes a tal produto, estejam sujeitos a retenção e confisco ou que sanções financeiras de efeito equivalente sejam aplicáveis.

4. Cada Parte deverá considerar a imposição de sanções civis ou administrativas adicionais à pessoa sobre a qual recaiam sanções por corrupção de funcionário público estrangeiro.

ARTIGO 4.
JURISDIÇÃO

1. Cada Parte deverá tomar todas as medidas necessárias ao estabelecimento de sua jurisdição em relação à corrupção de um funcionário público estrangeiro, quando o delito é cometido integral ou parcialmente em seu território.

2. A Parte que tiver jurisdição para processar seus nacionais por delitos cometidos no exterior deverá tomar todas as medidas necessárias ao estabelecimento de sua jurisdição para fazê-lo em relação à corrupção de um funcionário público estrangeiro, segundo os mesmos princípios.

3. Quando mais de uma Parte tem jurisdição sobre um alegado delito descrito na presente Convenção, as Partes envolvidas deverão, por solicitação de uma delas, deliberar sobre a determinação da jurisdição mais apropriada para a instauração de processo.

4. Cada Parte deverá verificar se a atual fundamentação de sua jurisdição é efetiva em relação ao combate à corrupção de funcionários públicos estrangeiros, caso contrário, deverá tomar medidas corretivas a respeito.

ARTIGO 5.
EXECUÇÃO

A investigação e a abertura de processo por corrupção de um funcionário público estrangeiro estarão sujeitas às regras e princípios aplicáveis de cada Parte. Elas não serão influenciadas por considerações de interesse econômico nacional, pelo efeito potencial sobre as relações com outros Estados ou pela identidade de pessoas físicas ou jurídicas envolvidas.

ARTIGO 6.
REGIME DE PRESCRIÇÃO

Qualquer regime de prescrição aplicável ao delito de corrupção de um funcionário público estrangeiro deverá permitir um período de tempo adequado para a investigação e abertura de processo sobre o delito.

ARTIGO 7.
LAVAGEM DE DINHEIRO

A Parte que tornou o delito de corrupção de seu próprio funcionário público um delito declarado para o propósito da aplicação de sua legislação sobre lavagem de dinheiro deverá fazer o mesmo, nos mesmos termos, em relação à corrupção de um funcionário público estrangeiro, sem considerar o local de ocorrência da corrupção.

ARTIGO 8.
CONTABILIDADE

1. Para o combate efetivo da corrupção de funcionários públicos estrangeiros, cada Parte deverá tomar todas as medidas necessárias, no âmbito de suas leis e regulamentos sobre manutenção de livros e registros contábeis, divulgação de declarações financeiras, e sistemas de contabilidade e auditoria, para proibir o estabelecimento de contas de caixa "dois", a realização de operações de caixa "dois" ou operações inadequadamente explicitadas, o registro de despesas inexistentes, o lançamento de obrigações com explicitação inadequada de seu objeto, bem como o uso de documentos falsos por companhias sujeitas àquelas leis e regulamentos com o propósito de corromper funcionários públicos estrangeiros ou ocultar tal corrupção.

2. Cada Parte deverá prover penas civis, administrativas e criminais efetivas, proporcionais e dissuasivas pelas omissões e falsificações em livros e registros contábeis, contas e declarações financeiras de tais companhias.

ARTIGO 9.
ASSISTÊNCIA JURÍDICA RECÍPROCA

1. Cada Parte deverá, respeitando, tanto quanto possível, suas leis, tratados e acordos relevantes, prestar pronta e efetiva assistência jurídica a uma Parte para o fim de condução de investigações e processos criminais instaurados pela Parte sobre delitos abrangidos pela presente Convenção e para o fim de condução de processos não-criminais contra uma pessoa jurídica instaurados pela Parte e abrangidos por esta Convenção. A Parte solicitada deverá informar a Parte solicitante, sem demora, de quaisquer informações ou documentos adicionais necessários a apoiar o pedido de assistência e, quando solicitado, do estado e do resultado do pedido de assistência.

2. Quando uma Parte condiciona a assistência jurídica recíproca à existência de criminalidade dual, a existência de criminalidade dual será considerada se o delito para o qual a assistência é solicitada for do âmbito da presente Convenção.

3. Uma Parte não deverá se recusar a prestar assistência mútua jurídica em matérias criminais do âmbito da presente Convenção sob a alegação de sigilo bancário.

ARTIGO 10.
EXTRADIÇÃO

1. A corrupção de um funcionário público estrangeiro deverá ser considerada um delito passível de extradição, segundo as leis das Partes e os tratados de extradição celebrados entre elas.

2. Se uma Parte, que condiciona a extradição à existência de um tratado sobre a matéria, receber uma solicitação de extradição de outra Parte com a qual não possui tratado de extradição firmado, dever-se-á considerar esta Convenção a base jurídica para a extradição pelo delito de corrupção de um funcionário público estrangeiro.

3. Cada Parte deverá tomar todas as medidas necessárias para assegurar sua capacidade para extraditar ou processar seus nacionais pelo delito de corrupção de um funcionário público estrangeiro. A Parte que recusar um pedido para extraditar uma pessoa por corrupção de um funcionário público estrangeiro, baseada apenas no fato de que a pessoa é seu nacional, deverá submeter o caso à apreciação de suas autoridades competentes para instauração de processo.

4. A extradição por corrupção de funcionário público estrangeiro está sujeita às condições estabelecidas pela lei local e pelos tratados e acordos das Partes sobre a matéria. Quando uma Parte condiciona a extradição à existência de criminalidade dual, essa condição deverá ser considerada satisfeita se o delito pelo qual a extradição é solicitada estiver no âmbito do Artigo 1 da presente Convenção.

ARTIGO 11.
AUTORIDADES RESPONSÁVEIS

Para os propósitos do Artigo 4, parágrafo 3, sobre deliberações, do Artigo 9, sobre assistência jurídica recíproca, e do Artigo 10, sobre extradição, cada Parte deverá notificar o Secretário-Geral da OCDE da autoridade ou autoridades responsáveis pela formulação e recebimento de solicitações, que servirá de canal de comunicação da Parte nessas matérias sem prejuízo de outros acordos entre as Partes.

ARTIGO 12.
MONITORAMENTO E ACOMPANHAMENTO

As Partes deverão cooperar na execução de um programa de acompanhamento sistemático para monitorar e promover a integral implementação da presente Convenção. A menos que decidido em contrário por consenso das Partes, essa iniciativa dar-se-á no âmbito do Grupo de Trabalho sobre Corrupção em Transações Comerciais Internacionais da OCDE, de acordo com seu termo de referência, ou no âmbito e de acordo com os termos de referência de qualquer substituto para essa função. As Partes arcarão com os custos do programa, segundo as regras aplicáveis àquele Grupo.

ARTIGO 13
ASSINATURA E ACESSÃO

1. Até a entrada em vigor, a presente Convenção estará aberta para assinatura pelos membros da OCDE e por não-membros que hajam sido convidados a tornarem-se participantes plenos do Grupo de Trabalho sobre Corrupção em Transações Comerciais Internacionais.

2. Após a entrada em vigor, essa Convenção estará aberta à acessão de qualquer país não-signatário que seja membro da OCDE ou que se haja tornado um participante pleno do Grupo de Trabalho sobre Corrupção em Transações Comerciais Internacionais ou de qualquer sucessor para suas funções. Para os países não-signatários, a Convenção entrará em vigor no sexagésimo dia seguinte à data de depósito de seu instrumento de acessão.

ARTIGO 14.
RATIFICAÇÃO E DEPOSITÁRIO

1. A presente Convenção está sujeita à aceitação, aprovação ou ratificação pelos Signatários, de acordo com suas respectivas leis.

2. Instrumentos de aceitação, aprovação, ratificação ou acessão deverão ser depositados junto ao Secretário-Geral da OCDE, que funcionará como Depositário da presente Convenção.

ARTIGO 15.
ENTRADA EM VIGOR

1. A presente Convenção entrará em vigor no sexagésimo dia seguinte à data na qual cinco dos dez países que possuam as maiores cotas de exportação, apresentadas no documento anexo, e que representem juntos pelo menos sessenta por cento do total combinado das exportações desses dez países hajam depositado seus instrumentos de aceitação, aprovação ou ratificação. Para cada Signatário depositante de instrumento após a referida entrada em vigor, a presente Convenção entrará em vigor no sexagésimo dia após o depósito de seu instrumento.

2. Se, após 31 de dezembro de 1998, a Convenção não houver entrado em vigor em conformidade com o parágrafo 1 acima, qualquer Signatário que tenha depositado seu instrumento de aceitação, aprovação ou ratificação poderá declarar por escrito ao Depositário sua vontade em aceitar a entrada em vigor da Convenção sob o prescrito neste parágrafo 2. Para esse Signatário, a Convenção entrará em vigor no sexagésimo dia posterior à data na qual tais declarações houverem sido depositadas por pelo menos dois Signatários. Para cada Signatário depositante de declaração após a referida entrada em vigor, a Convenção entrará em vigor no sexagésimo dia posterior à data do depósito.

ARTIGO 16.
EMENDA

Qualquer Parte poderá propor a emenda da presente Convenção. Uma proposta de emenda será submetida ao Depositário, que deverá comunicá-la às outras Partes pelo menos sessenta dias antes da convocação de um encontro das Partes para deliberação sobre a matéria. Uma emenda adotada por consenso das Partes, ou por outros meios que as Partes determinem por consenso, entrará em vigor sessenta dias após o depósito de um instrumento de aceitação, aprovação ou ratificação de todas as Partes, ou, de outra forma, como especificado pelas Partes no momento da adoção da emenda.

ARTIGO 17.
DENÚNCIA

Uma Parte poderá denunciar a presente Convenção, notificando por escrito o Depositário. Essa denúncia efetivar-se-á um ano após a data de recebimento da notificação. Após a denúncia, deverá continuar a existir cooperação entre as Partes e a Parte denunciante com relação às solicitações pendentes de assistência ou extradição formuladas antes da data efetiva da denúncia.

Feito em Paris neste dia dezessete de dezembro de mil novecentos e noventa e sete, nas línguas inglesa e francesa, sendo cada texto igualmente autêntico.

Pela República Federal da Alemanha Pela República da Irlanda

Pela República Argentina Pela República da Islândia

Pela Austrália Pela República Italiana
Pela República da Áustria Pelo Japão
Pelo Reino da Bélgica Pelo Grão-Ducado de Luxemburgo
Pela República Federativa do Brasil Pelos Estados Unidos Mexicanos
Pela República da Bulgária Pelo Reino da Noruega
Pelo Canadá Pela Nova Zelândia
Pela República do Chile Pelo Reino dos Países Baixos
Pela República da Coréia Pela República da Polônia
Pelo Reino da Dinamarca Pela República Portuguesa
Pelo Reino da Espanha Pelo Reino Unido da Grã-Bretanha e Irlanda do Norte
Pelos Estados Unidos da América Pela República da Eslovênia
Pela República da Finlândia Pelo Reino da Suécia
Pela República da França Pela Confederação Suíça
Pela República Helênica Pela República Tcheca
Pela República da Hungria Pela República da Turquia

ANEXO
DAFFE/IME/BR(97)18/FINAL
ESTATÍSTICAS DE EXPORTAÇÕES DA OCDE

Exportações da OCDE			
	1990-1996	1990-1996	1990-1996
	Milhões de US$	% do Total da OCDE	% dos 10 Maiores
Estados Unidos	287.118	15,9%	19,7%
Alemanha	254.746	14,1%	17,5%
Japão	212.665	11,8%	14,6%
França	138.471	7,7%	9,5%
Reino Unido	121.258	6,7%	8,3%
Itália	112.449	6,2%	7,7%
Canadá	91.215	5,1%	6,3%
Coréia (1)	81.364	4,5%	5,6%
Países Baixos	81.264	4,5%	5,6%
Bélgica-Luxemburgo	78.598	4,4%	5,4%
Total dos 10 maiores	1.459.148	81,0%	100%

Exportações da OCDE			
	1990-1996	1990-1996	1990-1996
	Milhões de US$	% do Total da OCDE	% dos 10 Maiores
Espanha	42.469	2,4%	
Suíça	40.395	2,2%	
Suécia	36.710	2,0%	
México (1)	34.233	1,9%	
Austrália	27.194	1,5%	
Dinamarca	24.145	1,3%	
Áustria*	22.432	1,2%	
Noruega	21.666	1,2%	
Irlanda	19.217	1,1%	
Finlândia	17.296	1,0%	
Polônia (1)**	12.652	0,7%	
Portugal	10.801	0,6%	
Turquia*	8.027	0,4%	
Hungria**	6.795	0,4%	
Nova Zelândia	6.663	0,4%	
República Tcheca***	6.263	0,3%	
Grécia*	4.606	0,3%	
Islândia	949	0,1%	
Total da OCDE	1.801.661	100%	

Notas: *1990-1995; **1991-1996;***1993-1996

Fonte: OCDE, (1) IMF

A respeito de Bélgica-Luxemburgo: Estatísticas comerciais para a Bélgica e Luxemburgo estão disponíveis apenas em dados combinados para os dois países. Para os propósitos do Artigo 15, parágrafo 1 da Convenção, se Bélgica ou Luxemburgo depositarem seus instrumentos de aceitação, aprovação ou ratificação, ou se ambos Bélgica e Luxemburgo depositarem seu instrumento de aceitação, aprovação ou ratificação, considerar-se-á que, dentre eles, o país que tiver uma das 10 maiores cotas de exportação foi o depositante desse instrumento e as exportações conjuntas de ambos serão computadas para a obtenção dos 60 por cento do total combinado das exportações dos dez países necessários à entrada em vigor da presente Convenção.

ANEXO 5

DECRETO Nº 4.410, DE 7 DE OUTUBRO DE 2002

Promulga a Convenção Interamericana contra a Corrupção, de 29 de março de 1996, com reserva para o art. XI, parágrafo 1º, inciso "c".

O PRESIDENTE DA REPÚBLICA, no uso da atribuição que lhe confere o art. 84, inciso VIII, da Constituição,

Considerando que o Congresso Nacional aprovou por meio do Decreto Legislativo nº 152, de 25 de junho de 2002, o texto da Convenção Interamericana contra a Corrupção, adotada em Caracas, em 29 de março de 1996, com reserva para o art. XI, parágrafo 1º, inciso "c";

Considerando que a Convenção entrou em vigor, para o Brasil, em 24 de agosto de 2002, nos termos de seu artigo XXV; decreta:

Art. 1º. A Convenção Interamericana contra a Corrupção, adotada em Caracas, em 29 de março de 1996, apensa por cópia ao presente Decreto, será executada e cumprida tão inteiramente como nela se contém, com reserva para o art. XI, parágrafo 1º, inciso "c". (Redação dada pelo Decreto nº 4.534, de 2002)

Art. 2º. São sujeitos à aprovação do Congresso Nacional quaisquer atos que possam resultar em revisão da referida Convenção, assim como quaisquer ajustes complementares que, nos termos do art. 49, inciso I, da Constituição, acarretem encargos ou compromissos gravosos ao patrimônio nacional.

Art. 3º. Este Decreto entra em vigor na data de sua publicação.

Brasília, 7 de outubro de 2002; 181º da Independência e 114º da República.

FERNANDO HENRIQUE CARDOSO

Publicado no D.O.U. de 8.10.2002

CONVENÇÃO INTERAMERICANA CONTRA A CORRUPÇÃO

Preâmbulo

OS ESTADOS MEMBROS DA ORGANIZAÇÃO DOS ESTADOS AMERICANOS,

CONVENCIDOS de que a corrupção solapa a legitimidade das instituições públicas e atenta contra a sociedade, a ordem moral e a justiça, bem como contra o desenvolvimento integral dos povos;

CONSIDERANDO que a democracia representativa, condição indispensável para a estabilidade, a paz e o desenvolvimento da região, exige, por sua própria natureza, o combate a toda forma de corrupção no exercício das funções públicas e aos atos de corrupção especificamente vinculados a seu exercício;

PERSUADIDOS de que o combate à corrupção reforça as instituições democráticas e evita distorções na economia, vícios na gestão pública e deterioração da moral social;

RECONHECENDO que, muitas vezes, a corrupção é um dos instrumentos de que se serve o crime organizado para concretizar os seus fins;

CONVENCIDOS da importância de gerar entre a população dos países da região uma consciência em relação à existência e à gravidade desse problema e da necessidade de reforçar a participação da sociedade civil na prevenção e na luta contra a corrupção;

RECONHECENDO que a corrupção, em alguns casos, se reveste de transcendência internacional, o que exige por parte dos Estados uma ação coordenada para combatê-la eficazmente;

CONVENCIDOS da necessidade de adotar o quanto antes um instrumento internacional que promova e facilite a cooperação internacional para combater a corrupção e, de modo especial, para tomar as medidas adequadas contra as pessoas que cometam atos de corrupção no exercício das funções públicas ou especificamente vinculados a esse exercício, bem como a respeito dos bens que sejam fruto desses atos;

PROFUNDAMENTE PREOCUPADOS com os vínculos cada vez mais estreitos entre a corrupção e as receitas do tráfico ilícito de entorpecentes, que ameaçam e corroem as atividades comerciais e financeiras legítimas e a sociedade, em todos os níveis;

TENDO PRESENTE que, para combater a corrupção, é responsabilidade dos Estados erradicar a impunidade e que a cooperação entre eles é necessária para que sua ação neste campo seja efetiva; e

DECIDIDOS a envidar todos os esforços para prevenir, detectar, punir e erradicar a corrupção no exercício das funções públicas e nos atos de corrupção especificamente vinculados a seu exercício,

CONVIERAM em assinar a seguinte

CONVENÇÃO INTERAMERICANA CONTRA A CORRUPÇÃO

ARTIGO I.
DEFINIÇÕES

Para os fins desta Convenção, entende-se por:

"Função pública" toda atividade, temporária ou permanente, remunerada ou honorária realizada por uma pessoa física em nome do Estado ou a serviço do Estado ou de suas entidades, em qualquer de seus níveis hierárquicos.

"Funcionário público", "funcionário de governo" ou "servidor público" qualquer funcionário ou empregado de um Estado ou de suas entidades, inclusive os que tenham sido selecionados, nomeados ou eleitos para desempenhar atividades ou funções em nome do Estado ou a serviço do Estado em qualquer de seus níveis hierárquicos.

"Bens" os ativos de qualquer tipo, quer sejam móveis ou imóveis, tangíveis ou intangíveis, e os documentos e instrumentos legais que comprovem ou pretendam comprovar a propriedade ou outros direitos sobre estes ativos, ou que se refiram à propriedade ou outros direitos.

ARTIGO II.
PROPÓSITOS

Os propósitos desta Convenção são:

1. promover e fortalecer o desenvolvimento, por cada um dos Estados Partes, dos mecanismos necessários para prevenir, detectar, punir e erradicar a corrupção; e

2. promover, facilitar e regular a cooperação entre os Estados Partes a fim de assegurar a eficácia das medidas e ações adotadas para prevenir, detectar, punir e erradicar a corrupção no exercício das funções públicas, bem como os atos de corrupção especificamente vinculados a seu exercício.

ARTIGO III.
MEDIDAS PREVENTIVAS

Para os fins estabelecidos no artigo II desta Convenção, os Estados Partes convêm em considerar a aplicabilidade de medidas, em seus próprios sistemas institucionais destinadas a criar, manter e fortalecer:

1. Normas de conduta para o desempenho correto, honrado e adequado das funções públicas. Estas normas deverão ter por finalidade prevenir conflitos de interesses, assegurar a guarda e uso adequado dos recursos confiados aos funcionários públicos no desempenho de suas funções e estabelecer medidas e sistemas para exigir dos funcionários públicos que informem as autoridades competentes dos atos de corrupção nas funções públicas de que tenham conhecimento. Tais medidas ajudarão a preservar a confiança na integridade dos funcionários públicos e na gestão pública.

2. Mecanismos para tornar efetivo o cumprimento dessas normas de conduta.

3. Instruções ao pessoal dos órgãos públicos a fim de garantir o adequado entendimento de suas responsabilidades e das normas éticas que regem as suas atividades.

4. Sistemas para a declaração das receitas, ativos e passivos por parte das pessoas que desempenhem funções públicas em determinados cargos estabelecidos em lei e, quando for o caso, para a divulgação dessas declarações.

5. Sistemas de recrutamento de funcionários públicos e de aquisição de bens e serviços por parte do Estado de forma a assegurar sua transparência, eqüidade e eficiência.

6. Sistemas para arrecadação e controle da renda do Estado que impeçam a prática da corrupção.

7. Leis que vedem tratamento tributário favorável a qualquer pessoa física ou jurídica em relação a despesas efetuadas com violação dos dispositivos legais dos Estados Partes contra a corrupção.

8. Sistemas para proteger funcionários públicos e cidadãos particulares que denunciarem de boa-fé atos de corrupção, inclusive a proteção de sua identidade, sem prejuízo da Constituição do Estado e dos princípios fundamentais de seu ordenamento jurídico interno.

9. Órgãos de controle superior, a fim de desenvolver mecanismos modernos para prevenir, detectar, punir e erradicar as práticas corruptas.

10. Medidas que impeçam o suborno de funcionários públicos nacionais e estrangeiros, tais como mecanismos para garantir que as sociedades mercantis e outros tipos de associações mantenham registros que, com razoável nível de detalhe, reflitam com exatidão a aquisição e alienação de ativos e mantenham controles contábeis internos que permitam aos funcionários da empresa detectarem a ocorrência de atos de corrupção.

11. Mecanismos para estimular a participação da sociedade civil e de organizações não-governamentais nos esforços para prevenir a corrupção.

12. O estudo de novas medidas de prevenção, que levem em conta a relação entre uma remuneração equitativa e a probidade no serviço público.

ARTIGO IV.
ÂMBITO

Esta Convenção é aplicável sempre que o presumido ato de corrupção seja cometido ou produza seus efeitos em um Estado Parte.

ARTIGO V.
JURISDIÇÃO

1. Cada Estado Parte adotará as medidas que forem necessárias para estabelecer sua jurisdição sobre os delitos que tiver tipificado nos termos desta Convenção, quando o delito for cometido em seu território.

2. Cada Estado Parte poderá adotar as medidas que sejam necessárias para estabelecer sua jurisdição em relação aos delitos que haja tipificado, nos termos desta Convenção, quando o delito for cometido por um de seus cidadãos ou por uma pessoa que tenha sua residência habitual em seu território.

3. Cada Estado Parte adotará as medidas que sejam necessárias para estabelecer sua jurisdição em relação aos delitos que haja tipificado, nos termos desta Convenção, quando o suspeito se encontrar em seu território e a referida parte não o extraditar para outro país por motivo da nacionalidade do suspeito.

4. Esta Convenção não exclui a aplicação de qualquer outra regra de jurisdição penal estabelecida por uma parte em virtude de sua legislação nacional.

ARTIGO VI.
ATOS DE CORRUPÇÃO

1. Esta Convenção é aplicável aos seguintes atos de corrupção:

a. a solicitação ou a aceitação, direta ou indiretamente, por um funcionário público ou pessoa que exerça funções públicas, de qualquer objeto de valor pecuniário ou de outros benefícios como dádivas, favores, promessas ou vantagens para si mesmo ou para outra pessoa ou entidade em troca da realização ou omissão de qualquer ato no exercício de suas funções públicas;

b. a oferta ou outorga, direta ou indiretamente, a um funcionário público ou pessoa que exerça funções públicas, de qualquer objeto de valor pecuniário ou de outros benefícios como dádivas, favores, promessas ou vantagens a esse funcionário público ou outra pessoa ou entidade em troca da realização ou omissão de qualquer ato no exercício de suas funções públicas;

c. a realização, por parte de um funcionário público ou pessoa que exerça funções públicas, de qualquer ato ou omissão no exercício de suas funções, a fim de obter ilicitamente benefícios para si mesmo ou para um terceiro;

d. o aproveitamento doloso ou a ocultação de bens provenientes de qualquer dos atos a que se refere este artigo; e

e. a participação, como autor, coautor, instigador, cúmplice, acobertador ou mediante qualquer outro modo na perpetração, na tentativa de perpetração ou na associação ou confabulação para perpetrar qualquer dos atos a que se refere este artigo.

2. Esta Convenção também é aplicável por acordo mútuo entre dois ou mais Estados Partes com referência a quaisquer outros atos de corrupção que a própria Convenção não defina.

ARTIGO VII.
LEGISLAÇÃO INTERNA

Os Estados Partes que ainda não o tenham feito adotarão as medidas legislativas ou de outra natureza que forem necessárias para tipificar como delitos em seu direito interno os atos de corrupção descritos no artigo VI, parágrafo l, e para facilitar a cooperação entre eles nos termos desta Convenção.

ARTIGO VIII. SUBORNO TRANSNACIONAL

Sem prejuízo de sua Constituição e dos princípios fundamentais de seu ordenamento jurídico, cada Estado Parte proibirá e punirá o oferecimento ou outorga, por parte de seus cidadãos, pessoas que tenham residência habitual em seu território e empresas domiciliadas no mesmo, a um funcionário público de outro Estado, direta ou indiretamente, de qualquer objeto de valor pecuniário ou outros benefícios, como dádivas, favores, promessas ou vantagens em troca da realização ou omissão, por esse funcionário, de qualquer ato no exercício de suas funções públicas relacionado com uma transação de natureza econômica ou comercial.

Entre os Estados Partes que tenham tipificado o delito de suborno transnacional, este será considerado um ato de corrupção para os propósitos desta Convenção.

O Estado Parte que não tenha tipificado o suborno transnacional prestará a assistência e cooperação previstas nesta Convenção relativamente a este delito, na medida em que o permitirem as suas leis.

ARTIGO IX. ENRIQUECIMENTO ILÍCITO

Sem prejuízo de sua Constituição e dos princípios fundamentais de seu ordenamento jurídico, os Estados Partes que ainda não o tenham feito adotarão as medidas necessárias para tipificar como delito em sua legislação o aumento do patrimônio de um funcionário público que exceda de modo significativo sua renda legítima durante o exercício de suas funções e que não possa justificar razoavelmente.

Entre os Estados Partes que tenham tipificado o delito de enriquecimento ilícito, este será considerado um ato de corrupção para os propósitos desta Convenção.

O Estado Parte que não tenha tipificado o enriquecimento ilícito prestará a assistência e cooperação previstas nesta Convenção relativamente a este delito, na medida em que o permitirem as suas leis.

ARTIGO X. NOTIFICAÇÃO

Quando um Estado Parte adotar a legislação a que se refere o parágrafo l dos artigos VIII e IX, notificará o Secretário-Geral da Organização dos Estados Americanos, que, por sua vez, notificará os demais Estados Partes. Os delitos de suborno transnacional e de enriquecimento ilícito, no que se refere a este

Estado Parte, serão considerados atos de corrupção para os propósitos desta Convenção a partir de 30 dias, contados da data da referida notificação.

ARTIGO XI.
DESENVOLVIMENTO PROGRESSIVO

1. A fim de impulsionar o desenvolvimento e a harmonização das legislações nacionais e a consecução dos objetivos desta Convenção, os Estados Partes julgam conveniente considerar a tipificação das seguintes condutas em suas legislações e a tanto se comprometem:

a. o aproveitamento indevido, em benefício próprio ou de terceiros, por parte do funcionário público ou pessoa no exercício de funções públicas de qualquer tipo de informação reservada ou privilegiada da qual tenha tomado conhecimento em razão ou por ocasião do desempenho da função pública;

b. o uso ou aproveitamento indevido, em benefício próprio ou de terceiros por parte de funcionário público ou pessoa que exerça funções públicas de qualquer tipo de bens do Estado ou de empresas ou instituições em que este tenha parte aos quais tenha tido acesso em razão ou por ocasião do desempenho da função;

c. toda ação ou omissão realizada por qualquer pessoa que, por si mesma ou por interposta pessoa, ou atuando como intermediária, procure a adoção, por parte da autoridade pública, de uma decisão em virtude da qual obtenha ilicitamente, para si ou para outrem, qualquer benefício ou proveito, haja ou não prejuízo para o patrimônio do Estado; e

d. o desvio de bens móveis ou imóveis, dinheiro ou valores pertencentes ao Estado para fins não relacionados com aqueles aos quais se destinavam a um organismo descentralizado ou a um particular, praticado, em benefício próprio ou de terceiros, por funcionários públicos que os tiverem recebido em razão de seu cargo, para administração, guarda ou por outro motivo.

2. Entre os Estados Partes que os tenham tipificado, estes delitos serão considerados atos de corrupção para os propósitos desta Convenção.

3. O Estado Parte que não tiver tipificado qualquer dos delitos definidos neste artigo prestará a assistência e cooperação previstas nesta Convenção relativamente a esses delitos, na medida em que o permitirem as suas leis.

ARTIGO XII.
EFEITOS SOBRE O PATRIMÔNIO DO ESTADO

Para os fins desta Convenção, não será exigível que os atos de corrupção nela descritos produzam prejuízo patrimonial para o Estado.

ARTIGO XIII.
EXTRADIÇÃO

1. Este artigo será aplicado aos delitos tipificados pelos Estados Partes de conformidade com esta Convenção.

2. Cada um dos delitos a que se aplica este artigo será considerado como incluído entre os delitos que dão lugar a extradição em todo tratado de extradição vigente entre os Estados Partes. Os Estados Partes comprometem-se a incluir esses delitos como base para a concessão da extradição em todo tratado de extradição que celebrarem entre si.

3. Se um Estado Parte que subordinar a extradição à existência de um tratado receber uma solicitação de extradição de outro Estado Parte com o qual não estiver vinculado por nenhum tratado de extradição, poderá considerar esta Convenção como a base jurídica da extradição em relação aos delitos a que se aplica este artigo.

4. Os Estados Partes que não subordinarem a extradição à existência de um tratado reconhecerão os delitos a que se aplica este artigo como delitos suscetíveis de extradição entre si.

5. A extradição estará sujeita às condições previstas pela legislação do Estado Parte requerido ou pelos tratados de extradição aplicáveis, incluídos os motivos pelos quais o Estado Parte requerido pode recusar a extradição.

6. Se a extradição solicitada em razão de um delito a que se aplique este artigo foi recusada baseando-se exclusivamente na nacionalidade da pessoa reclamada, ou por o Estado Parte requerido considerar-se competente, o Estado Parte requerido submeterá o caso a suas autoridades competentes para julgá-lo, a menos que tenha sido acordado em contrário com o Estado Parte requerente, e o informará oportunamente do seu resultado final.

7. Sem prejuízo do disposto em seu direito interno e em seus tratados de extradição, o Estado Parte requerido, por solicitação do Estado Parte requerente, poderá depois de certificar-se de que as circunstâncias o justificam e têm caráter urgente proceder à detenção da pessoa cuja extradição se solicitar e que se encontrar em seu território, ou adotar outras medidas adequadas para assegurar seu comparecimento nos trâmites de extradição.

ARTIGO XIV. ASSISTÊNCIA E COOPERAÇÃO

1. Os Estados Partes prestarão a mais ampla assistência recíproca, em conformidade com suas leis e com os tratados aplicáveis, dando curso às solicitações emanadas de suas autoridades que, de acordo com seu direito interno, tenham faculdades para investigar ou processar atos de corrupção definidos nesta Convenção, com vistas à obtenção de provas e à realização de outros atos necessários para facilitar os processos e as diligências ligadas à investigação ou processo penal por atos de corrupção.

2. Além disso, os Estados Partes prestarão igualmente a mais ampla cooperação técnica recíproca sobre as formas e métodos mais efetivos para prevenir, detectar, investigar e punir os atos de corrupção. Com esta finalidade, facilitarão o intercâmbio de experiências por meio de acordos e

reuniões entre os órgãos e instituições competentes e dispensarão atenção especial às formas e métodos de participação civil na luta contra a corrupção.

ARTIGO XV.
MEDIDAS SOBRE BENS

1. Em conformidade com as legislações nacionais aplicáveis e os tratados pertinentes ou outros acordos que estejam em vigor entre eles, os Estados Partes prestarão mutuamente a mais ampla assistência possível para identificar, localizar, bloquear, apreender e confiscar bens obtidos ou provenientes da prática dos delitos tipificados de acordo com esta Convenção, ou os bens usados para essa prática, ou o respectivo produto.

2. O Estado Parte que executar suas próprias sentenças de confisco, ou as sentenças de outro Estado Parte, a respeito dos bens ou produtos mencionados no parágrafo anterior deste artigo, disporá desses bens ou produtos segundo sua própria legislação. Na medida em que o permitirem suas leis e nas condições que considere adequadas, esse Estado Parte poderá transferir esses bens ou produtos, total ou parcialmente, para outro Estado Parte que tenha prestado assistência na investigação ou nas diligências judiciais conexas.

ARTIGO XVI.
SIGILO BANCÁRIO

l. O Estado Parte requerido não poderá negar-se a proporcionar a assistência solicitada pelo Estado Parte requerente alegando sigilo bancário. Este artigo será aplicado pelo Estado Parte requerido em conformidade com seu direito interno, com suas disposições processuais e com os acordos bilaterais ou multilaterais que o vinculem ao Estado Parte requerente.

2. O Estado Parte requerente compromete-se a não usar informações protegidas por sigilo bancário que receba para propósito algum que não o do processo que motivou a solicitação, salvo com autorização do Estado Parte requerido.

ARTIGO XVII.
NATUREZA DO ATO

Para os fins previstos nos artigos XIII, XIV, XV e XVI desta Convenção, o fato de os bens provenientes do ato de corrupção terem sido destinados a finalidades políticas ou a alegação de que um ato de corrupção foi cometido por motivações ou finalidades políticas não serão suficientes, por si sós, para considerá-lo como delito político ou como delito comum vinculado a um delito político.

ARTIGO XVIII.
AUTORIDADES CENTRAIS

1. Para os propósitos da assistência e cooperação internacionais previstas nesta Convenção, cada Estado Parte poderá designar uma autoridade central

ou utilizar as autoridades centrais previstas nos tratados pertinentes ou outros acordos.

2. As autoridades centrais estarão encarregadas de formular e receber as solicitações de assistência e cooperação a que se refere esta Convenção.

3. As autoridades centrais comunicar-se-ão de forma direta para os efeitos desta Convenção.

ARTIGO XIX.
APLICAÇÃO NO TEMPO

Sem prejuízo dos princípios constitucionais, do ordenamento jurídico interno de cada Estado e dos tratados vigentes entre os Estados Partes, o fato de o presumido ato de corrupção ter sido cometido antes desta Convenção entrar em vigor não impedirá a cooperação processual em assuntos criminais, entre os Estados Partes. Esta disposição não afetará em caso algum o princípio da não retroatividade da lei penal nem sus aplicação interromperá os prazos de prescrição que estejam correndo em relação aos delitos anteriores à data da entrada em vigor desta Convenção.

ARTIGO XX.
OUTROS ACORDOS OU PRÁTICAS

Nenhuma das normas desta Convenção será interpretada no sentido de impedir que os Estados Partes prestem, reciprocamente, cooperação com base no previsto em outros acordos internacionais, bilaterais ou multilaterais, vigentes ou que forem celebrados no futuro entre eles, ou em qualquer outro acordo ou prática aplicável.

ARTIGO XXI.
ASSINATURA

Esta Convenção ficará aberta à assinatura dos Estados membros da Organização dos Estados Americanos.

ARTIGO XXII.
RATIFICAÇÃO

Esta Convenção está sujeita a ratificação. Os instrumentos de ratificação serão depositados na Secretaria-Geral da Organização dos Estados Americanos.

ARTIGO XXIII.
ADESÃO

Esta Convenção ficará aberta à adesão de qualquer outro Estado. Os instrumentos de adesão serão depositados na Secretaria-Geral da Organização dos Estados Americanos.

ARTIGO XXIV.
RESERVA

Os Estados Partes poderão formular reservas a esta Convenção no momento de aprová-la, assiná-la, ratificá-la ou a ela aderir, desde que sejam compatíveis com o objeto e propósitos da Convenção e versem sobre uma ou mais disposições específicas.

ARTIGO XXV.
ENTRADA EM VIGOR

Esta Convenção entrará em vigor no trigésimo dia a partir da data em que haja sido depositado o segundo instrumento de ratificação. Para cada Estado que ratificar a Convenção ou a ela aderir depois de haver sido depositado o segundo instrumento de ratificação, a Convenção entrará em vigor no trigésimo dia a partir da data em que esse Estado haja depositado seu instrumento de ratificação ou de adesão.

ARTIGO XXVI.
DENÚNCIA

Esta Convenção vigorará por prazo indefinido, mas qualquer dos Estados Partes poderá denunciá-la. O instrumento de denúncia será depositado na Secretaria-Geral da Organização dos Estados Americanos. Transcorrido um ano da data do depósito do instrumento de denúncia, os efeitos da Convenção cessarão para o Estado denunciante, mas subsistirão para os demais Estados Partes.

ARTIGO XXVII.
PROTOCOLOS ADICIONAIS

Qualquer Estado Parte poderá submeter à consideração dos outros Estados Partes, por ocasião de um período de sessões da Assembleia Geral da Organização dos Estados Americanos, projetos de protocolos adicionais a esta Convenção, com a finalidade de contribuir para a consecução dos propósitos relacionados no artigo II.

Cada protocolo adicional estabelecerá as modalidades de sua entrada em vigor e será aplicado somente entre os Estados Partes nesse protocolo.

ARTIGO XXVIII.
DEPÓSITO DO INSTRUMENTO ORIGINAL

O instrumento original desta Convenção, cujos textos em português, espanhol, francês e inglês são igualmente autênticos, será depositado na Secretaria-Geral da Organização dos Estados Americanos, que enviará cópia autenticada do seu texto ao Secretariado das Nações Unidas, para seu registro de publicação, de conformidade com o artigo 102 da Carta das Nações Unidas. A Secretaria-Geral da Organização dos Estados Americanos notificará aos Estados membros da referida Organização e aos Estados que houverem aderido à Convenção as assinaturas e os depósitos de instrumentos de ratificação, adesão e denúncia, bem como as reservas eventualmente formuladas.

ANEXO 6

DECRETO Nº 5.687, DE 31 DE JANEIRO DE 2006

Promulga a Convenção das Nações Unidas contra a Corrupção, adotada pela Assembléia-Geral das Nações Unidas em 31 de outubro de 2003 e assinada pelo Brasil em 9 de dezembro de 2003.

O PRESIDENTE DA REPÚBLICA, no uso da atribuição que lhe confere o art. 84, inciso IV, da Constituição, e

Considerando que o Congresso Nacional aprovou o texto da Convenção das Nações Unidas contra a Corrupção, por meio do Decreto Legislativo nº 348, de 18 de maio de 2005;

Considerando que o Governo brasileiro ratificou a citada Convenção em 15 de junho de 2005;

Considerando que a Convenção entrou em vigor internacional, bem como para o Brasil, em 14 de dezembro de 2005;

DECRETA:

Art. 1º A Convenção das Nações Unidas contra a Corrupção, adotada pela Assembléia-Geral das Nações Unidas em 31 de outubro de 2003 e assinada pelo Brasil em 9 de dezembro de 2003, apensa por cópia ao presente Decreto, será executada e cumprida tão inteiramente como nela se contém.

Art. 2º São sujeitos à aprovação do Congresso Nacional quaisquer atos que possam resultar em revisão da referida Convenção ou que acarretem encargos ou compromissos gravosos ao patrimônio nacional, nos termos do art. 49, inciso I, da Constituição.

Art. 3º Este Decreto entra em vigor na data de sua publicação.

Brasília, 31 de janeiro de 2006; 185º da Independência e 118º da República.

LUIZ INÁCIO LULA DA SILVA

Celso Luiz Nunes Amorim

CONVENÇÃO DAS NAÇÕES UNIDAS CONTRA A CORRUPÇÃO

Preâmbulo

Os Estados Partes da presente convenção,

Preocupados com a gravidade dos problemas e com as ameaças decorrentes da corrupção, para a estabilidade e a segurança das sociedades, ao enfraquecer as instituições e os valores da democracia, da ética e da justiça e ao comprometer o desenvolvimento sustentável e o Estado de Direito;

Preocupados, também, pelos vínculos entre a corrupção e outras formas de delinqüência, em particular o crime organizado e a corrupção econômica, incluindo a lavagem de dinheiro;

Preocupados, ainda, pelos casos de corrupção que penetram diversos setores da sociedade, os quais podem comprometer uma proporção importante dos recursos dos Estados e que ameaçam a estabilidade política e o desenvolvimento sustentável dos mesmos;

Convencidos de que a corrupção deixou de ser um problema local para converter-se em um fenômeno transnacional que afeta todas as sociedades e economias, faz-se necessária a cooperação internacional para preveni-la e lutar contra ela;

Convencidos, também, de que se requer um enfoque amplo e multidisciplinar para prevenir e combater eficazmente a corrupção;

Convencidos, ainda, de que a disponibilidade de assistência técnica pode desempenhar um papel importante para que os Estados estejam em melhores condições de poder prevenir e combater eficazmente a corrupção, entre outras coisas, fortalecendo suas capacidades e criando instituições;

Convencidos de que o enriquecimento pessoal ilícito pode ser particularmente nocivo para as instituições democráticas, as economias nacionais e o Estado de Direito;

Decididos a prevenir, detectar e dissuadir com maior eficácia as transferências internacionais de ativos adquiridos ilicitamente e a fortalecer a cooperação internacional para a recuperação destes ativos;

Reconhecendo os princípios fundamentais do devido processo nos processos penais e nos procedimentos civis ou administrativos sobre direitos de propriedade;

Tendo presente que a prevenção e a erradicação da corrupção são responsabilidades de todos os Estados e que estes devem cooperar entre si, com o apoio e a participação de pessoas e grupos que não pertencem ao setor público, como a sociedade civil, as organizações não-governamentais e as organizações de base comunitárias, para que seus esforços neste âmbito sejam eficazes;

Tendo presentes também os princípios de devida gestão dos assuntos e dos bens públicos, eqüidade, responsabilidade e igualdade perante a lei, assim como a necessidade de salvaguardar a integridade e fomentar uma cultura de rechaço à corrupção;

Elogiando o trabalho da Comissão de Prevenção de Delitos e Justiça Penal e o Escritório das Nações Unidas contra as Drogas e o Delito na prevenção e na luta contra a corrupção;

Recordando o trabalho realizado por outras organizações internacionais e regionais nesta esfera, incluídas as atividades do Conselho de Cooperação Aduaneira (também denominado Organização Mundial de Aduanas), o Conselho Europeu, a Liga dos Estados Árabes, a Organização de Cooperação e Desenvolvimento Econômicos, a Organização dos Estados Americanos, a União Africana e a União Européia;

Tomando nota com reconhecimento dos instrumentos multilaterais encaminhados para prevenir e combater a corrupção, incluídos, entre outros, a Convenção Interamericana contra a Corrupção, aprovada pela Organização dos Estados Americanos em 29 de março de 1996, o Convênio relativo à luta contra os atos de corrupção no qual estão envolvidos funcionários das Comunidades Européias e dos Estados Partes da União Européia, aprovado pelo Conselho da União Européia em 26 de maio de 1997, o Convênio sobre a luta contra o suborno dos funcionários públicos estrangeiros nas transações comerciais internacionais, aprovado pelo Comitê de Ministros do Conselho Europeu em 27 de janeiro de 1999, o Convênio de direito civil sobre a corrupção, aprovado pelo Comitê de Ministros do Conselho Europeu em 4 de novembro de 1999 e a Convenção da União Africana para prevenir e combater a corrupção, aprovada pelos Chefes de Estado e Governo da União Africana em 12 de julho de 2003;

Acolhendo com satisfação a entrada em vigor, em 29 de setembro de 2003, da Convenção das Nações Unidas contra o Crime Organizado Internacional; Chegaram em acordo ao seguinte:

CAPÍTULO I – DISPOSIÇÕES GERAIS

Art. 1º – Finalidade

A finalidade da presente Convenção é:

a) Promover e fortalecer as medidas para prevenir e combater mais eficaz e eficientemente a corrupção;

b) Promover, facilitar e apoiar a cooperação internacional e a assistência técnica na prevenção e na luta contra a corrupção, incluída a recuperação de ativos;

c) Promover a integridade, a obrigação de render contas e a devida gestão dos assuntos e dos bens públicos.

Art. 2º – DEFINIÇÕES, ÂMBITO DE APLICAÇÃO E PROTEÇÃO DA SOBERANIA

Aos efeitos da presente Convenção:

a) Por "funcionário público" se entenderá: i) toda pessoa que ocupe um cargo legislativo, executivo, administrativo ou judicial de um Estado Parte, já designado ou empossado, permanente ou temporário, remunerado ou honorário, seja qual for o tempo dessa pessoa no cargo; ii) toda pessoa que desempenhe uma função pública, inclusive em um organismo público ou numa empresa pública, ou que preste um serviço público, segundo definido na legislação interna do Estado Parte e se aplique na esfera pertinente do ordenamento jurídico desse Estado Parte; iii) toda pessoa definida como "funcionário público" na legislação interna de um Estado Parte. Não obstante, aos efeitos de algumas medidas específicas incluídas no Capítulo II da presente Convenção, poderá entender-se por "funcionário público" toda pessoa que desempenhe uma função pública ou preste um serviço público segundo definido na legislação interna do Estado Parte e se aplique na esfera pertinente do ordenamento jurídico desse Estado Parte;

b) Por "funcionário público estrangeiro" se entenderá toda pessoa que ocupe um cargo legislativo, executivo, administrativo ou judicial de um país estrangeiro, já designado ou empossado; e toda pessoa que exerça uma função pública para um país estrangeiro, inclusive em um organismo público ou uma empresa pública;

c) Por "funcionário de uma organização internacional pública" se entenderá um funcionário público internacional ou toda pessoa que tal organização tenha autorizado a atuar em seu nome;

d) Por "bens" se entenderá os ativos de qualquer tipo, corpóreos ou incorpóreos, móveis ou imóveis, tangíveis ou intangíveis e os documentos ou instrumentos legais que creditem a propriedade ou outros direitos sobre tais ativos;

e) Por "produto de delito" se entenderá os bens de qualquer índole derivados ou obtidos direta ou indiretamente da ocorrência de um delito;

f) Por "embargo preventivo" ou "apreensão" se entenderá a proibição temporária de transferir, converter ou trasladar bens, ou de assumir a custódia ou o controle temporário de bens sobre a base de uma ordem de um tribunal ou outra autoridade competente;

g) Por "confisco" se entenderá a privação em caráter definitivo de bens por ordem de um tribunal ou outra autoridade competente;

h) Por "delito determinante" se entenderá todo delito do qual se derive um produto que possa passar a constituir matéria de um delito definido no Artigo 23 da presente Convenção;

i) Por "entrega vigiada" se entenderá a técnica consistente em permitir que remessas ilícitas ou suspeitas saiam do território de um ou mais Estados, o atravessem ou entrem nele, com o conhecimento e sob a supervisão de suas autoridades competentes, com o fim de investigar um delito e identificar as pessoas envolvidas em sua ocorrência.

Art. 3º – Âmbito de aplicação

1. A presente Convenção se aplicará, de conformidade com suas disposições, à prevenção, à investigação e à instrução judicial da corrupção e do embargo preventivo, da apreensão, do confisco e da restituição do produto de delitos identificados de acordo com a presente Convenção.

2. Para a aplicação da presente Convenção, a menos que contenha uma disposição em contrário, não será necessário que os delitos enunciados nela produzam dano ou prejuízo patrimonial ao Estado.

Art. 4º – Proteção da soberania

1. Os Estados Partes cumprirão suas obrigações de acordo com a presente Convenção em consonância com os princípios de igualdade soberana e integridade territorial dos Estados, assim como de não intervenção nos assuntos internos de outros Estados.

2. Nada do disposto na presente Convenção delegará poderes a um Estado Parte para exercer, no território de outro Estado, jurisdição ou funções que a legislação interna desse Estado reserve exclusivamente a suas autoridades.

CAPÍTULO II – MEDIDAS PREVENTIVAS

Art. 5º – Políticas e práticas de prevenção da corrupção e órgão ou órgãos de prevenção à corrupção

1. Cada Estado Parte, de conformidade com os princípios fundamentais de seu ordenamento jurídico, formulará e aplicará ou manterá em vigor políticas coordenadas e eficazes contra a corrupção que promovam a participação da sociedade e reflitam os princípios do Estado de Direito, a devida gestão dos assuntos e bens públicos, a integridade, a transparência e a obrigação de render contas.

2. Cada Estado Parte procurará estabelecer e fomentar práticas eficazes encaminhadas a prevenir a corrupção.

3. Cada Estado Parte procurará avaliar periodicamente os instrumentos jurídicos e as medidas administrativas pertinentes a fim de determinar se são adequadas para combater a corrupção.

4. Os Estados Partes, segundo procede e de conformidade com os princípios fundamentais de seu ordenamento jurídico, colaborarão entre si e com as organizações internacionais e regionais pertinentes na promoção e formulação das medidas mencionadas no presente Artigo. Essa colaboração poderá compreender a participação em programas e projetos internacionais destinados a prevenir a corrupção.

Art. 6º – Órgão ou órgãos de prevenção à corrupção

1. Cada Estado Parte, de conformidade com os princípios fundamentais de seu ordenamento jurídico, garantirá a existência de um ou mais órgãos, segundo procede, encarregados de prevenir a corrupção com medidas tais como:

a) A aplicação das políticas as quais se faz alusão no Artigo 5º da presente Convenção e, quando proceder, a supervisão e coordenação da prática dessas políticas;

b) O aumento e a difusão dos conhecimentos em matéria de prevenção da corrupção.

2. Cada Estado Parte outorgará ao órgão ou aos órgãos mencionados no parágrafo 1º do presente Artigo a independência necessária, de conformidade com os princípios fundamentais de seu ordenamento jurídico, para que possam desempenhar suas funções de maneira eficaz e sem nenhuma influência indevida. Devem proporcionar-lhes os recursos materiais e o pessoal especializado que sejam necessários, assim como a capacitação que tal pessoal possa requerer para o desempenho de suas funções.

3. Cada Estado Parte comunicará ao Secretário Geral das Nações Unidas o nome e a direção da(s) autoridade(s) que possa(m) ajudar a outros Estados Partes a formular e aplicar medidas concretas de prevenção da corrupção.

Arts. 7º – Setor público. códigos de conduta para funcionários públicos. contratação pública e gestão da fazenda pública. informação pública. medidas relativas ao poder judiciário e ao ministério público.

1. Cada Estado Parte, quando for apropriado e de conformidade com os princípios fundamentais de seu ordenamento jurídico, procurará adotar sistemas de convocação, contratação, retenção, promoção e aposentadoria de funcionários públicos e, quando proceder, de outros funcionários públicos não empossados, ou manter e fortalecer tais sistemas. Estes:

a) Estarão baseados em princípios de eficiência e transparência e em critérios objetivos como o mérito, a eqüidade e a aptidão;

b) Incluirão procedimentos adequados de seleção e formação dos titulares de cargos públicos que se considerem especialmente vulneráveis à corrupção, assim como, quando proceder, a rotação dessas pessoas em outros cargos;

c) Fomentarão uma remuneração adequada e escalas de soldo eqüitativas, tendo em conta o nível de desenvolvimento econômico do Estado Parte;

d) Promoverão programas de formação e capacitação que lhes permitam cumprir os requisitos de desempenho correto, honroso e devido de suas funções e lhes proporcionem capacitação especializada e apropriada para que sejam mais conscientes dos riscos da corrupção inerentes ao desempenho de suas funções. Tais programas poderão fazer referência a códigos ou normas de conduta nas esferas pertinentes.

2. Cada Estado Parte considerará também a possibilidade de adotar medidas legislativas e administrativas apropriadas, em consonância com os objetivos da presente Convenção e de conformidade com os princípios fundamentais de sua legislação interna, a fim de estabelecer critérios para a candidatura e eleição a cargos públicos.

3. Cada Estado Parte considerará a possibilidade de adotar medidas legislativas e administrativas apropriadas, em consonância com os objetivos da presente Convenção e de conformidade com os princípios fundamentais de sua legislação interna, para aumentar a transparência relativa ao financiamento de candidaturas a cargos públicos eletivos e, quando proceder, relativa ao financiamento de partidos políticos.

4. Cada Estado Parte, em conformidade com os princípios de sua legislação interna, procurará adotar sistemas destinados a promover a transparência e a prevenir conflitos de interesses, ou a manter e fortalecer tais sistemas.

Art. 8º - Códigos de conduta para funcionários públicos

1. Com o objetivo de combater a corrupção, cada Estado Parte, em conformidade com os princípios fundamentais de seu ordenamento jurídico, promoverá, entre outras coisas, a integridade, a honestidade e a responsabilidade entre seus funcionários públicos.

2. Em particular, cada Estado Parte procurará aplicar, em seus próprios ordenamentos institucionais e jurídicos, códigos ou normas de conduta para o correto, honroso e devido cumprimento das funções públicas.

d) Um mecanismo eficaz de exame interno, incluindo um sistema eficaz de apelação, para garantir recursos e soluções legais no caso de não se respeitarem as regras ou os procedimentos estabelecidos conforme o presente parágrafo;

e) Quando proceda, a adoção de medidas para regulamentar as questões relativas ao pessoal encarregado da contratação pública, em particular declarações de interesse relativo de determinadas contratações públicas, procedimentos de pré-seleção e requisitos de capacitação.

2. Cada Estado Parte, em conformidade com os princípios fundamentais de seu ordenamento jurídico, adotará medidas apropriadas para promover a transparência e a obrigação de render contas na gestão da fazenda pública. Essas medidas abarcarão, entre outras coisas:

a) Procedimentos para a aprovação do pressuposto nacional;

b) A apresentação oportuna de informação sobre gastos e ingressos;

c) Um sistema de normas de contabilidade e auditoria, assim como a supervisão correspondente;

d) Sistemas eficazes e eficientes de gestão de riscos e controle interno; e

e) Quando proceda, a adoção de medidas corretivas em caso de não cumprimento dos requisitos estabelecidos no presente parágrafo.

3. Cada Estado Parte, em conformidade com os princípios fundamentais de sua legislação interna, adotará as medidas que sejam necessárias nos âmbitos civil e administrativo para preservar a integridade dos livros e registros contábeis, financeiros ou outros documentos relacionados com os gastos e ingressos públicos e para prevenir a falsificação desses documentos.

Art. 10 – Informação pública

Tendo em conta a necessidade de combater a corrupção, cada Estado Parte, em conformidade com os princípios fundamentais de sua legislação interna, adotará medidas que sejam necessárias para aumentar a transparência em sua administração pública, inclusive no relativo a sua organização, funcionamento e processos de adoção de decisões, quando proceder. Essas medidas poderão incluir, entre outras coisas:

a) A instauração de procedimentos ou regulamentações que permitam ao público em geral obter, quando proceder, informação sobre a organização, o funcionamento e os processos de adoção de decisões de sua administração pública, com o devido respeito à proteção da intimidade e dos documentos pessoais, sobre as decisões e atos jurídicos que incumbam ao público;

b) A simplificação dos procedimentos administrativos, quando proceder, a fim de facilitar o acesso do público às autoridades encarregadas da adoção de decisões; e

c) A publicação de informação, o que poderá incluir informes periódicos sobre os riscos de corrupção na administração pública.

Art. 11 – Medidas relativas ao poder judiciário e ao ministério público

1. Tendo presentes a independência do poder judiciário e seu papel decisivo na luta contra a corrupção, cada Estado Parte, em conformidade com os princípios fundamentais de seu ordenamento jurídico e sem menosprezar a independência do poder judiciário, adotará medidas para reforçar a integridade e evitar toda oportunidade de corrupção entre os membros do poder judiciário. Tais medidas poderão incluir normas que regulem a conduta dos membros do poder judiciário.

2. Poderão formular-se e aplicar-se no ministério público medidas com idêntico fim às adotadas no parágrafo 1º do presente Artigo nos Estados Partes em que essa instituição não forme parte do poder judiciário mas goze de independência análoga.

Art. 12 – Setor Privado E Participação Da Sociedade

1. Cada Estado Parte, em conformidade com os princípios fundamentais de sua legislação interna, adotará medidas para prevenir a corrupção e melhorar as normas contábeis e de auditoria no setor privado, assim como,

quando proceder, prever sanções civis, administrativas ou penais eficazes, proporcionadas e dissuasivas em caso de não cumprimento dessas medidas.

2. As medidas que se adotem para alcançar esses fins poderão consistir, entre outras coisas, em:

a) Promover a cooperação entre os organismos encarregados de fazer cumprir a lei e as entidades privadas pertinentes;

b) Promover a formulação de normas e procedimentos com o objetivo de salvaguardar a integridade das entidades privadas pertinentes, incluídos códigos de conduta para o correto, honroso e devido exercício das atividades comerciais e de todas as profissões pertinentes e para a prevenção de conflitos de interesses, assim como para a promoção do uso de boas práticas comerciais entre as empresas e as relações contratuais das empresas com o Estado;

c) Promover a transparência entre entidades privadas, incluídas, quando proceder, medidas relativas à identificação das pessoas jurídicas e físicas envolvidas no estabelecimento e na gestão de empresas;

d) Prevenir a utilização indevida dos procedimentos que regulam as entidades privadas, incluindo os procedimentos relativos à concessão de subsídios e licenças pelas autoridades públicas para atividades comerciais;

e) Prevenir os conflitos de interesse impondo restrições apropriadas, durante um período razoável, às atividades profissionais de ex-funcionários públicos ou à contratação de funcionários públicos pelo setor privado depois de sua renúncia ou aposentadoria quando essas atividades ou essa contratação estejam diretamente relacionadas com as funções desempenhadas ou supervisionadas por esses funcionários públicos durante sua permanência no cargo;

f) Velar para que as empresas privadas, tendo em conta sua estrutura e tamanho, disponham de suficientes controles contábeis internos para ajudar a prevenir e detectar os atos de corrupção e para que as contas e os estados financeiros requeridos dessas empresas privadas estejam sujeitos a procedimentos apropriados de auditoria e certificação;

3. A fim de prevenir a corrupção, cada estado parte adotará as medidas que sejam necessárias, em conformidade com suas leis e regulamentos internos relativos à manutenção de livros e registros, à divulgação de estados financeiros e às normas de contabilidade e auditoria, para proibir os seguintes atos realizados com o fim de cometer quaisquer dos delitos qualificados de acordo com a presente Convenção:

a) O estabelecimento de contas não registradas em livros;

b) A realização de operações não registradas em livros ou mal especificadas;

c) O registro de gastos inexistentes;

d) O juízo de gastos nos livros de contabilidade com indicação incorreta de seu objetivo;

e) A utilização de documentos falsos; e

f) A destruição deliberada de documentos de contabilidade antes do prazo previsto em lei.

4. Cada Estado Parte ditará a dedução tributária relativa aos gastos que venham a constituir suborno, que é um dos elementos constitutivos dos delitos qualificados de acordo com os Artigos 15 e 16 da presente Convenção e, quando proceder, relativa a outros gastos que tenham tido por objetivo promover um comportamento corrupto.

Art. 13 – Participação da sociedade

1. Cada Estado Parte adotará medidas adequadas, no limite de suas possibilidades e de conformidade com os princípios fundamentais de sua legislação interna, para fomentar a participação ativa de pessoas e grupos que não pertençam ao setor público, como a sociedade civil, as organizações não-governamentais e as organizações com base na comunidade, na prevenção e na luta contra a corrupção, e para sensibilizar a opinião pública a respeito à existência, às causas e à gravidade da corrupção, assim como a ameaça que esta representa. Essa participação deveria esforçar-se com medidas como as seguintes:

a) Aumentar a transparência e promover a contribuição da cidadania aos processos de adoção de decisões;

b) Garantir o acesso eficaz do público à informação;

c) Realizar atividade de informação pública para fomentar a intransigência à corrupção, assim como programas de educação pública, incluídos programas escolares e universitários;

d) Respeitar, promover e proteger a liberdade de buscar, receber, publicar e difundir informação relativa à corrupção. Essa liberdade poderá estar sujeita a certas restrições, que deverão estar expressamente qualificadas pela lei e ser necessárias para: i) Garantir o respeito dos direitos ou da reputação de terceiros; ii) Salvaguardar a segurança nacional, a ordem pública, ou a saúde ou a moral públicas.

2. Cada Estado Parte adotará medidas apropriadas para garantir que o público tenha conhecimento dos órgão pertinentes de luta contra a corrupção mencionados na presente Convenção, e facilitará o acesso a tais órgãos, quando proceder, para a denúncia, inclusive anônima, de quaisquer incidentes que possam ser considerados constitutivos de um delito qualificado de acordo com a presente Convenção.

Art. 14 – Medidas para prevenir a lavagem de dinheiro

1. Cada Estado Parte:

a) Estabelecerá um amplo regimento interno de regulamentação e supervisão dos bancos e das instituições financeiras não-bancárias, incluídas as pessoas físicas ou jurídicas que prestem serviços oficiais ou oficiosos de transferência de dinheiro ou valores e, quando proceder, outros órgãos situados dentro de sua jurisdição que sejam particularmente suspeitos de utilização para a lavagem de dinheiro, a fim de prevenir e detectar todas as formas de lavagem de dinheiro, e em tal regimento há de se apoiar fortemente nos requisitos relativos à identificação do cliente e, quando proceder, do beneficiário final, ao estabelecimento de registros e à denúncia das transações suspeitas;

b) Garantirá, sem prejuízo à aplicação do Artigo 46 da presente Convenção, que as autoridades de administração, regulamentação e cumprimento da lei e demais autoridades encarregadas de combater a lavagem de dinheiro (incluídas, quando seja pertinente de acordo com a legislação interna, as autoridades judiciais) sejam capazes de cooperar e intercambiar informações nos âmbitos nacional e internacional, de conformidade com as condições prescritas na legislação interna e, a tal fim, considerará a possibilidade de estabelecer um departamento de inteligência financeira que sirva de centro nacional de recompilação, análise e difusão de informação sobre possíveis atividades de lavagem de dinheiro.

2. Os Estados Partes considerarão a possibilidade de aplicar medidas viáveis para detectar e vigiar o movimento transfronteiriço de efetivo e de títulos negociáveis pertinentes, sujeitos a salvaguardas que garantam a devida utilização da informação e sem restringir de modo algum a circulação de capitais lícitos. Essas medidas poderão incluir a exigência de que os particulares e as entidades comerciais notifiquem as transferências transfronteiriças de quantidades elevadas de efetivos e de títulos negociáveis pertinentes.

3. Os Estados Partes considerarão a possibilidade de aplicar medidas apropriadas e viáveis para exigir às instituições financeiras, incluídas as que remetem dinheiro, que:

a) Incluam nos formulários de transferência eletrônica de fundos e mensagens conexas informação exata e válida sobre o remetente;

b) Mantenham essa informação durante todo o ciclo de operação; e

c) Examinem de maneira mais minuciosa as transferências de fundos que não contenham informação completa sobre o remetente.

4. Ao estabelecer um regimento interno de regulamentação e supervisão de acordo com o presente Artigo, e sem prejuízo do disposto em qualquer outro Artigo da presente Convenção, recomenda-se aos Estados Partes que utilizem como guia as iniciativas pertinentes das organizações regionais, interregionais e multilaterais de luta contra a lavagem de dinheiro.

5. Os Estados Partes se esforçarão por estabelecer e promover a cooperação em escala mundial, regional, sub-regional e bilateral entre as autoridades judiciais, de cumprimento da lei e de regulamentação financeira a fim de combater a lavagem de dinheiro.

Capítulo III – PENALIZAÇÃO E APLICAÇÃO DA LEI

Art. 15 – Suborno de funcionários públicos nacionais

Cada Estado Parte adotará as medidas legislativas e de outras índoles que sejam necessárias para qualificar como delito, quando cometidos intencionalmente:

a) A promessa, o oferecimento ou a concessão a um funcionário público, de forma direta ou indireta, de um benefício indevido que redunde em seu próprio proveito ou no de outra pessoa ou entidade com o fim de que tal funcionário atue ou se abstenha de atuar no cumprimento de suas funções oficiais;

b) A solicitação ou aceitação por um funcionário público, de forma direta ou indireta, de um benefício indevido que redunde em seu próprio proveito ou no de outra pessoa ou entidade com o fim de que tal funcionário atue ou se abstenha de atuar no cumprimento de suas funções oficiais.

Art. 16 – Suborno de funcionários públicos estrangeiros e de funcionários de organizações internacionais públicas

1. Cada Estado Parte adotará as medidas legislativas e de outras índoles que sejam necessárias para qualificar como delito, quando cometido intencionalmente, a promessa, oferecimento ou a concessão, de forma direta ou indireta, a um funcionário público estrangeiro ou a um funcionário de organização internacional pública, de um benefício indevido que redunde em seu próprio proveito ou no de outra pessoa ou entidade com o fim de que tal funcionário atue ou se abstenha de atuar no exercício de suas funções oficiais para obter ou manter alguma transação comercial ou outro benefício indevido em relação com a realização de atividades comerciais internacionais.

2. Cada Estado Parte considerará a possibilidade de adotar medidas legislativas e de outras índoles que sejam necessárias para qualificar como delito, quando cometido intencionalmente, a solicitação ou aceitação por um funcionário público estrangeiro ou funcionário de organização internacional pública, de forma direta ou indireta, de um benefício indevido que redunde em proveito próprio ou no de outra pessoa ou entidade, com o fim de que tal funcionário atue ou se abstenha de atuar no exercício de suas funções oficiais.

Art. 17 – Malversação ou peculato, apropriação indébita ou outras formas de desvio de bens por um funcionário público

Cada Estado Parte adotará as medidas legislativas e de outras índoles que sejam necessárias para qualificar como delito, quando cometido intencionalmente, a malversação ou o peculato, a apropriação indébita ou outras formas de desvio de bens, fundos ou títulos públicos ou privados ou qualquer outra coisa de valor que se tenham confiado ao funcionário em virtude de seu cargo.

Art. 18 – Tráfico de influências

Cada Estado Parte considerará a possibilidade de adotar as medidas legislativas e de outras índoles que sejam necessárias para qualificar como delito, quando cometido intencionalmente:

a) A promessa, o oferecimento ou a concessão a um funcionário público ou a qualquer outra pessoa, de forma direta ou indireta, de um benefício indevido com o fim de que o funcionário público ou a pessoa abuse de sua influência real ou suposta para obter de uma administração ou autoridade do Estado Parte um benefício indevido que redunde em proveito do instigador original do ato ou de qualquer outra pessoa;

b) A solicitação ou aceitação por um funcionário público ou qualquer outra pessoa, de forma direta ou indireta, de um benefício indevido que redunde em seu proveito próprio ou no de outra pessoa com o fim de que o funcionário público ou a pessoa abuse de sua influência real ou suposta para obter de uma administração ou autoridade do Estado Parte um benefício indevido.

Art. 19 – Abuso de funções

Cada Estado Parte considerará a possibilidade de adotar as medidas legislativas e de outras índoles que sejam necessárias para qualificar como delito, quando cometido intencionalmente, o abuso de funções ou do cargo, ou seja, a realização ou omissão de um ato, em violação à lei, por parte de um funcionário público no exercício de suas funções, com o fim de obter um benefício indevido para si mesmo ou para outra pessoa ou entidade.

Art. 20 – Enriquecimento ilícito

Com sujeição a sua constituição e aos princípios fundamentais de seu ordenamento jurídico, cada Estado Parte considerará a possibilidade de adotar as medidas legislativas e de outras índoles que sejam necessárias para qualificar como delito, quando cometido intencionalmente, o enriquecimento ilícito, ou seja, o incremento significativo do patrimônio de um funcionário público relativos aos seus ingressos legítimos que não podem ser razoavelmente justificados por ele.

Art. 21 – Suborno no setor privado

Cada Estado Parte considerará a possibilidade de adotar medidas legislativas e de outras índoles que sejam necessárias para qualificar como delito, quando cometido intencionalmente no curso de atividades econômicas, financeiras ou comerciais:

a) A promessa, o oferecimento ou a concessão, de forma direta ou indireta, a uma pessoa que dirija uma entidade do setor privado ou cumpra qualquer função nela, de um benefício indevido que redunde em seu próprio proveito ou no de outra pessoa, com o fim de que, faltando ao dever inerente às suas funções, atue ou se abstenha de atuar;

b) A solicitação ou aceitação, de forma direta ou indireta, por uma pessoa que dirija uma entidade do setor privado ou cumpra qualquer função nela, de um benefício indevido que redunde em seu próprio proveito ou no de outra pessoa, com o fim de que, faltando ao dever inerente às suas funções, atue ou se abstenha de atuar.

Art. 22 – Malversação ou peculato de bens no setor privado

Cada Estado Parte considerará a possibilidade de adotar medidas legislativas e de outras índoles que sejam necessárias para qualificar como delito, quando cometido intencionalmente no curso de atividades econômicas, financeiras ou comerciais, a malversação ou peculato, por uma pessoa que dirija uma entidade do setor privado ou cumpra qualquer função nela, de quaisquer bens, fundos ou títulos privados ou de qualquer outra coisa de valor que se tenha confiado a essa pessoa por razão de seu cargo.

Art. 23 – Lavagem de produto de delito

1. Cada Estado Parte adotará, em conformidade com os princípios fundamentais de sua legislação interna, as medidas legislativas e de outras índoles que sejam necessárias para qualificar como delito, quando cometido intencionalmente:

a) i) A conversão ou a transferência de bens, sabendo-se que esses bens são produtos de delito, com o propósito de ocultar ou dissimular a origem ilícita dos bens e ajudar a qualquer pessoa envolvida na prática do delito com o objetivo de afastar as conseqüências jurídicas de seus atos; ii) A ocultação ou dissimulação da verdadeira natureza, origem, situação, disposição, movimentação ou da propriedade de bens o do legítimo direito a estes, sabendo-se que tais bens são produtos de delito;

b) Com sujeição aos conceitos básicos de seu ordenamento jurídico: i) A aquisição, possessão ou utilização de bens, sabendo-se, no momento de sua receptação, de que se tratam de produto de delito; ii) A participação na prática de quaisquer dos delitos qualificados de acordo com o presente Artigo, assim como a associação e a confabulação para cometê-los, a tentativa de cometê-los e a ajuda, incitação, facilitação e o assessoramento com vistas à sua prática.

2. Para os fins de aplicação ou colocação em prática do parágrafo 1º do presente Artigo:

a) Cada Estado Parte velará por aplicar o parágrafo 1º do presente Artigo à gama mais ampla possível de delitos determinantes;

b) Cada Estado Parte incluirá como delitos determinantes, como mínimo, uma ampla gama de delitos qualificados de acordo com a presente Convenção;

c) Aos efeitos do item "b)" supra, entre os delitos determinantes se incluirão os delitos cometidos tanto dentro como fora da jurisdição do Estado Parte interessado. Não obstante, os delitos cometidos fora da jurisdição de um Estado Parte constituirão delito determinante sempre e quando o ato correspondente seja delito de acordo com a legislação interna do Estado em que se tenha cometido e constitui-se assim mesmo delito de acordo com a legislação interna do Estado Parte que aplique ou ponha em prática o presente Artigo se o delito houvesse sido cometido ali;

d) Cada Estado Parte proporcionará ao Secretário Geral das Nações Unidas uma cópia de suas leis destinadas a dar aplicação ao presente Artigo e de qualquer emenda posterior que se atenha a tais leis;

e) Se assim requererem os princípios fundamentais da legislação interna de um Estado Parte, poderá dispor-se que os delitos enunciados no parágrafo 1º do presente Artigo não se apliquem às pessoas que tenham cometido o delito determinante.

Art. 24 – Encobrimento

Sem prejuízo do disposto no Artigo 23 da presente Convenção, cada Estado Parte considerará a possibilidade de adotar as medidas legislativas e de outra índole que sejam necessárias para qualificar o delito, quando cometido intencionalmente após a prática de quaisquer dos delitos qualificados de acordo com a presente Convenção mas sem haver participados deles, o encobrimento ou a retenção contínua de bens sabendo-se que tais bens são produtos de quaisquer dos delitos qualificados de acordo com a presente Convenção.

Art. 25 – Obstrução da justiça

Cada Estado Parte adotará as medidas legislativas e de outras índoles que sejam necessárias para qualificar como delito, quando cometidos intencionalmente:

a) O uso da força física, ameaças ou intimidação, ou a promessa, o oferecimento ou a concessão de um benefício indevido para induzir uma pessoa a prestar falso testemunho ou a atrapalhar a prestação de testemunho ou a apartação de provas em processos relacionados com a prática dos delitos qualificados de acordo com essa Convenção;

b) O uso da força física, ameaças ou intimidação para atrapalhar o cumprimento das funções oficiais de um funcionário da justiça ou dos serviços encarregados de fazer cumprir-se a lei em relação com a prática dos delitos qualificados de acordo com a presente Convenção. Nada do previsto no presente Artigo menosprezará a legislação interna dos Estados Partes que disponham de legislação que proteja a outras categorias de funcionários públicos.

Art. 26 – Responsabilidade das pessoas jurídicas

1. Cada Estado Parte adotará as medidas que sejam necessárias, em consonância com seus princípios jurídicos, a fim de estabelecer a responsabilidade de pessoas jurídicas por sua participação nos delitos qualificados de acordo com a presente Convenção.

2. Sujeito aos princípios jurídicos do Estado Parte, a responsabilidade das pessoas jurídicas poderá ser de índole penal, civil ou administrativa.

3. Tal responsabilidade existirá sem prejuízo à responsabilidade penal que incumba às pessoas físicas que tenham cometido os delitos.

4. Cada Estado Parte velará em particular para que se imponham sanções penais ou não-penais eficazes, proporcionadas e dissuasivas, incluídas sanções monetárias, às pessoas jurídicas consideradas responsáveis de acordo com o presente Artigo.

Arts. 27 a 35 – Da convenção

Art. 27 – Participação ou tentativa

1. Cada Estado Parte adotará as medidas legislativas e de outras índoles que sejam necessárias para qualificar como delito, em conformidade com sua legislação interna, qualquer forma de participação, seja ela como cúmplice, colaborador ou instigador, em um delito qualificado de acordo com a presente Convenção.

2. Cada Estado Parte poderá adotar as medidas legislativas e de outras índoles que sejam necessárias para qualificar como delito, em conformidade com sua legislação interna, toda tentativa de cometer um delito qualificado de acordo com a presente Convenção.

3. Cada Estado Parte poderá adotar as medidas legislativas e de outras índoles que sejam necessárias para qualificar como delito, em conformidade com sua legislação interna, a preparação com vistas a cometer um delito qualificado de acordo com a presente Convenção.

Art. 28 – Conhecimento, intenção e propósito como elementos de um delito

O conhecimento, a intenção ou o propósito que se requerem como elementos de um delito qualificado de acordo com a presente Convenção poderão inferir-se de circunstâncias fáticas objetivas.

Art. 29 – Prescrição

Cada Estado Parte estabelecerá, quando proceder, de acordo com sua legislação interna, um prazo de prescrição amplo para iniciar processos por quaisquer dos delitos qualificados de acordo com a presente Convenção e estabelecerá um prazo maior ou interromperá a prescrição quando o presumido delinqüente tenha evadido da administração da justiça.

Art. 30 – Processo, sentença e sanções

1. Cada Estado Parte punirá a prática dos delitos qualificados de acordo com a presente Convenção com sanções que tenham em conta a gravidade desses delitos.

2. Cada Estado Parte adotará as medidas que sejam necessárias para estabelecer ou manter, em conformidade com seu ordenamento jurídico e seus princípios constitucionais, um equilíbrio apropriado entre quaisquer imunidades ou prerrogativas jurisdicionais outorgadas a seus funcionários públicos para o cumprimento de suas funções e a possibilidade, se necessário, de proceder efetivamente à investigação, ao indiciamento e à sentença dos delitos qualificados de acordo com a presente Convenção.

3. Cada Estado Parte velará para que se exerçam quaisquer faculdades legais discricionárias de que disponham conforme sua legislação interna em relação ao indiciamento de pessoas pelos delitos qualificados de acordo com a presente Convenção a fim de dar máxima eficácia às medidas adotadas para fazer cumprir a lei a respeito desses delitos, tendo devidamente em conta a necessidade de preveni-los.

4. Quando se trate dos delitos qualificados de acordo com a presente Convenção, cada Estado Parte adotará as medidas apropriadas, em conformidade com sua legislação interna e levando devidamente em consideração os direitos de defesa, com vistas a procurar que, ao impor condições em relação com a decisão de conceder liberdade em espera de juízo ou apelação, se tenha presente a necessidade de garantir o comparecimento do acusado em todo procedimento penal posterior.

5. Cada Estado Parte terá em conta a gravidade dos delitos pertinentes ao considerar a eventualidade de conceder a liberdade antecipada ou a liberdade condicional a pessoas que tenham sido declaradas culpadas desses delitos.

6. Cada Estado Parte considerará a possibilidade de estabelecer, na medida em que ele seja concordante com os princípios fundamentais de seu ordenamento jurídico, procedimentos em virtude dos quais um funcionário público que seja acusado de um delito qualificado de acordo com a presente Convenção possa, quando proceder, ser destituído, suspenso ou transferido pela autoridade correspondente, tendo presente o respeito ao princípio de presunção de inocência.

7. Quando a gravidade da falta não justifique e na medida em que ele seja concordante com os princípios fundamentais de seu ordenamento jurídico, cada Estado Parte considerará a possibilidade de estabelecer procedimentos para inabilitar, por mandado judicial ou outro meio apropriado e por um período determinado em sua legislação interna, as pessoas condenadas por delitos qualificados de acordo com a presente Convenção para:

a) Exercer cargos públicos; e

b) Exercer cargos em uma empresa de propriedade total ou parcial do Estado.

8. O parágrafo 1º do presente Artigo não prejudicará a aplicação de medidas disciplinares pelas autoridades competentes contra funcionários públicos.

9. Nada do disposto na presente Convenção afetará o princípio de que a descrição dos delitos qualificados de acordo com ela e dos meios jurídicos de defesa aplicáveis ou demais princípios jurídicos que regulam a legalidade de uma conduta que a reservada à legislação interna dos Estados Partes e de que esses delitos haverão de ser perseguidos e sancionados em conformidade com essa legislação.

10. Os Estados Partes procurarão promover a reinserção social das pessoas condenadas por delitos qualificados de acordo com a presente Convenção.

Art. 31 – Embargo preventivo, apreensão e confisco

1. Cada Estado Parte adotará, no maior grau permitido em seu ordenamento jurídico interno, as medidas que sejam necessárias para autorizar o confisco:

a) Do produto de delito qualificado de acordo com a presente Convenção ou de bens cujo valor corresponda ao de tal produto;

b) Dos bens, equipamentos ou outros instrumentos utilizados ou destinados utilizados na prática dos delitos qualificados de acordo com a presente Convenção.

2. Cada Estado Parte adotará as medidas que sejam necessárias para permitir a identificação, localização, embargo preventivo ou a apreensão de qualquer bem a que se tenha referência no parágrafo 1º do presente Artigo com vistas ao seu eventual confisco.

3. Cada Estado Parte adotará, em conformidade com sua legislação interna, as medidas legislativas e de outras índoles que sejam necessárias para regular a administração, por parte das autoridades competentes, dos bens embargados, incautados ou confiscados compreendidos nos parágrafos 1º e 2º do presente Artigo.

4. Quando esse produto de delito se tiver transformado ou convertido parcialmente ou totalmente em outros bens, estes serão objeto das medidas aplicáveis a tal produto de acordo com o presente Artigo.

5. Quando esse produto de delito se houver mesclado com bens adquiridos de fontes lícitas, esses bens serão objeto de confisco até o valor estimado do produto mesclado, sem menosprezo de qualquer outra faculdade de embargo preventivo ou apreensão.

6. Os ingressos e outros benefícios derivados desse produto de delito, de bens nos quais se tenham transformado ou convertido tal produto ou de

bens que se tenham mesclado a esse produto de delito também serão objeto das medidas previstas no presente Artigo, da mesma maneira e no mesmo grau que o produto do delito.

7. Aos efeitos do presente Artigo e do Artigo 55 da presente Convenção, cada Estado Parte facultará a seus tribunais ou outras autoridade competentes para ordenar a apresentação ou a apreensão de documentos bancários, financeiros ou comerciais. Os Estados Partes não poderão abster-se de aplicar as disposições do presente parágrafo amparando-se no sigilo bancário.

8. Os Estados Partes poderão considerar a possibilidade de exigir de um delinqüente que demonstre a origem lícita do alegado produto de delito ou de outros bens expostos ao confisco, na medida em que ele seja conforme com os princípios fundamentais de sua legislação interna e com a índole do processo judicial ou outros processos.

9. As disposições do presente Artigo não se interpretarão em prejuízo do direito de terceiros que atuem de boa-fé.

10. Nada do disposto no presente Artigo afetará o princípio de que as medidas nele previstas se definirão e aplicar-se-ão em conformidade com a legislação interna dos Estados Partes e com sujeição a este.

Art. 32 – Proteção a testemunhas, peritos e vítimas

1. Cada Estado Parte adotará medidas apropriadas, em conformidade com seu ordenamento jurídico interno e dentro de suas possibilidades, para proteger de maneira eficaz contra eventuais atos de represália ou intimidação as testemunhas e peritos que prestem testemunho sobre os delitos qualificados de acordo com a presente Convenção, assim como, quando proceder, a seus familiares e demais pessoas próximas.

2. As medidas previstas no parágrafo 1º do presente Artigo poderão consistir, entre outras, sem prejuízo dos direitos do acusado e incluindo o direito de garantias processuais, em:

a) Estabelecer procedimentos para a proteção física dessas pessoas, incluída, na medida do necessário e do possível, sua remoção, e permitir, quando proceder, à proibição total ou parcial de revelar informação sobre sua identidade e paradeiro;

b) Estabelecer normas probatórias que permitam que as testemunhas e peritos prestem testemunho sem pôr em perigo a segurança dessas pessoas, por exemplo, aceitando o testemunho mediante tecnologias de comunicação como a videoconferência ou outros meios adequados.

3. Os Estados Partes considerarão a possibilidade de celebrar acordos ou tratados com outros Estados para a remoção das pessoas mencionadas no parágrafo 1º do presente Artigo.

4. As disposições do presente Artigo se aplicarão também às vítimas na medida em que sejam testemunhas.

5. Cada Estado Parte permitirá, com sujeição a sua legislação interna, que se apresentem e considerem as opiniões e preocupações das vítimas em etapas apropriadas das ações penais contra os criminosos sem menosprezar os direitos de defesa.

Art. 33 – Proteção aos denunciantes

Cada Estado Parte considerará a possibilidade de incorporar em seu ordenamento jurídico interno medidas apropriadas para proporcionar proteção contra todo trato injusto às pessoas que denunciem ante as autoridades competentes, de boa-fé e com motivos razoáveis, quaisquer feitos relacionados com os delitos qualificados de acordo com a presente Convenção.

Art. 34 – Conseqüências dos atos de corrupção

Com a devida consideração aos direitos adquiridos de boa-fé por terceiros, cada Estado Parte, em conformidade com os princípios fundamentais de sua legislação interna, adotará medidas para eliminar as conseqüências dos atos de corrupção. Neste contexto, os Estados Partes poderão considerar a corrupção um fator pertinente em procedimentos jurídicos encaminhados a anular ou deixar sem efeito um contrato ou a revogar uma concessão ou outro instrumento semelhante, o adotar qualquer outra medida de correção.

Art. 35 – Indenização por danos e prejuízos

Cada Estado Parte adotará as medidas que sejam necessárias, em conformidade com os princípios de sua legislação interna, para garantir que as entidades ou pessoas prejudicadas como conseqüência de um ato de corrupção tenham direito a iniciar uma ação legal contra os responsáveis desses danos e prejuízos a fim de obter indenização.

Art. 36 – Autoridades especializadas

Cada Estado Parte, de conformidade com os princípios fundamentais de seu ordenamento jurídico, se certificará de que dispõe de um ou mais órgãos ou pessoas especializadas na luta contra a corrupção mediante a aplicação coercitiva da lei. Esse(s) órgão(s) ou essa(s) pessoa(s) gozarão da independência necessária, conforme os princípios fundamentais do ordenamento jurídico do Estado Parte, para que possam desempenhar suas funções com eficácia e sem pressões indevidas. Deverá proporcionar-se a essas pessoas ou ao pessoal desse(s) órgão(s) formação adequada e recursos suficientes para o desempenho de suas funções.

Art. 37 – Cooperação com as autoridades encarregadas de fazer cumprir a lei

1. Cada Estado Parte adotará as medidas apropriadas para restabelecer as pessoas que participem ou que tenham participado na prática dos delitos qualificados de acordo com a presente Convenção que proporcionem às autoridades competentes informação útil com fins investigativos e probatórios e as que lhes prestem ajuda efetiva e concreta que possa contribuir a privar os criminosos do produto do delito, assim como recuperar esse produto.

2. Cada Estado Parte considerará a possibilidade de prever, em casos apropriados, a mitigação de pena de toda pessoa acusada que preste cooperação substancial à investigação ou ao indiciamento dos delitos qualificados de acordo com a presente Convenção.

3. Cada Estado parte considerará a possibilidade de prever, em conformidade com os princípios fundamentais de sua legislação interna, a concessão de imunidade judicial a toda pessoa que preste cooperação substancial na investigação ou no indiciamento dos delitos qualificados de acordo com a presente Convenção.

4. A proteção dessas pessoas será, mutatis mutandis, a prevista no Artigo 32 da presente Convenção.

5. Quando as pessoas mencionadas no parágrafo 1º do presente Artigo se encontrem em um Estado Parte e possam prestar cooperação substancial às autoridades competentes de outro Estado Parte, os Estados Partes interessados poderão considerar a possibilidade de celebrar acordos ou tratados, em conformidade com sua legislação interna, a respeito da eventual concessão, por esse Estrado Parte, do trato previsto nos parágrafos 2º e 3º do presente Artigo.

Art. 38 – Cooperação entre organismos nacionais

Cada Estado Parte adotará as medidas que sejam necessárias, em conformidade com sua legislação interna, para estabelecer a cooperação entre, de um lado, seus organismos públicos, assim como seus funcionários públicos, e, do outro, seus organismos encarregados de investigar e processar judicialmente os delitos. Essa cooperação poderá incluir:

a) Informar a esses últimos organismos, por iniciativa do Estado Parte, quando tenha motivos razoáveis para suspeitar-se que fora praticado algum dos crimes qualificados de acordo com os Artigos 15, 21 e 23 da presente Convenção; ou

b) Proporcionar a esses organismos toda a informação necessária mediante solicitação.

Art. 39 – Cooperação entre os organismos nacionais e o setor privado

1. Cada Estado Parte adotará as medidas que sejam necessárias, em conformidade com seu direito interno, para estabelecer a cooperação entre os organismos nacionais de investigação e o ministério público, de um lado, e as entidades do setor privado, em particular as instituições financeiras, de outro, em questões relativas à prática dos delitos qualificados de acordo com a presente Convenção.

2. Cada Estado Parte considerará a possibilidade de estabelecer que seus cidadãos e demais pessoas que tenham residência em seu território a denunciar ante os organismos nacionais de investigação e o ministério público a prática de todo delito qualificado de acordo com a presente Convenção.

Art. 40 – Sigilo bancário

Cada Estado Parte velará para que, no caso de investigações penais nacionais de delitos qualificados de acordo com a presente Convenção, existam em seu ordenamento jurídico interno mecanismos apropriados para eliminar qualquer obstáculo que possa surgir como conseqüência da aplicação da legislação relativa ao sigilo bancário.

Art. 41 – Antecedentes penais

Cada Estado Parte poderá adotar as medidas legislativas ou de outras índoles que sejam necessárias para ter em conta, nas condições e para os fins que estime apropriados, toda prévia declaração de culpabilidade de um presumido criminoso em outro Estado a fim de utilizar essa informação em ações penais relativas a delitos qualificados de acordo com a presente Convenção.

Art. 42 – Jurisdição

1. Cada Estado Parte adotará as medidas que sejam necessárias para estabelecer sua jurisdição a respeito dos delitos qualificados de acordo com a presente Convenção quando:

a) O delito se cometa em seu território; ou

b) O delito se cometa a bordo de uma embarcação que possua identificação de tal Estado ou de uma aeronave registrada sob suas leis no momento de sua prática.

2. Com sujeição ao disposto no Artigo 4º da presente Convenção, um Estado Parte também poderá estabelecer sua jurisdição para ter conhecimento de tais delitos quando:

a) O delito se cometa contra um de seus cidadãos;

b) O delito seja cometido por um de seus cidadãos ou por um estrangeiro que tenha residência em seu território;

c) O delito seja um dos delitos qualificados de acordo com o inciso "ii)" da parte "b)" do parágrafo 1º do Artigo 23 da presente Convenção e se cometa fora de seu território com vistas à prática, dentro de seu território, de um delito qualificado de acordo com os incisos "i)" e "ii)" da parte "a)" ou inciso "i)" da parte "b)" do parágrafo 1º do Artigo 23 da presente Convenção; ou

d) O delito se cometa contra o Estado Parte.

3. Aos efeitos do Artigo 44 da presente Convenção, cada Estado Parte adotará as medidas que sejam necessárias para estabelecer a jurisdição relativa aos delitos qualificados de acordo com a presente Convenção quando o presumido criminoso se encontre em seu território e o Estado Parte não o extradite pelo fato de ser um de seus cidadãos.

4. Cada Estado Parte poderá também adotar as medidas que sejam necessárias para estabelecer sua jurisdição a respeito dos delitos qualificados na presente Convenção quando o presumido criminoso se encontre em seu território e o Estado Parte não o extradite.

5. Se um Estado Parte que exerce sua jurisdição de acordo com os parágrafos 1 ou 2 do presente Artigo for notificado, ou tomar conhecimento por outro meio, de que outros Estados Partes estão realizando uma investigação, um processo ou uma ação judicial relativos aos mesmos fatos, as autoridades competentes desses Estados Partes se consultarão, segundo proceda, a fim de coordenar suas medidas.

6. Sem prejuízo às normas do direito internacional geral, a presente Convenção não excluirá o exercício das competências penais estabelecidas pelos Estados Partes em conformidade com suas legislações internas.

Capítulo IV– COOPERAÇÃO INTERNACIONAL

Art. 43 – Cooperação internacional

1. Os Estados Partes cooperarão em assuntos penais conforme o disposto nos Artigos 44 a 50 da presente Convenção. Quando proceda e estiver em consonância com seu ordenamento jurídico interno, os Estados Partes considerarão a possibilidade de prestar-se assistência nas investigações e procedimentos correspondentes a questões civis e administrativas relacionadas com a corrupção.

2. Em questões de cooperação internacional, quando a dupla incriminação seja um requisito, este se considerará cumprido se a conduta constitutiva do delito relativo ao qual se solicita assistência é um delito de acordo com a legislação de ambos os Estados Partes, independentemente se as leis do Estado Parte requerido incluem o delito na mesma categoria ou o denominam com a mesma terminologia que o Estado Parte requerente.

Art. 44 – Extradição

1. O presente Artigo se aplicará a todos os delitos qualificados de acordo com a presente Convenção no caso de que a pessoa que é objeto de solicitação de extradição se encontre no território do Estado Parte requerido, sempre e quando o delito pelo qual se pede a extradição seja punível de acordo com a legislação interna do Estado Parte requerente e do Estado Parte requerido.

2. Sem prejuízo ao disposto no parágrafo 1º do presente Artigo, os Estados Partes cuja legislação o permitam poderão conceder a extradição de uma pessoa por quaisquer dos delitos compreendidos na presente Convenção que não sejam puníveis com relação à sua própria legislação interna.

3. Quando a solicitação de extradição incluir vários delitos, dos quais ao menos um dê lugar à extradição conforme o disposto no presente Artigo e alguns não derem lugar à extradição devido ao período de privação de liberdade que toleram mas guardem relação com os delitos qualificados de acordo com a presente Convenção, o Estado Parte requerido poderá aplicar o presente Artigo também a respeito desses delitos.

4. Cada um dos delitos aos quais se aplicam o presente Artigo se considerará incluído entre os delitos que dão lugar à extradição em todo tratado de extradição vigente entre os Estados Partes. Estes se comprometem a incluir tais delitos como causa de extradição em todo tratado de extradição que celebrem entre si. Os Estados Partes cujas legislações os permitam, no caso de que a presente Convenção sirva de base para a extradição, não considerarão de caráter político nenhum dos delitos qualificados de acordo com a presente Convenção.

5. Se um Estado Parte que submete a extradição à existência de um tratado recebe uma solicitação de extradição de outro Estado Parte com o qual não celebra nenhum tratado de extradição, poderá considerar a presente Convenção como a base jurídica da extradição a respeito dos delitos aos quais se aplicam o presente Artigo.

6. Todo Estado Parte que submeta a extradição à existência de um tratado deverá:

a) No momento de depositar seu instrumento de ratificação, aceitação ou aprovação da presente Convenção ou de adesão à ela, informar ao Secretário Geral das Nações Unidas se considerará ou não a presente Convenção como a base jurídica da cooperação em matéria de extradição em suas relações com os outros Estados Partes da presente Convenção; e

b) Se não considera a presente Convenção como a base jurídica da cooperação em matéria de extradição, procurar, quando proceder, celebrar tratados de extradição com outros Estados Partes da presente Convenção a fim de aplicar o presente Artigo.

7. Os Estados Partes que não submetem a extradição à existência de um tratado reconhecerão os delitos aos quais se aplica o presente Artigo como causa de extradição entre eles.

8. A extradição estará sujeita às condições previstas na legislação interna do Estado Parte requerido ou nos tratados de extradição aplicáveis, incluídas, entre outras coisas, as relativas ao requisito de uma pena mínima para a extradição e aos motivos que o Estado Parte requerido pode incorrer na extradição.

9. Os Estados Partes, em conformidade com sua legislação interna, procurarão agilizar os procedimentos de extradição e simplificar os requisitos probatórios correspondentes com relação a qualquer dos delitos aos quais se aplicam o presente Artigo.

10. A respeito do disposto em sua legislação interna e em seus tratados de extradição, o Estado Parte requerido poderá, após haver-se certificado de que as circunstâncias o justificam e têm caráter urgente, e à solicitação do Estado Parte requerente, proceder à detenção da pessoa presente em seu território cuja extradição se peça ou adotar outras medidas adequadas para garantir o comparecimento dessa pessoa nos procedimentos de extradição.

11. O Estado Parte em cujo território se encontre um presumido criminoso, se não o extradita quando de um delito aos qual se aplica o presente Artigo pelo fato de ser um de seus cidadãos, estará obrigado, quando solicitado pelo Estado Parte que pede a extradição, a submeter o caso sem demora injustificada a suas autoridades competentes para efeitos de indiciamento. As mencionadas autoridades adotarão sua decisão e levarão a cabo suas ações judiciais da mesma maneira em que o fariam feito com relação a qualquer outro delito de caráter grave de acordo com a legislação interna desse Estado Parte. Os Estados Partes interessados cooperarão entre si, em particular no tocante aos aspectos processuais e probatórios, com vistas a garantir a eficiência das mencionadas ações.

12. Quando a legislação interna de um Estado Parte só permite extraditar ou entregar de algum outro modo um de seus cidadãos a condição de que essa pessoa seja devolvida a esse Estado Parte para cumprir a pena imposta como resultado do juízo do processo por aquele que solicitou a extradição ou a entrega e esse Estado Parte e o Estado Parte que solicita a extradição aceitem essa opção, assim como toda outra condição que julguem apropriada, tal extradição ou entrega condicional será suficiente para que seja cumprida a obrigação enunciada no parágrafo 11 do presente Artigo.

13. Se a extradição solicitada com o propósito de que se cumpra uma pena é negada pelo fato de que a pessoa procurada é cidadã do Estado Parte requerido, este, se sua legislação interna autoriza e em conformidade com os requisitos da mencionada legislação, considerará, ante solicitação do Estado Parte requerente, a possibilidade de fazer cumprir a pena imposta ou o resto pendente de tal pena de acordo com a legislação interna do Estado Parte requerente.

14. Em todas as etapas das ações se garantirá um tratamento justo a toda pessoa contra a qual se tenha iniciado uma instrução em relação a qualquer dos delitos aos quais se aplica o presente Artigo, incluindo o gozo de todos os direitos e garantias previstos pela legislação interna do Estado Parte em cujo território se encontre essa pessoa.

15. Nada do disposto na presente Convenção poderá interpretar-se como a imposição de uma obrigação de extraditar se o Estado Parte requerido tem motivos justificados para pressupor que a solicitação foi apresentada com o fim de perseguir ou castigar a uma pessoa em razão de seu sexo, raça, religião, nacionalidade, origem étnica ou opiniões políticas ou que seu cumprimento ocasionaria prejuízos à posição dessa pessoa por quaisquer destas razões.

16. Os Estados Partes não poderão negar uma solicitação de extradição unicamente porque se considere que o delito também envolve questões tributárias.

17. Antes de negar a extradição, o Estado Parte requerido, quando proceder, consultará o Estado parte requerente para dar-lhe ampla oportunidade

de apresentar suas opiniões e de proporcionar informação pertinente a sua alegação.

18. Os Estados Partes procurarão celebrar acordos ou tratados bilaterais e multilaterais para levar a cabo a extradição ou com vistas a aumentar sua eficácia.

Art. 45 – Traslado de pessoas condenadas a cumprir uma pena

Os Estados Partes poderão considerar a possibilidade de celebrar acordos ou tratados bilaterais ou multilaterais sobre o traslado a seu território de toda pessoa que tenha sido condenada a pena de prisão ou outra forma de privação de liberdade por algum dos delitos qualificados de acordo com a presente Convenção a fim de que cumpra ali sua pena.

Art. 46 – Assistência judicial recíproca

1. Os Estados Partes prestar-se-ão a mais ampla assistência judicial recíproca relativa a investigações, processos e ações judiciais relacionados com os delitos compreendidos na presente Convenção.

2. Prestar-se-á assistência judicial recíproca no maior grau possível conforme as leis, tratados, acordos e declarações pertinentes do Estado Parte requerido com relação a investigações, processos e ações judiciais relacionados com os delitos dos quais uma pessoa jurídica pode ser considerada responsável em conformidade com o Artigo 26 da presente Convenção no Estado Parte requerente.

3. A assistência judicial recíproca que se preste em conformidade com o presente Artigo poderá ser solicitada para quaisquer dos fins seguintes:

a) Receber testemunhos ou tomar declaração de pessoas;

b) Apresentar documentos judiciais;

c) Efetuar inspeções, incautações e/ou embargos preventivos;

d) Examinar objetos e lugares;

e) Proporcionar informação, elementos de prova e avaliações de peritos;

f) Entregar originais ou cópias certificadas dos documentos e expedientes pertinentes, incluída a documentação pública, bancária e financeira, assim como a documentação social ou comercial de sociedades mercantis;

g) Identificar ou localizar o produto de delito, os bens, os instrumentos e outros elementos para fins probatórios;

h) Facilitar o comparecimento voluntário de pessoas ao Estado Parte requerente;

i) Prestar qualquer outro tipo de assistência autorizada pela legislação interna do Estado Parte requerido;

j) Identificar, embargar com caráter preventivo e localizar o produto de delito, em conformidade com as disposições do Capítulo V da presente Convenção;

l) Recuperar ativos em conformidade com as disposições do Capítulo V da presente Convenção.

4. Sem menosprezo à legislação interna, as autoridades competentes de um Estado Parte poderão, sem que se lhes solicite previamente, transmitir informação relativa a questões penais a uma autoridade competente de outro Estado Parte se crêem que essa informação poderia ajudar a autoridade a empreender ou concluir com êxito indagações e processos penais ou poderia dar lugar a uma petição formulada por este último Estado Parte de acordo com a presente Convenção.

5. A transmissão de informação de acordo com o parágrafo 4º do presente Artigo se fará sem prejuízo às indagações e processos penais que tenham lugar no Estado das autoridades competentes que facilitaram a informação. As autoridades competentes que recebem a informação deverão aquiescer a toda solicitação de que se respeite seu caráter confidencial, inclusive temporariamente, ou de que se imponham restrições a sua utilização. Sem embargo, ele não obstará para que o Estado Parte receptor revele, em suas ações, informação que seja fator de absolvição de uma pessoa acusada. Em tal caso, o Estado Parte receptor notificará o Estado Parte transmissor antes de revelar a mencionada informação e, se assim for solicitado, consultará o Estado Parte transmissor. Se, em um caso excepcional, não for possível notificar com antecipação, o Estado Parte receptor informará sem demora ao Estado Parte transmissor sobre a mencionada revelação.

6. O disposto no presente Artigo não afetará as obrigações inerentes de outros tratados bilaterais ou multilaterais vigentes ou futuros que rejam, total ou parcialmente, a assistência judicial recíproca.

7. Os parágrafos 9º a 29 do presente Artigo se aplicarão às solicitações que se formulem de acordo com o presente Artigo sempre que não se estabeleça entre os Estados Partes interessados um tratado de assistência judicial recíproca. Quando estes Estados Partes estiverem vinculados por um tratado dessa índole se aplicarão as disposições correspondentes do tal tratado, salvo quando aos Estados Partes convenha aplicar, em seu lugar, os parágrafos 9º a 29 do presente Artigo. Insta-se encarecidamente aos Estados Partes que apliquem esses parágrafos se a cooperação for facilitada.

8. Os Estados Partes não invocarão o sigilo bancário para negar a assistência judicial recíproca de acordo com o presente Artigo.

9. a) Ao atender a uma solicitação de assistência de acordo com o presente Artigo, na ausência de dupla incriminação, o Estado Parte requerido terá em conta a finalidade da presente Convenção, enunciada no Artigo 1;

b) Os Estados Partes poderão negar-se a prestar assistência de acordo com o presente Artigo invocando a ausência de dupla incriminação. Não obstante, o Estado Parte requerido, quando esteja em conformidade com os conceitos básicos de seu ordenamento jurídico, prestará assistência que não envolva medidas coercitivas. Essa assistência poderá ser negada quando a solicitação envolva assuntos de minimis ou questões relativas às quais a cooperação ou a assistência solicitada estiver prevista em virtude de outras disposições da presente Convenção;

c) Na ausência da dupla incriminação, cada Estado Parte poderá considerar a possibilidade de adotar as medidas necessárias que lhe permitam prestar uma assistência mais ampla de acordo com o presente Artigo.

10. A pessoa que se encontre detida ou cumprindo uma pena no território de um Estado Parte e cuja presença se solicite por outro Estado Parte para fins de identificação, para prestar testemunho ou para que ajude de alguma outra forma na obtenção das provas necessárias para investigações, processos ou ações judiciais relativos aos delitos compreendidos na presente Convenção poderá ser trasladada se cumprirem-se as condições seguintes:

a) A pessoa, devidamente informada, dá seu livre consentimento;

b) As autoridades competentes de ambos os Estados Partes estão de acordo, com sujeição às condições que estes considerem apropriadas.

11. Aos efeitos do parágrafo 10 do presente Artigo:

a) O Estado Parte ao qual se traslade a pessoa terá a competência e a obrigação de mantê-la detida, salvo se o Estado Parte do qual a pessoa fora trasladada solicitar ou autorizar outra coisa; b) O Estado Parte ao qual se traslade a pessoa cumprirá sem delongas sua obrigação de devolvê-la à custódia do Estado Parte do qual a trasladou, segundo convenham de antemão ou de outro modo as autoridades competentes de ambos os Estados Partes;

c) O Estado Parte ao qual se traslade a pessoa não poderá exigir do Estado Parte do qual a pessoa tenha sido trasladada que inicie procedimentos de extradição para sua devolução;

d) O tempo em que a pessoa tenha permanecido detida no Estado Parte ao qual fora trasladada se computará como parte da pena que se cumpre no Estado Parte do qual fora trasladada.

12. A menos que o Estado Parte remetente da pessoa a ser trasladada de conformidade com os parágrafos 10 e 11 do presente Artigo estiver de acordo, tal pessoa, seja qual for sua nacionalidade, não poderá ser processada, detida, condenada nem submetida a nenhuma outra restrição de sua liberdade pessoal no território do Estado ao qual fora trasladada em relação a atos, omissões ou penas anteriores a sua saída do território do Estado remetente.

13. Cada Estado Parte designará uma autoridade central encarregada de receber solicitações de assistência judicial recíproca e permitida a dar-lhes cumprimento ou para transmiti-las às autoridades competentes para sua execução. Quando alguma região ou algum território especial de um Estado Parte disponha de um regimento distinto de assistência judicial recíproca, o Estado Parte poderá designar outra autoridade central que desempenhará a mesma função para tal região ou mencionado território. As autoridades centrais velarão pelo rápido e adequado cumprimento ou transmissão das

solicitações recebidas. Quando a autoridade central transmitir a solicitação a uma autoridade competente para sua execução, alentará a rápida e adequada execução da solicitação por parte da mencionada autoridade. Cada Estado Parte notificará o Secretário Geral das Nações Unidas, no momento de depositar seu instrumento de ratificação, aceitação ou aprovação da presente Convenção ou de adesão a ela, o nome da autoridade central que tenha sido designada para tal fim. As solicitações de assistência judicial recíproca e qualquer outra comunicação pertinente serão transmitidas às autoridades centrais designadas pelos Estados Partes. A presente disposição não afetará a legislação de quaisquer dos Estados Partes para exigir que estas solicitações e comunicações lhe sejam enviadas por via diplomática e, em circunstâncias urgentes, quando os Estados Partes convenham a ele, por condução da Organização Internacional de Polícia Criminal, de ser possível.

14. As solicitações se apresentarão por escrito ou, quando possível, por qualquer meio capaz de registrar um texto escrito, em um idioma aceitável pelo Estado Parte requerido. Em condições que permitam ao mencionado Estado Parte determinar sua autenticidade. Cada Estado Parte notificará o Secretário Geral das Nações Unidas, no momento de depositar seu instrumento de ratificação, aceitação ou aprovação da presente Convenção ou de adesão a ela, o(s) idioma(s) que é(são) aceitável(veis). Em situações de urgência, e quando os Estados Partes convenham a ele, as solicitações poderão fazer-se oralmente, devendo ser confirmadas por escrito sem delongas.

15. Toda solicitação de assistência judicial recíproca conterá o seguinte:

a) A identidade da autoridade que faz a solicitação;

b) O objeto e a índole das investigações, dos processos e das ações judiciais a que se refere a solicitação e o nome e as funções da autoridade encarregada de efetuar tais investigações, processos ou ações;

c) Um resumo dos feitos pertinentes, salvo quando se trate de solicitações de apresentação de documentos judiciais;

d) Uma descrição da assistência solicitada e pormenores sobre qualquer procedimento particular que o Estado Parte requerente deseja que se aplique;

e) Se possível, a identidade, situação e nacionalidade de cada pessoa interessada; e

f) A finalidade pela qual se solicita a prova, informação ou atuação.

16. O Estado Parte requerido poderá pedir informação adicional quando seja necessária para dar cumprimento à solicitação em conformidade com sua legislação interna ou para facilitar tal cumprimento.

17. Dar-se-á cumprimento a toda solicitação de acordo com o ordenamento jurídico interno do Estado Parte requerido e, na medida em que ele não o contravenha e seja factível, em conformidade com os procedimentos especificados na solicitação.

18. Sempre quando for possível e compatível com os princípios fundamentais da legislação interna, quando uma pessoa se encontre no território de um Estado Parte e tenha que prestar declaração como testemunha ou perito ante autoridades judiciais de outro Estado Parte, o primeiro Estado Parte, ante solicitação do outro, poderá permitir que a audiência se celebre por videoconferência se não for possível ou conveniente que a pessoa em questão compareça pessoalmente ao território do Estado Parte requerente. Os Estados Partes poderão combinar que a audiência fique a cargo de uma autoridade judicial do Estado Parte requerente e que seja assistida por uma autoridade judicial do Estado Parte requerido.

19. O Estado Parte requerente não transmitirá nem utilizará, sem prévio consentimento do Estado Parte requerido, a informação ou as provas proporcionadas por este para investigações, processos ou ações judiciais distintas daquelas indicadas na solicitação. Nada do disposto no presente parágrafo impedirá que o Estado Parte requerente revele, em suas ações, informação ou provas que sejam fatores de absolvição de uma pessoa acusada. Neste último caso, o Estado Parte requerente notificará o Estado Parte requerido antes de revelar a informação ou as provas e, se assim solicitado, consultará o Estado Parte requerido. Se, em um caso excepcional, não for possível notificar este com antecipação, o Estado Parte requerente informará sem demora o Estado Parte requerido da mencionada revelação.

20. O Estado Parte requerente poderá exigir que o Estado Parte requerido mantenha sigilo acerca da existência e do conteúdo da solicitação, salvo na medida necessária para dar-lhe cumprimento. Se o Estado Parte requerido não pode manter esse sigilo, terá de fazer o Estado parte requerente sabê-lo de imediato.

21. A assistência judicial recíproca poderá ser negada:

a) Quando a solicitação não esteja em conformidade com o disposto no presente Artigo;

b) Quando o Estado Parte requerido considere que o cumprimento da solicitação poderia agredir sua soberania, sua segurança, sua ordem pública ou outros interesses fundamentais;

c) Quando a legislação interna do Estado Parte requerido proíba suas autoridades de atuarem na forma solicitada relativa a um delito análogo, se este tiver sido objeto de investigações, processos ou ações judiciais no exercício de sua própria competência;

d) Quando aquiescer à solicitação seja contrário ao ordenamento jurídico do Estado Parte requerido no tocante à assistência judicial recíproca.

22. Os Estados Parte não poderão negar uma solicitação de assistência judicial recíproca unicamente por considerarem que o delito também envolve questões tributárias.

23. Toda negação de assistência judicial recíproca deverá fundamentar-se devidamente.

24. O Estado Parte requerido cumprirá a solicitação de assistência judicial recíproca o quanto antes e terá plenamente em conta, na medida de suas possibilidades, os prazos que sugira o Estado Parte requerente e que estejam devidamente fundamentados, de preferência na própria solicitação. O Estado Parte requerente poderá pedir informação razoável sobre o estado e a evolução das gestões realizadas pelo Estado Parte requerido para satisfazer tal petição. O Estado Parte requerido responderá às solicitações razoáveis que formule o Estado Parte requerente relativas ao estado e à evolução do trâmite da resolução. O Estado Parte requerente informará de pronto ao Estado Parte requerido quando já não mais necessite da assistência requisitada.

25. A assistência judicial recíproca poderá ser modificada pelo Estado Parte requerido se perturba investigações, processos ou ações judiciais em curso.

26. Antes de negar uma solicitação apresentada de acordo com o parágrafo 21 do presente Artigo ou de modificar seu cumprimento de acordo com o parágrafo 25 do presente Artigo, o Estado Parte requerido consultará o Estado Parte requerente para considerar se é possível prestar a assistência solicitada submetendo-a às condições que julgue necessárias. Se o Estado Parte requerente aceita a assistência de acordo com essas condições, esse Estado Parte deverá cumprir as condições impostas.

27. Sem prejuízo à aplicação do parágrafo 12 do presente Artigo, a testemunha, perito ou outra pessoa que, sob requisição do Estado Parte requerente, consente em prestar testemunho em juízo ou colaborar em uma investigação, processo ou ação judicial no território do Estado Parte requerente, não poderá ser indiciado, detido, condenado nem submetido a nenhuma restrição de sua liberdade pessoal nesse território por atos, omissões ou declarações de culpabilidade anteriores ao momento em que abandonou o território do Estado Parte requerido. Esse salvo-conduto cessará quando a testemunha, perito ou outra pessoa tenha tido, durante 15 (quinze) dias consecutivos ou durante o período acordado entre os Estados Partes após a data na qual se tenha informado oficialmente de que as autoridades judiciais já não requeriam sua presença, a oportunidade de sair do país e não obstante permaneceu voluntariamente nesse território ou a ele regressou livremente depois de havê-lo abandonado.

28. Os gastos ordinários que ocasionem o cumprimento da solicitação serão sufragados pelo Estado Parte requerido, a menos que os Estados Partes interessados tenham acordado outro meio. Quando se requeiram para este fim gastos vultosos ou de caráter extraordinário, os Estados Partes se consultarão para determinar as condições nas quais se dará cumprimento à solicitação, assim como a maneira em que se sufragarão os gastos.

29. O Estado Parte requerido:

a) Facilitará ao Estado Parte requerente uma cópia dos documentos oficiais e outros documentos ou papéis que tenha sob sua custódia e que, conforme sua legislação interna, sejam de acesso do público em geral;

b) Poderá, a seu arbítrio e com sujeição às condições que julgue apropriadas, proporcionar ao Estado Parte requerente uma cópia total ou parcial de documentos oficiais ou de outros documentos ou papéis que tenha sob sua custódia e que, conforme sua legislação interna, não sejam de acesso do público em geral.

30. Quando se fizer necessário, os Estados Partes considerarão a possibilidade de celebrar acordos ou tratados bilaterais ou multilaterais que contribuam a lograr os fins do presente Artigo e que levem à prática ou reforcem suas disposições.

Art. 47 – Enfraquecimento de ações penais

Os Estados Partes considerarão a possibilidade de enfraquecer ações penais para o indiciamento por um delito qualificado de acordo com a presente Convenção quando se estime que essa remissão redundará em benefício da devida administração da justiça, em particular nos casos nos quais intervenham várias jurisdições, com vistas a concentrar as atuações do processo.

Art. 48 – Cooperação em matéria de cumprimento da lei

1. Os Estados Partes colaborarão estritamente, em consonância com seus respectivos ordenamentos jurídicos e administrativos, com vistas a aumentar a eficácia das medidas de cumprimento da lei orientada a combater os delitos compreendidos na presente Convenção. Em particular, os Estados Parte adotarão medidas eficazes para:

a) Melhorar os canais de comunicação entre suas autoridades, organismos e serviços competentes e, quando necessário, estabelecê-los, a fim de facilitar o intercâmbio seguro e rápido de informações sobre todos os aspectos dos delitos compreendidos na presente Convenção, assim como, se os Estados Partes interessados estimarem oportuno, sobre suas vinculações com outras atividades criminosas;

b) Cooperar com outros Estados Partes na realização de indagações a respeito dos delitos compreendidos na presente Convenção acerca de: i) A identidade, o paradeiro e as atividades de pessoas presumidamente envolvidas em tais delitos ou a situação de outras pessoas interessadas; ii) A movimentação do produto do delito ou de bens derivados da prática desses delitos; iii) A movimentação de bens, equipamentos ou outros instrumentos utilizados ou destinados à prática desses delitos.

c) Proporcionar, quando proceder, os elementos ou as quantidades de substâncias que se requeiram para fins de análise e investigação.

d) Intercambiar, quando proceder, informação com outros Estados Partes sobre os meios e métodos concretos empregados para a prática dos delitos compreendidos na presente Convenção, entre eles o uso de identidades falsas, documentos falsificados, alterados ou falsos ou outros meios de encobrir atividades vinculadas a esses delitos;

e) Facilitar uma coordenação eficaz entre seus organismos, autoridades e serviços competentes e promover o intercâmbio de pessoal e outros, incluída a designação de oficiais de enlace com sujeição a acordos ou tratados bilaterais entre os Estados Partes interessados;

f) Intercambiar informação e coordenar as medidas administrativas e de outras índoles adotadas para a pronta detecção dos delitos compreendidos na presente Convenção.

2. Os Estados Partes, com vistas a dar efeito à presente Convenção, considerarão a possibilidade de celebrar acordos ou tratados bilaterais ou multilaterais em matéria de cooperação direta entre seus respectivos organismos encarregados de fazer cumprir a lei e, quando tais acordos ou tratados já existam, melhorá-los. Na falta de tais acordos ou tratados entre os Estados Partes interessados, os Estados Partes poderão considerar que a presente Convenção constitui a base para a cooperação recíproca em matéria de cumprimento da lei no que diz respeitos aos delitos compreendidos na presente Convenção. Quando proceda, os Estados Partes aproveitarão plenamente os acordos e tratados, incluídas as organizações internacionais ou regionais, a fim de aumentar a cooperação entre seus respectivos organismos encarregados de fazer cumprir a lei.

3. Os Estados Partes se esforçarão por colaborar na medida de suas possibilidades para fazer frente aos delitos compreendidos na presente Convenção que se cometam mediante o recurso de tecnologia moderna.

Art. 49 – Investigações conjuntas

Os Estados Partes considerarão a possibilidade de celebrar acordos ou tratados bilaterais ou multilaterais em virtude dos quais, em relação com questões que são objeto de investigações, processos ou ações penais em um ou mais Estados, as autoridades competentes possam estabelecer órgãos mistos de investigação. Na falta de tais acordos ou tratados, as investigações conjuntas poderão levar-se a cabo mediante acordos acertados caso a caso. Os Estados Partes interessados velarão para que a soberania do Estado Parte em cujo território se efetua a investigação seja plenamente respeitada.

Art. 50 – Técnicas especiais de investigação

1. A fim de combater eficazmente a corrupção, cada Estado Parte, na medida em que lhe permitam os princípios fundamentais de seu ordenamento jurídico interno e conforme às condições prescritas por sua legislação interna, adotará as medidas que sejam necessárias, dentro de suas possibilidades, para prever o adequado recurso, por suas autoridades competentes em seu território, à entrega vigiada e, quando considerar apropriado, a outras técnicas especiais de investigação como a vigilância eletrônica ou de outras

índoles e as operações secretas, assim como para permitir a admissibilidade das provas derivadas dessas técnicas em seus tribunais.

2. Para efeitos de investigação dos delitos compreendidos na presente Convenção, se recomenda aos Estados Partes que celebrem, quando proceder, acordos ou tratados bilaterais ou multilaterais apropriados para utilizar essas técnicas especiais de investigação no contexto da cooperação no plano internacional. Esses acordos ou tratados se apoiarão e executarão respeitando plenamente o princípio da igualdade soberana dos Estados e, ao pô-los em prática, cumprir-se-ão estritamente as condições neles contidas.

3. Não existindo os acordos ou tratados mencionados no parágrafo 2º do presente Artigo, toda decisão de recorrer a essas técnicas especiais de investigação no plano internacional se adotará sobre cada caso particular e poderá, quando seja necessário, ter em conta os tratados financeiros e os entendimentos relativos ao exercício de jurisdição pelos Estados Partes interessados.

4. Toda decisão de recorrer à entrega vigiada no plano internacional poderá, com o consentimento dos Estados Partes interessados, incluir a aplicação de métodos tais como interceptar bens e fundos, autorizá-los a prosseguir intactos ou retirá-los ou substituí-los total ou parcialmente.

CAPÍTULO V – RECUPERAÇÃO DE ATIVOS

Art. 51 – Disposição geral

A restituição de ativos de acordo com o presente Capítulo é um princípio fundamental da presente Convenção e os Estados Partes se prestarão à mais ampla cooperação e assistência entre si a esse respeito.

Art. 52 – Prevenção e detecção de transferências de produto de delito

1. Sem prejuízo ao disposto no Artigo 14 da presente Convenção, cada Estado Parte adotará as medidas que sejam necessárias, em conformidade com sua legislação interna, para exigir das instituições financeiras que funcionam em seu território que verifiquem a identidade dos clientes, adotem medidas razoáveis para determinar a identidade dos beneficiários finais dos fundos depositados em contas vultosas, e intensifiquem seu escrutínio de toda conta solicitada ou mantida no ou pelo nome de pessoas que desempenhem ou tenham desempenhado funções públicas eminentes e de seus familiares e estreitos colaboradores. Esse escrutínio intensificado dar-se-á estruturado razoavelmente de modo que permita descobrir transações suspeitas com objetivo de informar às autoridades competentes e não deverá ser concebido de forma que atrapalhe ou impeça o curso normal do negócio das instituições financeiras com sua legítima clientela.

2. A fim de facilitar a aplicação das medidas previstas no parágrafo 1º do presente Artigo, cada Estado Parte, em conformidade com sua legislação interna e inspirando-se nas iniciativas pertinentes de suas organizações re-

gionais, interregionais e multilaterais de luta contra a lavagem de dinheiro, deverá:

a) Estabelecer diretrizes sobre o tipo de pessoas físicas ou jurídicas cujas contas as instituições financeiras que funcionam em seu território deverão submeter a um maior escrutínio, os tipos de contas e transações às quais deverão prestar particular atenção e a maneira apropriada de abrir contas e de levar registros ou expedientes relativos a elas; e

b) Notificar, quando proceder, as instituições financeiras que funcionam em seu território, mediante solicitação de outro Estado Parte ou por iniciativa própria, a identidade de determinadas pessoas físicas ou jurídicas cujas contas essas instituições deverão submeter a um maior escrutínio, além das quais as instituições financeiras possam identificar de outra forma.

3. No contexto da parte "a)" do parágrafo 2º do presente Artigo, cada Estado Parte aplicará medidas para velar para que as instituições financeiras mantenham, durante um prazo conveniente, registros adequados das contas e transações relacionadas com as pessoas mencionadas no parágrafo 1º do presente Artigo, os quais deverão conter, no mínimo, informação relativa à identidade do cliente e, na medida do possível, do beneficiário final.

4. Com o objetivo de prevenir e detectar as transferências do produto dos delitos qualificados de acordo com a presente Convenção, cada Estado Parte aplicará medidas apropriadas e eficazes para impedir, com a ajuda de seus órgãos reguladores e de supervisão, o estabelecimento de bancos que não tenham presença real e que não estejam afiliados a um grupo financeiro sujeito à regulação. Ademais, os Estados Partes poderão considerar a possibilidade de exigir de suas instituições financeiras que se neguem a entabular relações com essas instituições na qualidade de bancos correspondentes, ou a continuar relações existentes, e que se abstenham de estabelecer relações com instituições financeiras estrangeiras que permitam utilizar suas contas a bancos que não tenham presença real e que não estejam afiliados a um grupo financeiro sujeito a regulação.

5. Cada Estado Parte considerará a possibilidade de estabelecer, em conformidade com sua legislação interna, sistemas eficazes de divulgação de informação financeira para os funcionários públicos pertinentes e aplicará sanções adequadas para todo descumprimento do dever a declarar. Cada Estado Parte considerará também a possibilidade de adotar as medidas que sejam necessárias para permitir que suas autoridades competentes compartilhem essa informação com as autoridades competentes de outros Estados Partes, se essa é necessária para investigar, reclamar ou recuperar o produto dos delitos qualificados de acordo com a presente Convenção.

6. Cada Estado Parte considerará a possibilidade de adotar as medidas que sejam necessárias, de acordo com sua legislação interna, para exigir dos funcionários públicos pertinentes que tenham algum direito ou poder de firma

ou de outras índoles sobre alguma conta financeira em algum país estrangeiro que declarem sua relação com essa conta às autoridades competentes e que levem ao devido registro da tal conta. Essas medidas deverão incluir sanções adequadas para todo o caso de descumprimento.

Art. 53 – Medidas para a recuperação direta de bens

Cada Estado Parte, em conformidade com sua legislação interna:

a) Adotará as medidas que sejam necessárias a fim de facultar a outros Estados Partes para entabular ante seus tribunais uma ação civil com o objetivo de determinar a titularidade ou propriedade de bens adquiridos mediante a prática de um delito qualificado de acordo com a presente Convenção;

b) Adotará as medidas que sejam necessárias a fim de facultar a seus tribunais para ordenar àqueles que tenham praticado delitos qualificados de acordo com a presente Convenção que indenizem ou ressarçam por danos e prejuízos a outro Estado Parte que tenha sido prejudicado por esses delitos; e

c) Adotará as medidas que sejam necessárias a fim de permitir a seus tribunais ou suas autoridades competentes, quando devam adotar decisões no que diz respeito ao confisco, que reconheça o legítimo direito de propriedade de outro Estado Parte sobre os bens adquiridos mediante a prática de um dos delitos qualificados de acordo com a presente Convenção.

Art. 54 – Mecanismos de recuperação de bens mediante a cooperação internacional para fins de confisco

1. Cada Estado Parte, a fim de prestar assistência judicial recíproca conforme o disposto no Artigo 55 da presente Convenção relativa a bens adquiridos mediante a prática de um dos delitos qualificados de acordo com a presente Convenção ou relacionados a esse delito, em conformidade com sua legislação interna:

a) Adotará as medidas que sejam necessárias para que suas autoridades competentes possam dar efeito a toda ordem de confisco ditada por um tribunal de outro Estado Parte;

b) Adotará as medidas que sejam necessárias para que suas autoridades competentes, quando tenham jurisdição, possam ordenar o confisco desses bens de origem estrangeira em uma sentença relativa a um delito de lavagem de dinheiro ou quaisquer outros delitos sobre os quais possa ter jurisdição, ou mediante outros procedimentos autorizados em sua legislação interna; e

c) Considerará a possibilidade de adotar as medidas que sejam necessárias para permitir o confisco desses bens sem que envolva uma pena, nos casos nos quais o criminoso não possa ser indiciado por motivo de falecimento, fuga ou ausência, ou em outros casos apropriados.

2. Cada Estado Parte, a fim de prestar assistência judicial recíproca solicitada de acordo com o parágrafo 2º do Artigo 55 da presente Convenção, em conformidade com sua legislação interna:

a) Adotará as medidas que sejam necessárias para que suas autoridades competentes possam efetuar o embargo preventivo ou a apreensão de bens em cumprimento a uma ordem de embargo preventivo ou apreensão ditada por um tribunal ou autoridade competente de um Estado Parte requerente que constitua um fundamento razoável para que o Estado Parte requerido considere que existam razões suficientes para adotar essas medidas e que ulteriormente os bens seriam objeto de uma ordem de confisco de acordo com os efeitos da parte "a)" do parágrafo 1º do presente Artigo;

b) Adotará as medidas que sejam necessárias para que suas autoridades competentes possam efetuar o embargo preventivo ou a apreensão de bens em cumprimento de uma solicitação que constitua fundamento razoável para que o Estado Parte requerido considere que existam razões suficientes para adotar essas medidas e que ulteriormente os bens seriam objeto de uma ordem de confisco de acordo com os efeitos da parte "a)" do parágrafo 1º do presente Artigo; e

c) Considerará a possibilidade de adotar outras medidas para que suas autoridades competentes possam preservar os bens para efeitos de confisco, por exemplo sobre a base de uma ordem estrangeira de detenção ou imputação de culpa penal relacionada com a aquisição desses bens.

Art. 55 – Cooperação internacional para fins de confisco

1. Os Estados Partes que recebam uma solicitação de outro Estado Parte que tenha jurisdição para conhecer um dos delito qualificados de acordo com a presente Convenção com vistas ao confisco do produto de delito, os bens, equipamentos ou outros instrumentos mencionados no parágrafo 1º do Artigo 31 da presente Convenção que se encontrem em seu território deverão, no maior grau que lhe permita seu ordenamento jurídico interno:

a) Enviar a solicitação a suas autoridades competentes para obter uma ordem de confisco ao qual, em caso de concessão, darão cumprimento; ou

b) Apresentar a suas autoridades competentes, a fim de que se dê cumprimento ao solicitado, a ordem de confisco expedida por um tribunal situado no território do Estado Parte requerente em conformidade com o disposto no parágrafo 1º do Artigo 31 e na parte "a)" do parágrafo 1º do Artigo 54 da presente Convenção na medida em que guarde relação com o produto do delito, os bens, os equipamentos ou outros instrumentos mencionados no parágrafo 1º do Artigo 31 que se encontrem no território do Estado Parte requerido.

2. Com base na solicitação apresentada por outro Estado Parte que tenha jurisdição para conhecer um dos delitos qualificados de acordo com a presente Convenção, o Estado Parte requerido adotará as medidas encaminhadas para a identificação, localização e embargo preventivo ou apreensão do produto de delito, os bens, os equipamentos ou outros instrumentos mencionados no parágrafo e do Artigo 31 da presente Convenção com vistas

ao seu eventual confisco, que haverá de ordenar o Estado Parte requerente ou, em caso de que envolva uma solicitação apresentada de acordo com o parágrafo 1º do presente Artigo, o Estado Parte requerido.

3. As disposições do Artigo 46 da presente Convenção serão aplicáveis, mutatis mutandis, ao presente Artigo. Ademais da informação indicada no parágrafo 15 do Artigo 46, as solicitações apresentadas em conformidade com o presente Artigo conterão o seguinte:

a) Quando se trate de uma solicitação relativa à parte "a)" do parágrafo 1º do presente Artigo, uma descrição dos bens suscetíveis de confisco, assim como, na medida do possível, a situação e, quando proceder, o valor estimado dos bens e uma exposição dos fatos em que se baseia a solicitação do Estado Parte requerente que sejam suficientemente explícitas para que o Estado Parte requerido possa tramitar a ordem de acordo com sua legislação interna;

b) Quando se trate de uma solicitação relativa à parte "b)" do parágrafo 1º do presente Artigo, uma cópia admissível pela legislação da ordem de confisco expedida pelo Estado Parte requerente na qual se baseia a solicitação, uma exposição dos feitos e da informação que proceder sobre o grau de execução que se solicita dar à ordem, uma declaração na qual se indiquem as medidas adotadas pelo Estado Parte requerente para dar notificação adequada a terceiros de boa-fé e para garantir o devido processo e um certificado de que a ordem de confisco é definitiva;

c) Quando se trate de uma solicitação relativa ao parágrafo 2º do presente Artigo, uma exposição dos feitos nos quais se baseia o Estado Parte requerente e uma descrição das medidas solicitadas, assim como, quando dispor-se dela, uma cópia admissível pela legislação da ordem de confisco na qual se baseia a solicitação.

4. O Estado Parte requerido adotará as decisões ou medidas previstas nos parágrafos 1º e 2º do presente Artigo conforme e com sujeição ao disposto em sua legislação interna e em suas regras de procedimento ou nos acordos ou tratados bilaterais ou multilaterais pelos quais poderia estar vinculado ao Estado Parte requerente.

5. Cada Estado Parte proporcionará ao Secretário Geral das Nações Unidas uma cópia de suas leis e regulamentos destinados a dar aplicação ao presente Artigo e de quaisquer emendas ulteriores que se tenham de tais leis e regulamentos ou uma descrição destas.

6. Se um Estado Parte opta por submeter a adoção das medidas mencionadas nos parágrafos 1º e 2º do presente Artigo à existência de um tratado pertinente, esse Estado Parte considerará a presente Convenção como a base legal necessária e suficiente para cumprir esse requisito.

7. A cooperação prevista no presente Artigo também se poderá negar, ou poder-se-ão levantar as medidas cautelares, se o Estado Parte requerido não receber provas suficientes ou oportunas ou se os bens são de valor escasso.

8. Antes de levantar toda medida cautelar adotada em conformidade com o presente Artigo, o Estado Parte requerido deverá, sempre que possível, dar ao Estado Parte requerente a oportunidade de apresentar suas razões a favor de manter em vigor a medida.

9. As disposições do presente Artigo não se interpretarão em prejuízo dos direitos de terceiros de boa-fé.

Art. 56 – Cooperação especial

Sem prejuízo ao disposto em sua legislação interna, cada Estado Parte procurará adotar as medidas que lhe facultem para remeter a outro Estado Parte que não tenha solicitado, sem prejuízo de suas próprias investigações ou ações judiciais, informação sobre o produto dos delitos qualificados de acordo com a presente Convenção se considerar que a divulgação dessa informação pode ajudar o Estado Parte destinatário a pôr em marcha ou levar a cabo suas investigações ou ações judiciais, ou que a informação assim facilitada poderia dar lugar a que esse Estado Parte apresentará uma solicitação de acordo com o presente Capítulo da presente Convenção.

Art. 57 – Restituição e disposição de ativos

1. Cada Estado Parte disporá dos bens que tenham sido confiscados conforme o disposto nos Artigos 31 ou 55 da presente convenção, incluída a restituição a seus legítimos proprietários anteriores, de acordo com o parágrafo 3º do presente Artigo, em conformidade com as disposições da presente Convenção e com sua legislação interna.

2. Cada Estado Parte adotará, em conformidade com os princípios fundamentais de seu direito interno, as medidas legislativas e de outras índoles que sejam necessárias para permitir que suas autoridades competentes procedam à restituição dos bens confiscados, ao dar curso a uma solicitação apresentada por outro Estado Parte, em conformidade com a presente Convenção, tendo em conta os direitos de terceiros de boa-fé.

3. Em conformidade com os Artigos 46 e 55 da presente Convenção e com os parágrafos 1º e 2º do presente Artigo, o Estado Parte requerido:

a) Em caso de malversação ou peculato de fundos públicos ou de lavagem de fundos públicos malversados aos quais se faz referência nos Artigos 17 e 23 da presente Convenção, restituirá ao Estado Parte requerente os bens confiscados quando se tenha procedido ao confisco de acordo com o disposto no Artigo 55 da presente Convenção e sobre a base da sentença firme ditada no Estado Parte requerente, requisito ao qual poderá renunciar o Estado Parte requerido;

b) Caso se trate do produto de qualquer outro delito compreendido na presente Convenção, restituirá ao Estado Parte requerente os bens confiscados quando se tenha procedido ao confisco de acordo com o disposto no Artigo 55 da presente Convenção e sobre a base de uma sentença firme ditada no Estado Parte requerente, requisito ao qual poderá renunciar o

Estado Parte requerido, e quando o Estado Parte requerente acredite razoavelmente ante o Estado Parte requerido sua propriedade anterior dos bens confiscados ou o Estado Parte requerido reconheça os danos causados ao Estado Parte requerente como base para a restituição dos bens confiscados;

c) Em todos os demais casos, dará consideração prioritária à restituição ao Estado Parte requerente dos bens confiscados, à restituição desses bens a seus proprietários legítimos anteriores ou à indenização das vítimas do delito.

4. Quando proceder, a menos que os Estados Partes decidam diferentemente, o Estado Parte requerido poderá deduzir os gastos razoáveis que tenham sido feitos no curso das investigações ou ações judiciais que tenham possibilitado a restituição ou disposição dos bens confiscados conforme o disposto no presente Artigo.

5. Quando proceder, os Estados Partes poderão também dar consideração especial à possibilidade de celebrar acordos ou tratados mutuamente aceitáveis, baseados em cada caso particular, com vistas à disposição definitiva dos bens confiscados.

Art. 58 – Departamento de inteligência financeira

Os Estados Partes cooperarão entre si a fim de impedir e combater a transferência do produto de quaisquer dos delitos qualificados de acordo com a presente Convenção e promover meios para recuperar o mencionado produto e, para tal fim, considerarão a possibilidade de estabelecer um departamento de inteligência financeira que se encarregará de receber, analisar e dar a conhecer às autoridades competentes toda informação relacionada com as transações financeiras suspeitas.

Art. 59 – Acordos e tratados bilaterais e multilaterais

Os Estados Partes considerarão a possibilidade de celebrar acordos ou tratados bilaterais ou multilaterais com vistas a aumentar a eficácia da cooperação internacional prestada em conformidade com o presente Capítulo da presente Convenção.

CAPÍTULO VI – ASSISTÊNCIA TÉCNICA E INTERCÂMBIO DE INFORMAÇÕES

Art. 60 – Capacitação e assistência técnica

1. Cada Estado Parte, na medida do necessário, formulará, desenvolverá ou aperfeiçoará programas de capacitação especificamente concebidos para o pessoal de seus serviços encarregados de prevenir e combater a corrupção. Esses programas de capacitação poderão versar, entre outras coisas, sobre:

a) Medidas eficazes para prevenir, detectar, investigar, sancionar e combater a corrupção, inclusive o uso de métodos de reunião de provas e investigação;

b) Fomento da capacidade de formulação e planificação de uma política estratégica contra a corrupção;

c) Capacitação das autoridade competentes na preparação de solicitações de assistência judicial recíproca que satisfaçam os requisitos da presente Convenção;

d) Avaliação e fortalecimento das instituições, da gestão da função pública e a gestão das finanças públicas, incluída a contratação pública, assim como do setor privado;

e) Prevenção e luta contra as transferências de produtos de quaisquer dos delitos qualificados de acordo com a presente Convenção e recuperação do mencionado produto;

f) Detecção e embargo preventivo das transferências do produto de quaisquer dos delitos qualificados de acordo com a presente Convenção;

g) Vigilância da movimentação de produto de quaisquer dos delitos qualificados de acordo com a presente Convenção, assim como dos métodos empregados para a transferência, ocultação ou dissimulação de tal produto;

h) Mecanismos e métodos legais e administrativos apropriados e eficientes para facilitar a restituição do produto de quaisquer dos delitos qualificados de acordo com a presente Convenção;

i) Métodos utilizados para proteger as vítimas e as testemunhas que cooperem com as autoridades judiciais; e

j) Capacitação em matéria de regulamentos nacionais e internacionais e em idiomas.

2. Na medida de suas possibilidades, os Estados Partes considerarão a possibilidade de prestar-se a mais ampla assistência técnica, especialmente em favor dos países em desenvolvimento, em seus respectivos planos e programas para combater a corrupção, incluindo apoio material e capacitação nas esferas mencionadas no parágrafo 1º do presente Artigo, assim como a capacitação e assistência e intercâmbio mútuo de experiências e conhecimentos especializados, o que facilitará a cooperação internacional entre os Estados Partes nas esferas da extradição e da assistência judicial recíproca.

3. Os Estados Partes intensificarão, na medida do necessário, os esforços para otimizar as atividades operacionais e de capacitação nas organizações internacionais e regionais e no âmbito de acordos ou tratados bilaterais ou multilaterais pertinentes.

4. Os Estados Partes considerarão, ante solicitação, a possibilidade de ajudarem-se entre si na realização de avaliações, estudos e investigações sobre os tipos, causas, efeitos e custos da corrupção em seus respectivos países com vistas a elaborar, com a participação das autoridades competentes e da sociedade, estratégias e planos de ação contra a corrupção.

5. A fim de facilitar a recuperação de produto de quaisquer dos delitos qualificados de acordo com a presente Convenção, os Estados Partes poderão cooperar facilitando-se os nomes dos peritos que possam ser úteis para lograr esse objetivo.

6. Os Estados Partes considerarão a possibilidade de recorrer à organização de conferências e seminários sub-regionais, regionais e internacionais para promover a cooperação e a assistência técnica, e para fomentar os debates sobre problemas de interesse mútuo, incluídos os problemas e necessidades especiais dos países em desenvolvimento e dos países com economias em transição.

7. Os Estados Partes considerarão a possibilidade de estabelecer mecanismos voluntários com vistas a contribuir financeiramente com os esforços dos países em desenvolvimento e dos países com economias em transição para aplicar a presente Convenção mediante programas e projetos de assistência técnica.

8. Cada Estado Parte considerará a possibilidade de fazer contribuições voluntárias ao Escritório das Nações Unidas contra as Drogas e o Crime com o propósito de impulsionar, através do mencionado Escritório, programas e projetos nos países em desenvolvimento com vistas a aplicar a presente Convenção.

Art. 61 – Recompilação, intercâmbio e análise de informações sobre a corrupção

1. Cada Estado Parte considerará a possibilidade de analisar, em consulta com especialistas, as tendências da corrupção em seu território, assim como as circunstâncias em que se cometem os delitos de corrupção.

2. Os Estados Partes considerarão a possibilidade de desenvolver e compartilhar, entre si e por ação de organizações internacionais e regionais, estatísticas, experiência analítica acerca da corrupção e informações com vistas a estabelecer, na medida do possível, definições, normas e metodologias comuns, assim como informações sobre práticas aceitáveis para prevenir e combater a corrupção.

3. Cada Estado Parte considerará a possibilidade de velar por suas políticas e medidas em vigor encaminhadas a combater a corrupção e de avaliar sua eficácia e eficiência.

Art. 62 – Outras medidas: aplicação da presente convenção mediante o desenvolvimento econômico e a assistência técnica

1. Os Estados Partes adotarão disposições condizentes com a aplicação aceitável da presente Convenção na medida do possível, mediante a cooperação internacional, tendo em conta os efeitos adversos da corrupção na sociedade em geral e no desenvolvimento sustentável, em particular.

2. Os Estados Partes farão esforços concretos, na medida do possível e na forma coordenada entre si, assim como com organizações internacionais e regionais, para:

a) Intensificar sua cooperação nos diversos planos com os países em desenvolvimento com vistas a fortalecer a capacidade desses países para prevenir e combater a corrupção;

b) Aumentar a assistência financeira e material a fim de apoiar os esforços dos países em desenvolvimento para prevenir e combater a corrupção com eficácia e ajudá-los a aplicar satisfatoriamente a presente Convenção;

c) Prestar assistência técnica aos países em desenvolvimento e aos países com economias em transição para ajudá-los a satisfazer suas necessidades relacionadas com a aplicação da presente Convenção. Para tal fim, os Estados Partes procurarão fazer contribuições voluntárias adequadas e periódicas a uma conta especificamente designada para esses efeitos em um mecanismo de financiamento das Nações Unidas. De acordo com sua legislação interna e com as disposições da presente Convenção, os Estados Partes poderão também dar consideração especial à possibilidade de ingressar nessa conta uma porcentagem do dinheiro confiscado ou da soma equivalente aos bens ou ao produto de delito confiscados conforme o disposto na presente Convenção;

d) Apoiar e persuadir outros Estados Partes e instituições financeiras, segundo proceder, para que se somem os esforços empregados de acordo com o presente Artigo, em particular proporcionando um maior número de programas de capacitação e equipamentos modernos aos países em desenvolvimento e com a finalidade de ajudá-los a lograr os objetivos da presente Convenção.

3. Na medida do possível, estas medidas não menosprezarão os compromissos existentes em matéria de assistência externa nem outros acordos de cooperação financeira nos âmbitos bilateral, regional ou internacional.

4. Os Estados Partes poderão celebrar acordos ou tratados bilaterais ou multilaterais sobre assistência material e logística, tendo em conta os acordos financeiros necessários para fazer efetiva a cooperação internacional prevista na presente Convenção e para prevenir, detectar e combater a corrupção.

Capítulo VII – MECANISMOS DE APLICAÇÃO

Art. 63 – Conferência dos estados partes da presente convenção

1. Estabelecer-se-á uma Conferência dos estados Parte da presente Convenção a fim de melhorar a capacidade dos Estados Partes e a cooperação entre eles para alcançar os objetivos enunciados na presente Convenção e promover e examinar sua aplicação.

2. O Secretário Geral das Nações Unidas convocará a Conferência dos estados Parte da presente Convenção no mais tardar um ano depois da entrada em vigor da presente Convenção. Posteriormente celebrar-se-ão reuniões periódicas da Conferência dos Estados Partes em conformidade com o disposto nas regras de procedimento aprovadas pela Conferência.

3. A Conferência dos Estados Partes aprovará o regulamento e as normas que rejam a execução das atividades enunciadas no presente Artigo, inclu-

ídas as normas relativas à admissão e à participação de observadores e o pagamento dos gastos que ocasione a realização dessas atividades.

4. A Conferência dos Estados Partes realizará atividades, procedimentos e métodos de trabalho com vistas a lograr os objetivos enunciados no parágrafo 1º do presente Artigo, e, em particular:

a) Facilitará as atividades que realizem os Estados Partes de acordo com os Artigos 60 e 62 e com os Capítulos II a V da presente Convenção, inclusive promovendo o incentivo de contribuições voluntárias;

b) Facilitará o intercâmbio de informações entre os Estados Partes sobre as modalidades e tendências da corrupção e sobre práticas eficazes para preveni-la e combatê-la, assim como para a restituição do produto de delito, mediante, entre outras coisas, a publicação das informações pertinentes mencionadas no presente Artigo;

c) Cooperação com organizações e mecanismos internacionais e regionais e organizações não-governamentais pertinentes;

d) Aproveitará adequadamente a informação pertinente elaborada por outros mecanismos internacionais e regionais encarregados de combater e prevenir a corrupção a fim de evitar a duplicação desnecessária de atividades;

e) Examinará periodicamente a aplicação da presente Convenção por seus Estados Partes;

f) Formulará recomendações para melhorar a presente Convenção e sua aplicação;

g) Tomará nota das necessidades de assistência técnica dos Estados Partes com relação à aplicação da presente Convenção e recomendará as medidas que considere necessária a esse respeito.

5. Aos efeitos do parágrafo 4º do presente Artigo, a Conferência dos Estados Partes obterá o conhecimento necessário das medidas adotadas e das dificuldades encontradas pelos Estados Partes na aplicação da presente Convenção por via da informação que eles facilitem e dos demais mecanismos de exame que estabeleça a Conferência dos Estados Partes.

6. Cada Estado Parte proporcionará à Conferência dos Estados Partes informação sobre seus programas, planos e práticas, assim como sobre as medidas legislativas e administrativas adotadas para aplicar a presente Convenção, segundo requeira a Conferência dos Estados Partes. A Conferência dos Estados Partes procurará determinar a maneira mais eficaz de receber e processar as informações, inclusive aquelas recebidas dos Estados Partes e de organizações internacionais competentes. Também poder-se-ão considerar as aprovações recebidas de organizações não-governamentais pertinentes devidamente acreditadas conforme os procedimentos acordados pela Conferência dos Estados Partes.

7. Em cumprimento aos parágrafos 4 a 6 do presente Artigo, a Conferência dos Estados Partes estabelecerá, se considerar necessário, um mecanismo ou órgão apropriado para apoiar a aplicação efetiva da presente Convenção.

Art. 64 - Secretaria

1. O Secretário Geral das Nações Unidas prestará os serviços de secretaria necessários à Conferência dos Estados Partes da presente Convenção.

2. A secretaria:

a) Prestará assistência à Conferência dos Estados Partes na realização das atividades enunciadas no Artigo 63 da presente Convenção e organizará os períodos de seções da Conferência dos Estados Partes e proporcionar-lhes-á os serviços necessários;

b) Prestará assistência aos Estados Partes que a solicitem na subministração de informação da Conferência dos Estados Partes segundo o previsto nos parágrafos 5º e 6º do Artigo 63 da presente Convenção; e

c) Velará pela coordenação necessária com as secretarias de outras organizações internacionais e regionais pertinentes.

CAPÍTULO VIII
DISPOSIÇÕES FINAIS

Art. 65 - Aplicação da convenção

1. Cada Estado Parte adotará, em conformidade com os princípios fundamentais de sua legislação interna, as medidas que sejam necessárias, incluídas medidas legislativas e administrativas, para garantir o cumprimento de suas obrigações de acordo com a presente Convenção.

2. Cada Estado Parte poderá adotar medidas mais estritas ou severas que as previstas na presente Convenção a fim de prevenir e combater a corrupção.

Art. 66 - Solução de controvérsias

1. Os Estados Partes procurarão solucionar toda controvérsia relacionada com a interpretação ou aplicação da presente Convenção mediante a negociação.

2. Toda controvérsia entre dois ou mais Estados Partes acerca da interpretação ou da aplicação da presente Convenção que não possa ser resolvida mediante a negociação dentro de um prazo razoável deverá, por solicitação de um desses Estados Partes, submeter-se à arbitragem. Se, seis meses depois da data de solicitação da arbitragem, esses Estados Partes não se puseram de acordo sobre a organização da arbitragem, quaisquer dos Estados Partes poderá remeter a controvérsia à Corte Internacional de Justiça mediante solicitação conforme o Estatuto da Corte.

3. Cada Estado Parte poderá, no momento da firma, ratificação aceitação ou aprovação da presente Convenção ou de adesão a ela, declarar que não se

considera vinculado pelo parágrafo do presente Artigo. Os demais Estados Partes não ficarão vinculados pelo parágrafo 2º do presente Artigo a respeito de todo Estado Parte que tenha feito essa reserva.

4. O Estado Parte que tenha feito uma reserva de conformidade com o parágrafo 3º do presente Artigo poderá em qualquer momento retirar essa reserva notificando o fato ao Secretário Geral das Nações Unidas.

Art. 67 – Firma, ratificação, aceitação, aprovação e adesão

1. A presente Convenção estará aberta à assinatura de todos os Estados de 9 a 11 de dezembro de 2003 em Mérida, México, e depois desse evento na Sede das Nações Unidas em Nova York até o dia 9 de dezembro de 2005.

2. A presente Convenção também estará aberta à firma das organizações regionais de integração econômica que tenham, ao menos, algum de seus Estados Membros como Partes da presente Convenção em conformidade com o disposto no parágrafo 1º do presente Artigo.

3. A presente Convenção estará sujeita a ratificação, aceitação ou aprovação. Os instrumentos de ratificação, aceitação ou aprovação depositar-se-ão em poder do Secretário Geral das Nações Unidas. As organizações regionais de integração econômica poderão depositar seus instrumentos de ratificação, aceitação ou aprovação se pelo menos um de seus Estados Membros houver procedido de igual maneira. Nesse instrumento de ratificação, aceitação ou aprovação, essas organizações declararão o alcance de sua competência com respeito às questões regidas pela presente Convenção. As mencionadas organizações comunicarão também ao depositário qualquer modificação pertinente ao alcance de sua competência.

4. A presente Convenção estará aberta à adesão de todos os Estados ou organizações regionais de integração econômica que contem com pelo menos um Estado Membro que seja Parte da presente Convenção. Os instrumentos de adesão depositar-se-ão em poder do Secretário Geral das Nações Unidas. No momento de sua adesão, as organizações regionais de integração econômica declararão o alcance de sua competência com respeito às questões regidas pela presente Convenção. As mencionadas organizações comunicarão também ao depositário qualquer modificação pertinente ao alcance de sua competência.

Art. 68 – Entrada em vigor

1. A presente Convenção entrará em vigor no nonagésimo dia após a inclusão do trigésimo instrumento de ratificação, aceitação, aprovação ou adesão. Aos efeitos do presente parágrafo, os instrumentos depositados por uma organização regional de integração econômica não serão considerados adicionais aos depositados por seus Estados Membros.

2. Para cada Estado ou organização regional de integração econômica que ratifique, aceite ou aprove a presente Convenção ou a ela adira depois

de haver-se depositado o trigésimo instrumento de ratificação, aceitação, aprovação ou adesão, a presente Convenção entrará em vigor após o trigésimo dia depois que esse Estado ou organização tenha depositado o instrumento pertinente ou no momento de sua entrada em vigor de acordo com o parágrafo 1º do presente Artigo, se esta for posterior.

Art. 69 - Emenda

1. Quando houverem transcorrido 5 (cinco) anos desde a entrada em vigor da presente Convenção, os Estados Partes poderão propor emendas e transmiti-las ao Secretário Geral das Nações Unidas, quem, por continuação, comunicará toda emenda proposta aos Estados Partes e à Conferência dos Estados Partes da presente Convenção para que a examinem e adotem uma decisão a seu respeito. A Conferência dos Estados Partes fará todo o possível para lograr um consenso sobre cada emenda. Se esgotarem-se todas as possibilidades de lograr um consenso e não se tiver chegado a um acordo, a aprovação da emenda exigirá, em última instância, uma maioria de dois terços dos Estados Partes presentes e votante na reunião da Conferência dos Estados Partes.

2. As organizações regionais de integração econômica, em assuntos de sua competência, exercerão seu direito de voto de acordo com o presente Artigo com um número de votos igual ao número de seus Estados Membros que sejam Partes da presente Convenção. As mencionadas organizações não exercerão seu direito de voto se seus Estados Membros exercerem os seus e vice-versa.

3. Toda emenda aprovada em conformidade com o parágrafo 1º do presente Artigo estará sujeita a ratificação, aceitação ou aprovação por parte dos Estados Partes.

4. Toda emenda aprovada em conformidade com o parágrafo 1º do presente Artigo entrará em vigor em relação a um Estado Parte noventa dias depois do momento em que este deposite em poder do Secretário Geral das Nações Unidas um instrumento de ratificação, aceitação ou aprovação dessa emenda.

5. Quando uma emenda entrar em vigor, será vinculante para os Estados Partes que tenham expressado seu consentimento a respeito. Os demais Estados Partes ficarão sujeitos às disposições da presente Convenção, assim como a qualquer outra emenda anterior que tenham ratificado, aceitado ou aprovado.

Art. 70 - Denúncia

1. Os Estados Partes poderão denunciar a presente Convenção mediante notificação escrita ao Secretário Geral das Nações Unidas. A denúncia surtirá efeito um ano depois do momento em que o Secretário Geral tenha recebido a notificação.

2. As organizações regionais de integração econômica deixarão de ser Partes da presente Convenção quando tiverem denunciado todos seus Estados Membros.

Art. 71 – Depositário E Idiomas

1. O Secretário Geral das Nações Unidas será o depositário da presente Convenção.

2. O original da presente Convenção, cujos textos em árabe, chinês, espanhol, francês inglês e russo possuem igual autenticidade, depositar-se-á em poder do Secretário Geral das Nações Unidas.

EM FÉ DO QUE, os plenipotenciários infra-escritos, devidamente autorizados por seus respectivos Governos, firmaram a presente Convenção.

ANEXO 7

INSTRUÇÃO NORMATIVA TCU Nº 74, DE 11 DE FEVEREIRO DE 2015

Dispõe sobre a fiscalização do Tribunal de Contas da União, com base no art. 3º da Lei nº 8.443/1992, quanto à organização do processo de celebração de acordo de leniência pela administração pública federal, nos termos da Lei nº 12.846/2013.

O TRIBUNAL DE CONTAS DA UNIÃO, no uso de suas atribuições constitucionais, legais e regimentais, e

Considerando o poder regulamentar conferido pelo art. 3º da Lei nº 8.443/1992, que autoriza a expedição de atos ou instruções normativas, de cumprimento obrigatório, sobre matéria de suas atribuições e sobre organização de processos a lhe serem submetidos, obrigando ao seu cumprimento, sob pena de responsabilidade;

Considerando que a jurisdição própria e privativa do Tribunal abrange qualquer pessoa física ou jurídica, pública ou privada, que utilize, arrecade, guarde, gerencie ou administre dinheiros, bens e valores públicos ou pelos quais a União responda, ou que, em nome desta, assuma obrigações de natureza pecuniária;

Considerando que cabe aos sistemas de controle interno dos Poderes Legislativo, Executivo e Judiciário apoiar o controle externo no exercício de sua missão institucional, na forma do inciso IV do art. 74 da Constituição Federal;

Considerando que, nos termos dos arts. 41, I, "b", e 42 c/c o art. 38 da Lei nº 8.443/1992, para assegurar a eficácia do controle e para instruir o julgamento das contas, compete ao TCU promover o acompanhamento sobre a gestão e o controle contábil, orçamentário, financeiro e patrimonial praticados pela administração pública e pelos sistemas de controle interno dos Poderes Legislativo, Executivo e Judiciário, não podendo nenhum processo, documento ou informação ser sonegado ao TCU em sua ação de fiscalização, sob qualquer pretexto;

Considerando que, por não afastar a reparação de dano ao erário, nos termos art. 16, § 3º, da Lei nº 12.846/2013, a celebração de acordos de leniência por órgãos e entidades da administração pública federal é ato administrativo sujeito à jurisdição do Tribunal de Contas da União quanto a sua legalidade, legitimidade e economicidade, nos termos do art. 70 da Constituição Federal;

Considerando que cabe ao Tribunal de Contas da União apreciar as contas daqueles que derem causa a prejuízo a perda, extravio ou outra irregularidade que resulte prejuízo ao erário público, nos termos do art. 71, inciso II, da Constituição Federal;

Considerando que o inciso II do art. 71 da Constituição Federal atribui ao Tribunal de Contas da União a competência para julgar as contas dos administradores e demais responsáveis por dinheiros, bens e valores públicos da administração direta e indireta, incluídas as fundações e sociedades instituídas e mantidas pelo Poder Público federal, e as contas daqueles que derem causa a perda, extravio ou outra irregularidade de que resulte prejuízo ao erário público, resolve:

Art. 1º. A fiscalização dos processos de celebração de acordos de leniência inseridos na competência do Tribunal de Contas da União, inclusive suas alterações, será realizada com a análise de documentos e informações, por meio do acompanhamento das seguintes etapas:

I – manifestação da pessoa jurídica interessada em cooperar para a apuração de atos ilícitos praticados no âmbito da administração pública;

II – as condições e os termos negociados entre a administração pública e a pessoa jurídica envolvida, acompanhados por todos os documentos que subsidiaram a aquiescência pela administração pública, com inclusão, se for o caso, dos processos administrativos específicos de apuração do débito;

III – os acordos de leniência efetivamente celebrados, nos termos do art. 16 da Lei nº 12.846/2013;

IV – relatórios de acompanhamento do cumprimento dos termos e condições do acordo de leniência;

V – relatório conclusivo contendo avaliação dos resultados obtidos com a celebração do acordo de leniência.

§ 1º. Em cada uma das etapas descritas nos incisos I a V, o Tribunal irá emitir pronunciamento conclusivo quanto à legalidade, legitimidade e economicidade dos atos praticados, respeitando a salvaguarda do sigilo documental originalmente atribuído pelo órgão ou entidade da administração pública federal.

§ 2º. Para cada caso de acordo de leniência será constituído no Tribunal um processo de fiscalização, cujo Relator será definido por sorteio.

§ 3º. A critério do respectivo Relator, o pronunciamento sobre quaisquer das etapas previstas nos incisos I a V poderá ser realizada de maneira conjunta.

Art. 2°. A autoridade responsável pela celebração do acordo de leniência encaminhará ao Tribunal de Contas da União a documentação descrita nos incisos I a V do artigo anterior, observados os seguintes prazos:

I - até cinco dias após o recebimento de manifestações de pessoas jurídicas interessadas em cooperar para a apuração de atos ilícitos;

II - até cinco dias após a conclusão da proposta de acordos de leniência contendo as condições e os termos negociados entre a administração pública e a pessoa jurídica envolvida;

III - até dez dias após a efetiva celebração de acordos de leniência;

IV - até noventa dias após a efetiva celebração de acordos de leniência, no caso do relatório de acompanhamento;

V - até noventa dias após o cumprimento dos termos, condições e objetivo dos acordos, no caso do relatório conclusivo descrito no inciso V do artigo anterior.

§ 1º. Eventuais alterações na proposta de acordo encaminhada na forma do inciso II deste artigo deverão ser informadas ao Tribunal, no mínimo, dez dias antes da celebração formal do acordo de leniência.

§ 2º. Além dos documentos e informações descritos no artigo anterior, deverão ser encaminhados ao Tribunal, na forma e nos prazos estabelecidos pelo respectivo Relator, quaisquer outros que sejam necessários ao acompanhamento e à fiscalização dos acordos de leniência celebrados pela administração pública federal.

§ 3º. A documentação e as informações relativas a eventuais acordos de leniência em curso na administração pública federal antes da vigência desta Instrução Normativa deverão ser remetidas ao Tribunal no prazo de até quinze dias após a edição desta Instrução Normativa.

Art. 3º. A apreciação do Tribunal sobre as etapas que compõem a celebração de acordos de leniência, descritas no art. 1º, dar-se-á em Sessão Plenária Extraordinária Reservada e constituirá condição necessária para a eficácia dos atos subsequentes.

Art. 4º. A autoridade que deixar de dar cumprimento aos prazos previstos no art. 2º, salvo motivo justificado, ficará sujeito à multa prevista no art. 58, inciso IV, da Lei nº 8.443/92, na forma do Regimento Interno do Tribunal de Contas da União.

Art. 5º. O disciplinamento dos procedimentos técnico-operacionais a serem observados na apreciação dos acordos de leniência submetidos ao Tribunal de Contas da União, nos termos desta Instrução Normativa, será estabelecido em normativo específico, assegurada a participação do Ministério Público.

Parágrafo único. Os documentos e as informações relativos aos acordos de leniência submetidos ao Tribunal antes da vigência do normativo estabelecido no caput observarão os procedimentos a serem definidos pelo respectivo Relator, com a devida salvaguarda do sigilo documental.

Art. 6º. O acordo de leniência celebrado pela administração federal não afasta as competências do Tribunal de Contas da União fixadas no art. 71 da Constituição Federal, nem impede a aplicação das sanções previstas na Lei nº 8.443/1992.

§ 1º. Deverá ser encaminhado ao Tribunal de Contas da União o processo administrativo específico de reparação integral do dano de que trata o art. 13 da Lei nº 12.846/2013, para fins de apuração de eventual prejuízo ao erário, nos termos da Instrução Normativa TCU nº 71/2012.

§ 2º. Excetua-se o disposto no parágrafo anterior a apuração de dano que não se enquadre nas competências jurisdicionais do Tribunal de Contas da União.

Art. 7°. Esta Instrução Normativa entra em vigor a partir de sua publicação.

AROLDO CEDRAZ
Presidente

ANEXO 8

PORTARIA CONJUNTA CGU Nº 2.279, DE 9 DE SETEMBRO DE 2015

Dispõe sobre a avaliação de programas de integridade de microempresa e de empresa de pequeno porte.

O MINISTRO DE ESTADO CHEFE DA CONTROLADORIA-GERAL DA UNIÃO e o MINISTRO DE ESTADO CHEFE DA SECRETARIA DA MICRO E PEQUENA EMPRESA, com fundamento no disposto no § 5º do art. 42 do Decreto nº 8.420, de 18 de março de 2015, resolvem:

Art. 1º. As medidas de integridade de microempresa ou empresa de pequeno porte, para fins da aplicação do disposto no inciso V do art. 18 e no inciso IV do art. 37 do Decreto nº 8.420, de 18 de março de 2015, serão avaliadas nos termos desta Portaria.

§ 1º. Será considerada microempresa ou empresa de pequeno porte a pessoa jurídica que cumprir os requisitos estabelecidos na Lei Complementar nº 123, de 14 de dezembro de 2006.

§ 2º. A implementação, por microempresa ou empresa de pequeno porte, dos parâmetros de que trata o § 3º e o caput do art. 42 do Decreto nº 8.420, de 2015, poderá ser efetivada por meio de medidas de integridade mais simples, com menor rigor formal, que demonstrem o comprometimento com a ética e a integridade na condução de suas atividades.

§ 3º. As medidas de integridade implementadas deverão considerar o atendimento aos parâmetros relacionados no Anexo desta Portaria e sua adequação ao perfil da empresa.

Art. 2º. Para que as medidas de integridade implementadas sejam avaliadas, a microempresa ou a empresa de pequeno porte deverá apresentar:

I – relatório de perfil; e

II – relatório de conformidade.

Art. 3º. No relatório de perfil, a microempresa ou a empresa de pequeno porte deverá prestar as seguintes informações:

I – áreas de atuação;

II – responsáveis pela administração;

III – quantitativo de empregados e a estrutura organizacional; e

IV – nível de relacionamento com o setor público, especificando:

a) principais autorizações, licenças e permissões governamentais necessárias para o exercício de suas atividades;

b) valor aproximado dos contratos celebrados ou vigentes com o setor público nos últimos três anos e a participação destes no faturamento anual; e

c) utilização de agentes intermediários, como procuradores, despachantes, consultores ou representantes comerciais, no relacionamento com o setor público.

Art. 4º. No relatório de conformidade, a microempresa ou a empresa de pequeno porte deverá:

I – relacionar e demonstrar o funcionamento das medidas de integridade adotadas; e

II – demonstrar como as medidas de integridade contribuíram para a prevenção, detecção e remediação do ato lesivo objeto da apuração.

Parágrafo único. A comprovação das informações de que trata o caput pode abranger a apresentação de documentos oficiais, correios eletrônicos, cartas, declarações, correspondências, memorandos, atas de reunião, relatórios, manuais, imagens capturadas da tela de computador, gravações audiovisuais e sonoras, fotografias, ordens de compra, notas fiscais, registros contábeis ou outros documentos, preferencialmente em meio digital.

Art. 5º. A aplicação do percentual máximo previsto no inciso V do art. 18 do Decreto nº 8.420, de 2015, fica condicionada ao atendimento pleno dos parâmetros de integridade e a efetiva atuação das medidas na prevenção, detecção e remediação do ato lesivo objeto da apuração.

Parágrafo único. A autoridade responsável pela avaliação das medidas de integridade poderá realizar entrevistas e solicitar novos documentos.

Art. 6º. Esta Portaria entra em vigor na data de sua publicação.

VALDIR MOYSÉS SIMÃO

Ministro de Estado Chefe da Controladoria-Geral da União

GUILHERME AFIF DOMINGOS

Ministro de Estado Chefe da Secretaria da Micro e Pequena Empresa

Publicado no D.O.U. de 11.9.2015

ANEXO
PARÂMETROS DE INTEGRIDADE DA MICROEMPRESA E EMPRESA DE PEQUENO PORTE

Na implementação de medidas de integridade, as microempresas e empresas de pequeno porte – MPE poderão observar os parâmetros orientativos abaixo descritos, não sendo exigida a demonstração de cumprimento de todos os parâmetros na avaliação.

PARÂMETROS DE INTEGRIDADE (Art. 42 do Decreto nº 8.420, de 18 de março de 2015)*	**ESCLARECIMENTOS sobre os Parâmetros de Integridade para as MPE****	**EXEMPLOS de medidas de integridades que as MPE podem adotar (Rol não taxativo)*****
"I - comprometimento da alta direção da pessoa jurídica, incluídos os conselhos, evidenciado pelo apoio visível e inequívoco ao programa;	A alta direção de uma MPE é representada por seus administradores, sejam eles seus sócios, proprietários, donos, chefes ou gerentes. O comprometimento da alta direção será verificado mediante a atuação e a postura da direção da empresa em relação aos seus funcionários. A direção deve disseminar a cultura de integridade, atuar na execução das medidas estabelecidas e tornar público o seu compromisso com o tema.	Disponibilizar cursos, palestras, debates e exposições sobre a ética e integridade, bem como fomentar a participação de funcionários em tais atividades; Difundir a cultura de integridade por meio de e- mails, redes sociais, cartazes, entre outros, informando os funcionários sobre a importância e necessidade das medidas de integridade; Implementar as condutas definidas no código de ética e incentivar que seus funcionários façam o mesmo; Difundir posturas éticas e íntegras de funcionários; Promover e incentivar debates sobre comportamentos éticos e íntegros, inclusive por meio de estudos de casos; e Promover a conscientização de que a corrupção é prejudicial a todos e deve ser combatida.

PARÂMETROS DE INTEGRIDADE (Art. 42 do Decreto nº 8.420, de 18 de março de 2015)*	ESCLARECIMENTOS sobre os Parâmetros de Integridade para as MPE**	EXEMPLOS de medidas de integridades que as MPE podem adotar (Rol não taxativo)***
"II – padrões de conduta, código de ética, políticas e procedimentos de integridade, aplicáveis a todos os empregados e administradores, independentemente de cargo ou função exercidos;"	A MPE deve reconhecer e promover valores, comportamentos e princípios de condutas necessários à integridade da empresa, tanto para funcionários quanto para a direção. Os valores, comportamentos e princípios de condutas devem constar de um código de ética. O código de ética deve contribuir para a construção da cultura de trabalho e negócios dentro da empresa e deve ser fonte de consulta para funcionários e para a direção na tomada de decisão que envolva questões relativas à integridade da empresa.	Elaborar código de ética com valores, comportamentos e princípios de condutas aplicáveis a todos os funcionários e à direção, incluindo regras de relacionamento com o setor público; Divulgar o código de ética, por meio da afixação de cartazes, placas, sinais, mensagens sobre os padrões de conduta e os procedimentos que devem ser observados; Atualizar o código de ética; e Atualizar os procedimentos que devem ser adotados de acordo com os novos negócios celebrados.
"IV – treinamentos periódicos sobre o programa de integridade;"	O treinamento é um dos pontos mais importantes para o funcionamento efetivo das medidas de integridade. A direção e os funcionários devem participar de treinamentos sobre assuntos relacionados às medidas de integridade, principalmente sobre o conteúdo do código de ética, os valores que orientam a cultura ética e os principais riscos relativos às atividades da MPE.	Promover, periodicamente, treinamentos internos sobre integridade; Promover a participação da direção e funcionários em cursos, presenciais ou à distância, oferecidos por instituições públicas ou privadas sobre ética e integridade, licitações e contratos com a Administração Pública, políticas anticorrupção, dentre outros; e Divulgar a cultura de integridade da empresa em reuniões, encontros e eventos.
"VI – registros contábeis que reflitam de forma completa e precisa as transações da pessoa jurídica;"	Todas as empresas, com exceção do empresário individual a que se refere o art. 966 da Lei nº 10.406, de 10 de janeiro de 2002 – Código Civil, precisam registrar	Implantar sistema eletrônico de registro contábil; Registrar as transações nos livros oficiais;

PARÂMETROS DE INTEGRIDADE (Art. 42 do Decreto nº 8.420, de 18 de março de 2015)*	ESCLARECIMENTOS sobre os Parâmetros de Integridade para as MPE**	EXEMPLOS de medidas de integridades que as MPE podem adotar (Rol não taxativo)***
	contabilmente suas operações. Vendas, compras, empréstimos, rendimentos e prejuízos são fatos que afetam o patrimônio de uma empresa e, por isso, devem ser registrados. As MPEs, optantes pelo Simples Nacional, podem observar a contabilidade prevista no art. 27 da Lei Complementar nº 123, de 2006, na forma regulamentada pelo Comitê Gestor do Simples Nacional.	Preservar os livros e registros contábeis; Preservar os documentos que comprovem o recolhimento de impostos e contribuições devidas enquanto não ocorrer a decadência ou a prescrição; Assegurar-se de que o contador é profissional habilitado.
"VII – controles internos que assegurem a pronta elaboração e confiabilidade de relatórios e demonstrações financeiros da pessoa jurídica;"	Controles internos são procedimentos que verificam se as transações, compras, vendas, controle de estoque, pagamentos, dentre outros, estão sendo feitos de forma correta e de acordo com as instruções da direção. O controle interno também tem a função de apontar e corrigir eventuais erros, além de atuar de forma preventiva, diminuindo a possibilidade de ocorrência de fraudes e irregularidades.	Definir, sempre que possível, as atribuições dos funcionários; Confrontar receitas e despesas com os registros contábeis realizados, confirmando o registro das transações; Estabelecer regras sobre a necessidade de aprovação e autorização específica sobre pagamentos de alto valor, alto risco ou relacionados com o setor público; Definir regras claras para a aprovação de relatórios e documentos contábeis; Realizar auditorias.
"VIII – procedimentos específicos para prevenir fraudes e ilícitos no âmbito de processos licitatórios, na execução de contratos administrativos ou em qualquer interação com o setor público, ainda que intermediada por terceiros, tal como pagamento de tributos, sujeição a fiscalizações, ou obtenção de autorizações, licenças, permissões e certidões;"	Relações comerciais com a administração pública exigem a observância de princípios e regras específicos. Caso essas regras e princípios sejam violados, a MPE pode sofrer sanções. Para evitar que ocorram irregularidades nas relações estabelecidas com o setor público, é importante que a MPE estabeleça regras sobre o contato de seus funcionários e diretores com agentes públicos;	Orientar os funcionários e a direção sobre as leis que disciplinam as contratações públicas, como a Lei nº 8.666/93, a Lei nº 10.520/05 e a Lei Complementar nº 123/06; os mecanismos de prevenção e de enfrentamento à corrupção; e a responsabilização da pessoa jurídica pela prática de atos ilícitos contra a administração pública (Lei nº 12.846/2013);

PARÂMETROS DE INTEGRIDADE (Art. 42 do Decreto nº 8.420, de 18 de março de 2015)*	**ESCLARECIMENTOS sobre os Parâmetros de Integridade para as MPE****	**EXEMPLOS de medidas de integridades que as MPE podem adotar (Rol não taxativo)*****
	a participação em licitações; o oferecimento de brindes e presentes a agentes públicos; e, a contratação de atuais e ex-agentes públicos. Essas regras podem ser incluídas no Código de Ética e devem ser amplamente difundidas na empresa.	Rever, antes de participar de qualquer modalidade de licitação, os procedimentos inerentes à respectiva modalidade licitatória, com foco nas condutas vedadas; Incluir no Código de Ética regras referentes à participação em licitação e contratação e relacionamento com a Administração Pública; No caso de contratação de preposto ou de terceirização de elaboração de documentos para participar em procedimento licitatório, a MPE deverá fiscalizar suas atuações: como trabalham, se atuam de forma íntegra e regular, dentre outros. Oferecer treinamentos e cursos sobre compras públicas ou políticas anticorrupção aos funcionários que atuarem especificamente nos processos licitatórios; Estabelecer que as interações com o setor público e a atuação em procedimentos licitatórios sejam feitas por no mínimo dois representantes da empresa; Envolver pessoas da direção nos procedimentos licitatórios. A direção da empresa deve atuar como supervisor ou revisor durante o procedimento licitatório e durante a execução do contrato; Cumprir corretamente o disposto no contrato.

PARÂMETROS DE INTEGRIDADE (Art. 42 do Decreto nº 8.420, de 18 de março de 2015)*	ESCLARECIMENTOS sobre os Parâmetros de Integridade para as MPE**	EXEMPLOS de medidas de integridades que as MPE podem adotar (Rol não taxativo)***
"XI – medidas disciplinares em caso de violação do programa de integridade;"	Estabelecer medidas disciplinares significa prever as penalidades e os procedimentos para a punição de funcionários que violarem as regras da MPE, independente da posição ou cargo ocupado. As penalidades devem ser definidas de forma proporcional à irregularidade cometida, de forma a garantir que as medidas de integridade sejam respeitadas e que violações não sejam toleradas. São exemplos de penalidades que podem ser adotadas: advertência, suspensão e demissão.	Instituir penalidades e procedimentos disciplinares apropriados e razoáveis para apurar e reprimir a prática de diferentes irregularidades; Inserir as medidas e procedimentos disciplinares no Código de Ética; Alertar os funcionários sobre as penalidades e os procedimentos disciplinares, e disseminar o tema em treinamentos; Formalizar os procedimentos de apuração de irregularidades e aplicação de penalidades; Informar aos funcionários, no momento da contratação, sobre as condutas éticas da empresa e quais violações são passíveis de punições; Incluir cláusula de ciência das condutas éticas da empresa nos contratos de trabalho dos funcionários.
"XII – procedimentos que assegurem a pronta interrupção de irregularidades ou infrações detectadas e a tempestiva remediação dos danos gerados;"	Desenvolver procedimentos que assegurem a interrupção imediata de irregularidades e infrações e que permitam a reparação dos danos causados de forma rápida e direta, evitando a ocorrência futura de situações análogas.	Garantir que mais de um representante da MPE supervisione as operações ou atividades relevantes, como aquelas que envolvam grandes valores ou que estejam relacionadas com o setor público; Investigar situações ou comportamentos inadequados; Registrar todas as irregularidades constatadas e a forma de reparação dos danos; Interromper as irregularidades logo que elas forem detectadas.

PARÂMETROS DE INTEGRIDADE (Art. 42 do Decreto nº 8.420, de 18 de março de 2015)*	**ESCLARECIMENTOS sobre os Parâmetros de Integridade para as MPE****	**EXEMPLOS de medidas de integridades que as MPE podem adotar (Rol não taxativo)*****
"XVI – transparência da pessoa jurídica quanto a doações para candidatos e partidos políticos."	Transparência não se limita a apresentar os recibos de doações eleitorais realizadas. A MPE deve deixar clara a sua posição quanto à doação eleitoral. As doações a candidatos e partidos políticos devem ser divulgadas. A MPE que não realiza doações também deve divulgar essa informação.	Definir regras claras sobre as doações eleitorais; Informar se a MPE realiza ou não doações, o valor máximo que pode ser doado, e quem pode aprovar doação; Divulgar as regras adotadas pela MPE sobre doações eleitorais para os funcionários e para o público externo; Declarar todas as doações a Justiça Eleitoral e guardar os recibos de doações efetuadas; Divulgar doações a candidatos e partidos políticos

*Na primeira coluna da tabela, estão descritos os parâmetros de integridade que são exigidos para as MPE de acordo com o art. 42 do Decreto nº 8.420, de 18 de março de 2015.

**Na segunda coluna da tabela, são feitos esclarecimentos sobre os parâmetros de integridade, seus conceitos e conteúdos, simplificando-os e aproximando-os da realidade das MPE.

***Na terceira coluna da tabela, constam exemplos não taxativos de medidas de integridade que as MPE podem utilizar para a criação ou aperfeiçoamento de medidas de integridade.

EDITORA
JusPODIVM
www.editorajuspodivm.com.br

Pré-impressão, impressão e acabamento

GRÁFICA
SANTUÁRIO

grafica@editorasantuario.com.br
www.editorasantuario.com.br
Aparecida-SP